日中歴史認識

「田中上奏文」をめぐる相剋　一九二七―二〇一〇

服部龍二―[著]

東京大学出版会

Understanding Sino-Japanese History:
Conflict over the Tanaka Memorial, 1927-2010
Ryuji HATTORI
University of Tokyo Press, 2010
ISBN978-4-13-023059-9

はしがき

中国が目覚ましい成長を遂げている現在、中国との関係がきわめて重要なことは論をまたない。日中両国にとって相手国が重要なだけでなく、日中関係のあり方はアジア全体の安定と発展を左右するものになっている。

その日中関係が歴史認識をめぐる摩擦で停滞しがちなことも、衆目の一致するところだろう。戦後六五年を経ても、日中間の不信と確執は払拭できていない。

一般に歴史認識といえば、昨今の歴史教科書や靖国神社参拝、中国の愛国主義教育や記念館などが想起される。だが歴史認識をめぐる問題は、すでに戦前に端を発していた。それほどに根の深い問題であり、歴史認識の基層を理解するには近現代を系統的に分析せねばならない。

このため本書では、日中関係における歴史問題を昭和初期にさかのぼって論じたい。歴史認識の乖離を象徴するものとして、とりわけ「田中上奏文」に着眼する。

「田中上奏文」とは、一九二七（昭和二）年七月に田中義一首相が昭和天皇に宛てた上奏文とされるものである。その内容は中国に対する侵略計画であり、日中関係史上おそらく最も著名な怪文書といってよい。日本では戦前から、「田中上奏文」が偽造であることは自明とされてきた。「田中上奏文」が本物ではなく怪文書であることは、日本やアメリカ、イギリスなどでは通説になっている。そのため現在では、ほぼ解決済みの問題と見なされている。

しかしながら、「田中上奏文」を俎上《そじょう》に載せることには二つの意義があろう。

第一に「田中上奏文」は、各国の歴史認識や対日観を比較する有益な手掛かりとなる。中国や台湾、ロシアなどでは少なからずその実存が信じられており、「田中上奏文」は諸外国の対日観に影響を与えてきた。中国などで本物と解されがちなことには、それ相応の背景がある。単なる怪文書にすぎないと「田中上奏文」を捨象していては、何も論じたことにならない。だとすれば、「田中上奏文」が本物と思われがちな背景を検討せねばなるまい。しばしば指摘されるのは、「田中上奏文」の内容がその後の展開に酷似したことである。だが、より根本的には中国の歴史観や対日観とも深くかかわるものであり、日本側の発想と比較しながら掘り下げるべきだろう。

第二に「田中上奏文」は、現実の日中関係史で一定の役割を果たした。

先にも述べたように、「田中上奏文」の起源は一九二〇年代後半にある。日中両国は、すでに満州事変前から「田中上奏文」をめぐって応酬していた。満州事変後には国際連盟でも議論となっており、とりわけ国際連盟における松岡洋右《ようすけ》と顧維鈞《こいきん》の論争がよく知られている。顧は中国の著名な外交官であった。日中戦争から太平洋戦争にかけて、「田中上奏文」は中国のみならずアメリカによっても宣伝材料に用いられた。そのほか、中国における中央と地方の関係や世論形成という意味でも、重要な視点となろう。「田中上奏文」は東京裁判でも審理されており、『人民日報』などにも史実であるかのように引用されてきた。中国の記念館や博物館では、いまでも本物として展示されることもある。

本書には、大別して二つの課題がある。

第一の課題は、日中関係における歴史認識の乖離について、「田中上奏文」を軸に分析することである。日本や中国で「田中上奏文」はいかに論じられてきており、その背景には何があったのか。

第二の課題は、「田中上奏文」が現実に果たした役割を日中関係史に位置づけることである。「田中上奏文」が記されたという一九二七年を起点とし、満州事変後における日中宣伝外交、国際連盟における論争、日中戦争下の情報戦、東京裁判、冷戦期の東アジア国際政治、歴史問題、さらには二〇〇六（平成一八）年から二〇〇九年まで日中両国政府主催で行われた日中歴史共同研究に至るまで、「田中上奏文」は争点となり続けた。二〇一〇年には、日中歴史共同研究の報告書が公表された。

したがって、「田中上奏文」の全容をとらえるには、一九二七（昭和二）年から二〇一〇（平成二二）年までを分析対象とする以外にない。そのような包括的研究は、いままで行われてこなかった。

それらの課題を念頭に、本書は次のように構成される。

第一の課題、つまり、「田中上奏文」を軸とする日中歴史認識の乖離は序章で分析する。第二の課題、すなわち、「田中上奏文」が日中関係史において果たした役割については、第一章から第六章で時系列的に論じる。これらの六章は、昭和初期、満州事変後、日中戦争期、日本占領、冷戦期、冷戦後という六つの時期区分に対応している。

そこで、各章の内容を概観しておきたい。

序章「『田中上奏文』とは何か」では、日本と中国、台湾、さらにはアメリカやロシアにおいて、「田中上奏文」の解釈が分かれる背景を探る。単なる先行研究の整理にとどめず、各国における「田中上奏文」観の比較検討に主眼を置く。

第一章「昭和初期の日中関係――一九二七―一九三一」では、一九二七年に田中義一内閣によって開催された東方会議から満州事変直前までを対象として、「田中上奏文」の発端や流通、日中交渉などを扱う。

第二章「満州事変後の日中宣伝外交——一九三一—一九三七」では、リットン調査団の動向や国際連盟における「田中上奏文」論争などについて、主に宣伝外交という面から論じたい。

第三章「情報戦としての日中戦争、太平洋戦争——一九三七—一九四五」では、日中戦争の勃発後に「田中上奏文」が世界的に流布され、太平洋戦争ではアメリカも宣伝材料に用いたことなどを分析する。

第四章「日本占領と東京裁判——一九四五—一九五二」では、終戦直後の「田中上奏文」、とりわけ東京裁判における「田中上奏文」の審理を跡づける。

第五章「冷戦と歴史問題——一九五一—一九八九」では、台湾の国府が「田中上奏文」にどう対応したのかをたどり、冷戦下における米ソの動向や日中間の歴史問題に「田中上奏文」を位置づける。

第六章「歴史問題の再燃と日中歴史共同研究——一九八九—二〇一〇」では、冷戦後に再燃した歴史問題が日中歴史共同研究に帰結する経緯を追う。日中歴史共同研究に参加した経験も踏まえて、「田中上奏文」問題の出口を探りたい。

終章「日中関係と歴史認識」では、本論を振り返って総括する。

巻末の「読書案内——歴史認識問題」は補論である。

使用する史料にも触れておこう。主な材料としては、日本や中国の外交文書、中国国民党文化伝播委員会党史館所蔵文書、関東庁警務局資料、個人文書、オーラル・ヒストリー、日中台米英の新聞や政党機関紙、雑誌、映画などを用いた。そのほか、日本外務省に情報公開を請求し、日本の外交官にインタビューした。

なかでも重要なのは、台北に所蔵される外交部档案《とうあん》「日相田中対満蒙政策之奏章」である。档案とは、中国の文書記録をいう。その原文書は、外交部が「田中上奏文」を当初から偽書だと知っていたこと、「田中上奏文」を入手したという蔡智堪《さいちかん》の主張は疑問視されていたことなどを示している。蔡が「田中上奏文」の素材を仕入れたという従来の学説とは、大きく異なる内容である。

個人文書としては、顧維鈞、王正廷《おうせいてい》、蔣介石、張学良のほか、アメリカ国務省極東局長だったホーンベック（Stanley K. Hornbeck）、ソ連の革命家トロツキー（Leon Trotsky）、リットン調査団随員のパスチュホフ（Vladimir D. Pastuhov）、東京裁判裁判長のウェッブ（William Flood Webb）、東京帝国大学教授の高木八尺らの文書を調査した。オーラル・ヒストリーとしては、アメリカ国務省知日派のバランタイン（Joseph W. Ballantine）とドゥーマン（Eugene H. Dooman）のものが有益である。

記述が現代に近づくにつれ、情報公開請求によって得た日本外務省記録とインタビューの割合を増やしていく。インタビューは、中江要介元駐中大使、中島敏次郎元駐中大使、橋本恕《ひろし》元駐中大使、栗山尚一《たかかず》元外務次官・駐米大使、渡邊幸治元駐ソ大使、柳井俊二元外務次官・駐米大使などのほか、対中政策に携わる現役の外務官僚や中国側の関係者に対しても行った。現役の方に関しては、諸事情により個人名を表記しなかったところもある。

文書の引用文中には現在の視点からは不適切な表現もあるが、歴史的文書のため原文のままとする。引用では、旧字を新字に改めるなどしたところもある。人名の敬称は略した。

「田中上奏文」は日中歴史認識の一面を示すものにすぎないものの、本書のささやかな試みが相互理解にわずかでも資すれば幸いである。

日中歴史認識——目次

序　章　「田中上奏文」とは何か

一　二一項目の怪文書

そもそも「田中上奏文」とは何であろうか。「田中上奏文」とは、一九二七（昭和二）年七月二五日に田中義一首相が昭和天皇に上奏したとされる怪文書である。(1)

もともと長州閥の陸軍軍人だった田中は、参謀次長や陸軍大臣を歴任した末に立憲政友会の総裁となり、同年四月から首相兼外相に就任していた。成立直後の田中内閣は、六月二七日から七月七日に東方会議を開催して対中国政策を討議する。

東京で開催された東方会議とは大規模な連絡会議であり、田中のほか、森恪《もりつとむ》外務政務次官、芳沢謙吉駐華公使、武藤信義関東軍司令官らが出席した。東方会議の最終日に田中は、「対支政策綱領」という包括的な方針を訓示している。(2)東方会議を踏まえて昭和天皇に上奏したとされるのが、「田中上奏文」にほかならない。

いつの時代であれ、怪文書や宣伝文書は存在するだろう。それでも、「田中上奏文」ほどに広く知られ、現在にまで影響力を保ち続けるものはない。日中歴史認識の乖離を象徴する文書といってよい。

「田中上奏文」の内容は、東方会議に依拠した中国への侵略計画だった。なかでも著名なのは、次のくだりである。

> 支那を征服せんと欲せば、先づ満蒙を征せざるべからず。世界を征服せんと欲せば、必ず先づ支那を征服せざるべからず。（中略）之れ乃《すなわ》ち明治大帝の遺策にして、亦《また》我が日本帝国の存立上必要事たるなり。

もっとも、「田中上奏文」の全文は、まれにしか通読されてこなかっただろう。なにしろ「田中上奏文」は長文であり、中国語で約二万六〇〇〇字、邦訳では約三万四〇〇〇字にもなっている。上奏文とは思えない字数である。その内容は、「満蒙に対する積極政策」から「病院、学校の独立経営と満蒙文化の充実」まで二一項目にも及んだ。「田中上奏文」の項目は、以下のとおりである。

満蒙に対する積極政策
満蒙は支那の領土にあらず
内外蒙古に対する積極政策
朝鮮移民の奨励および保護政策
新大陸の開拓と満蒙鉄道
通遼《つうりよう》熱河《ねつか》間鉄道
洮南《とうなん》より索倫《さくりん》に至る鉄道

長洮鉄道の一部鉄道
吉会《きつかい》鉄道
吉会線および日本海を中心とする国策
吉会線工事の天然利益と付帯利益
琿春《こんしゅん》から海林に至る鉄道
対満蒙貿易主義
大連を中心として大汽船会社を建設し東亜海運交通を把握すること
金本位の実施
第三国の満蒙に対する投資を歓迎すること
満鉄経営方針変更の必要
拓殖省設立の必要
京奉《けいほう》線沿線の大凌河流域
支那移民侵入の防御
病院、学校の独立経営と満蒙文化の充実

出典：日華倶楽部編訳『支那人の観た日本の満蒙政策』（日華倶楽部、一九三〇年）

「田中上奏文」には「附属文書」として、一九二七年七月二五日付けの田中「書翰」が添えられた。この「書翰」には、東方会議における「対満蒙積極政策」の経緯が記されており、不可解にも「書翰」は田中から一木喜徳郎《いちききとくろう》宮内大臣に宛てられていた。(3)

田中義一が宮内大臣一木喜徳郎に対し積極政策の代奏を請へる書翰

昭和二年七月二十五日

内閣総理大臣　田中義一（署名）
外務大臣　田中義一（副署）
鉄道大臣　ママ　ママ（副署）
大蔵大臣　ママ　ママ（副署）

宮内大臣　一木喜徳郎殿

対満蒙積極政策執奏の件

欧洲戦後我が大日本帝国の政治及経済は孰《いず》れも莫大の不安を蒙《こうむ》りたるが其の原因を察するに我が満蒙に対する特権及既得の実益を振起すること能はざるに基くものにして是が為めに頗《すこぶ》る陛下の聖慮を煩《わずら》はし其の罪逃るるに由なき処なり而《しか》も臣大命拝受の際特に支那及満蒙に対する行動は須《すべか》らく我が国の権利を確保し以て進展の機会を策すべしとの勅諭を賜ふ聖旨のある所臣等感泣《かんきゅう》の至に勝へず而して臣在野当時満蒙に対する積極政策を主張し速に之が実現を希望せるものなるを以て茲《ここ》に東方の新局面を開拓し我が国の新大陸を形成し昭和の新政を発揚せんが為に六月二十七日より七月七日に至る十一日間満蒙関係の文武百官を招集して東方会議を開き満蒙に対する積極政策の議定を為せり

右御執奏相成度候　敬具

出典：日華倶楽部編訳『支那人の観た日本の満蒙政策』（日華倶楽部、一九三〇年）六九―七〇頁

支那人の觀た
日本の滿蒙政策

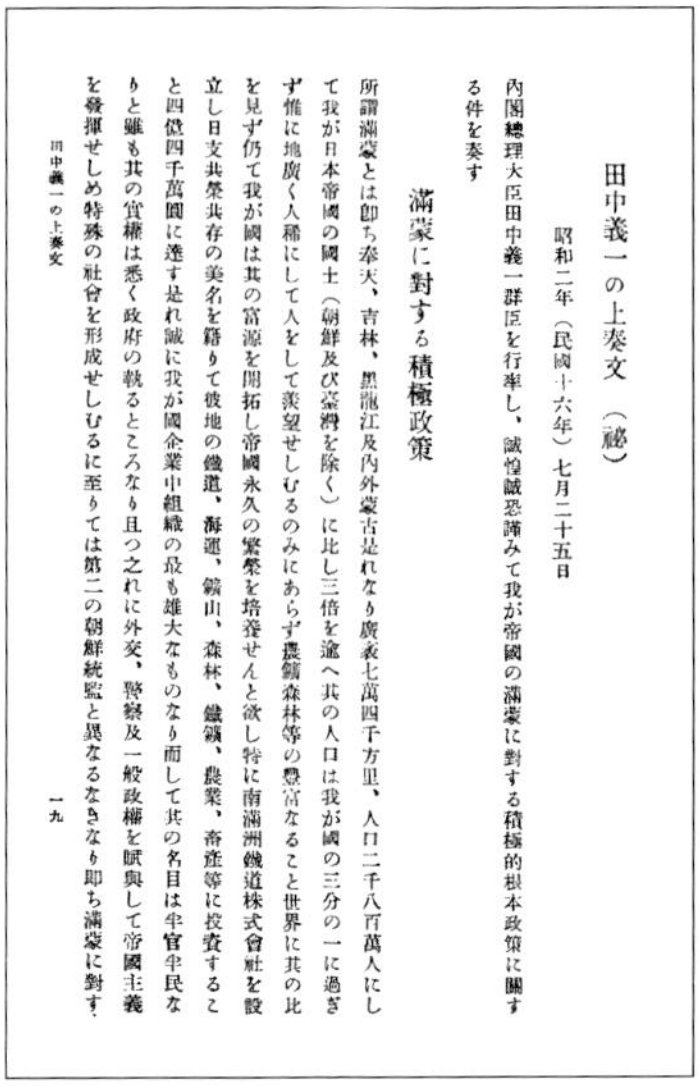

田中義一の上奏文（祕）

昭和二年（民國十六年）七月二十五日

內閣總理大臣田中義一群臣を行率し、誠惶誠恐謹みて我が帝國の滿蒙に對する積極的根本政策に關する件を奏す

滿蒙に對する積極政策

所謂滿蒙とは卽ち奉天、吉林、黑龍江及內外蒙古是れなり廣袤七萬四千方里、人口二千八百萬人にして我が日本帝國の國土（朝鮮及び臺灣を除く）に比し三倍を逾へ其の人口は我が國の三分の一に過ぎず惟に地廣く人稀にして人をして羨望せしむるのみにあらず農鑛森林等の豐富なること世界に其の比を見ず仍て我が國は其の富源を開拓し帝國永久の繁榮を培養せんと欲し特に南滿洲鐵道株式會社を設立し日支共榮共存の美名を籍りて彼地の鐵道、海運、鑛山、森林、鐵鋼、農業、畜產等に投資すること四億四千萬圓に達す是れ誠に我が國企業中組織の最も雄大なるものなり而して其の名目は半官半民なりと雖も其の實權は悉く政府の執るところなり且つ之れに外交、警察及一般政權を賦與して帝國主義を發揮せしめ特殊の社會を形成せしむるに至りては第二の朝鮮統監と異なるなきなり即ち滿蒙に對す

田中義一の上奏文　一九

日華俱楽部編訳『支那人の観た日本の満蒙政策』（日華倶楽部，1930年）表紙，19頁

この「書翰」が不可解なのは、田中から宮内大臣に宛てられたことである。実際に上奏を管轄していたのは、宮内大臣ではなく内大臣であった。そのような「書翰」の不備は戦前から指摘されていたが、「田中上奏文」は中国の内外に浸透する。

とするなら、当事者たる日本の外交官は、怪しげな「田中上奏文」をどう論じていたのか。いささか長文になるが、駐華公使や外務大臣を歴任した重光葵《しげみつまもる》の回顧録をひもときたい。「田中上奏文」が中国で出まわり始めたころに駐華臨時代理公使だった重光は、流通を抑制するよう国民政府外交部に申し入れていた。

その重光は、次のように「田中上奏文」を回想する。

> 東方会議の前後から、支那新聞に田中上奏文なるものが掲載され始め、これが日本

の最高政策に関する機密文書田中覚書として広く世界に宣伝せられた。田中大将が、日本の対外政策に関する意見を上奏した形式のものとして流布せられたのである。その内容は、日本が満洲を占領し、北支より更に東亜全域にわたつて軍事行動を起し、遂に世界を征服する計画を、具体的に順序を立てて立案記述したもので、日本文として一応体をなした文書であつた。ただ数ヶ所にわたつて事実を誤つた所がある。

日本においては、かかる公文書の実在せぬことを疑ふものはなく、単に悪意の宣伝として顧《かえりみ》るものはなかつたが、外国においては、支那を初めとして、これが日本の真の企図を記述した文書であると信ぜられた。記者（重光を指す――引用者注）は当時外務本省にあつて、この文書の出所若しくはこれに類似するものの存否について、かなり調査を進めたが、何等の手掛りになるものを見出すことは、出来なかつたのみならず、かかる文書が存在せず、またその内容は田中大将自身の意見でもない、ことを確め得た。然し恐らく、日本軍部の極端論者の中には、これに類似した計画を蔵したものがあつて、これら無責任なるものの意見書なるものが何人かの手に渡り、この種文書として書き変へられ、宣伝に利用せられたもの、と思はれる。要するに田中覚書なるものは、左右両極端分子の合作になつたものと見て差支へはない。而して、その後に発生した東亜の事態と、これに伴ふ日本の行動とは、恰《あた》かも田中覚書を教科書として進められたやうな状態となつたので、この文書に対する外国の疑惑は拭ひ去ることが困難となつた。(4)

重光の追懐には、「田中上奏文」をめぐる主要な論点が出そろっている。すなわち、「田中上奏文」を偽造とする論拠、真の作成者、流布の経路、日本外務省の対応、中国の宣伝外交などである。

言い換えるなら、「田中上奏文」に不備があり偽造であることは、多岐にわたる論点の一つにすぎない。したがって、その誤りだけを指摘しても、十分に解明したとはいえまい。それほどに複雑な問題であり、影響力はいまも失われていない。

重光が示唆するように、太平洋戦争に至る経緯は「田中上奏文」と似通っていた。このため、「田中上奏文」が実際に存在する、つまり実存するのではないかという諸外国の疑念は、容易に払拭されなかった。それどころか中国は、日本の侵略過程が「田中上奏文」に酷似するという論法を国際連盟などで用いてきた。

ならば中国などの諸外国は、「田中上奏文」をいかに評してきたのか。中国やアメリカの眼差しを追ってみたい。

二 「田中上奏文」への眼差し I ——アメリカとロシア

アメリカ

中国や台湾では「田中上奏文」を本物と見なす傾向にあり、中国語では一般に「田中奏摺《そうしよう》」と表記される。留意すべきことに、中国語圏以外でも本物とされることはある。ここではまず、英語圏をみておこう。

英文で「田中上奏文」は、「田中メモリアル（Tanaka Memorial）」と称される。「田中メモランダム（Tanaka Memorandum）」とも呼ばれるが、内容的には変わらない。「田中上奏文」がアメリカに流入したのは、一九二九年の秋ごろである。その出所は、中国が太平洋問題調査会（Institute of Pacific Relations）の京都会議に持ち込んだものだった。詳細は第一章二に譲るが、太平洋問題調査会、通称IPRは民間の国際的学術団体である。

このため、英語版の「田中メモリアル」はアメリカでも流通していくものの、アメリカで「田中上奏文」が知れ渡るのは満州事変後といえよう。

「田中上奏文」を一躍有名にしたのが、ジャーナリストのエドガー・スノー（Edgar Snow）であった。一九三四年に刊行した処女作『極東戦線』でスノーは、「田中上奏文」を詳細に紹介している。それによると、「田中上奏文」は日本外務省の事務官から流出して諸外国の大使館や新聞に伝わったのであり、真偽については論争があるとしながらも、「田中上奏文」は日本帝国主義の手引き書になったという(5)。

真珠湾攻撃の数カ月前にもスノーは、著書『アジアの戦争』を発表した。その冒頭では「田中上奏文」が、次のように引用されていた。

In order to conquer the world we must first conquer China.

Tanaka Memorial

スノーの『アジアの戦争』は、南京事件についても伝えている。日中戦争の描写と折り重なりながら、「田中上奏文」は多くのアメリカ人に記憶されたであろう(6)。この間のアメリカ上院海軍委員会では一九四〇年四月に、タウシッグ（J. K. Taussig）海軍少将が「田中上奏文」を本物と主張した。アメリカ海軍省はこれに関知せずとしたが、日本大使館は少なくとも六つの誤謬《ごびゅう》があると反駁《はんばく》している(7)。

太平洋戦争中に「田中上奏文」がアメリカ映画に登場したことについては、ジョン・ダワー（John W.

Dower）の研究がある。[8] 陸軍参謀総長のジョージ・マーシャル（George C. Marshall）が、ハリウッド映画監督のフランク・キャプラ（Frank Capra）にプロパガンダ映画の作成を依頼したのである。そこでキャプラは、『なぜ戦うのか（*Why We Fight*）』と題する一連の作品を制作した。なかでも注目すべきは、一九四四年の『中国の戦い（*The Battle of China*）』であり、そこには世界制覇の青写真として「田中上奏文」が何度も出てくる。

終戦直前にもキャプラは、『汝の敵を知れ――日本（*Know Your Enemy – Japan*）』を公開した。それによると「田中上奏文」は「日本版『我が闘争』」であり、八紘一宇《はっこういちう》の実践計画だという。[9] 八紘一宇とは戦時日本のスローガンであり、世界を一つの家とすることを意味した。八紘一宇は日本書紀を出典とする神話上の概念であったが、第二次近衛文麿《このえふみまろ》内閣が一九四〇年七月に決定した基本国策要綱に盛り込まれていた。

「田中上奏文」は太平洋戦争中にアメリカ映画などに用いられたものの、現在のアメリカでは偽造説が定着している。その傾向を決定的にしたのは、ジョン・ステファン（John J. Stephan）である。一九七三年の論文でステファンは、英語、日本語、中国語、ロシア語の文献を参照し、「田中上奏文」を偽造と結論づけた。その論拠は、形式や内容の不備である。[10]

ほかにも英文の田中義一研究として、ウィリアム・モートン（William Fitch Morton）の著作を挙げられよう。そこでも「田中上奏文」は捏造《ねつぞう》と解された。[11] アメリカの百科事典でも「田中上奏文」の存在は、きわめて疑わしいとされる。[12] 近年ではアイリス・チャン（Iris Chang）が「田中上奏文」に論及していた。チャンによると、一般に「田中上奏文」は創作とされるものの、中国の歴史家は本物と見なすという。[13]

なお、イギリスで「田中上奏文」は、戦前から偽造とされていた。[14]

ロシアなど

ロシアでは戦前はもとより、現在でも「田中上奏文」を本物と考えがちである。[15]

戦前の代表格は、革命家のトロツキー(Leon Trotsky)だろう。一九四〇年五月の未定稿でトロツキーは、「田中上奏文」の信憑性《しんぴょうせい》を強く主張した。このトロツキー論文によると、ソ連は諜報活動によって「田中上奏文」を東京で写真撮影したという。トロツキー自身も、モスクワに送られてきた写しを閲覧したともいう。諜報を指揮したのは、国家政治保安部、つまりGPUのジェルジンスキー(Felix E. Dzerzhinskiy)長官だとされる。

もっとも、「田中上奏文」を一九二三年に入手したとするなど、トロツキー説には疑問点が多い。トロツキーが一九四〇年八月に暗殺されたにもかかわらず、同稿は一九四一年の『第四インターナショナル』誌に寄せられた。[16]本書一七〇—一七一頁を参照されたい。

戦後になってもソ連では、「田中上奏文」が信じられていた。まずは、ソヴィエト科学アカデミー東洋学研究所の責任編集による国際政治史の通史をみておきたい。それによると「田中上奏文」は、日本帝国主義の計画をまとめ上げたものであり、中国への侵略と対ソ戦の準備を掲げているという。[17]ソ連時代の百科事典も「田中上奏文」を田中義一の作成した秘密文書と紹介しており、日本帝国主義の侵略計画を定式化したものと説く。[18]

「田中上奏文」を本物と解することでは、ソ連時代における代表的な外交通史の『対外政策史』も同様であった。一九八六年に刊行された同書には、「日本帝国主義の侵略——極東における平和と安全を求めるソ連の闘争」という項目がある。そこにはこう記された。

資本主義の全般的危機が深化した末に世界恐慌が到来した結果、帝国主義列国の世界再分割闘争が激化した。最初にそれは極東に現れたのであり、そこでは日本が一九三一年秋以降、すでに一九二七年の田中上奏文に論じられていた侵略計画の実現に着手した。一九三一年九月一八日に日本軍は中国に侵攻し、北東地域（満州）の占領に着手したのである。

同書の注によると、「田中メモランダムとは日本の対外政策問題に関する秘密文書であり、一九二七年に首相の田中大将が日本の天皇に提出した。中国などのアジア各国に対する日本の広範な膨張を規定しており、対ソ戦争にかかわる露骨な指令を含んでいた」という。[19] 日本研究者であり、ソ連共産党機関紙『プラウダ』東京支局長まで務めたラティシェフ（I. A. Latishev）の解釈もこれに近い。積極政策を標榜する田中内閣が、ワシントン会議の合意を見直して長文の上奏文を立案したというのである。[20] そのような状況は、現在のロシアの学界でも大きくは変わっていない。

ソ連が崩壊してから、最有力の日露関係史研究者はスラヴィンスキー（Boris N. Slavinsky）であっただろう。そのスラヴィンスキーも「田中上奏文」を本物と考えていた。[21] そのほか、ゴルブノーフ（E. A. Gorbnov）は、ソ連がソウルに送り込んだ諜報員を通じて「田中上奏文」を入手したと主張する。[22] コーシキン（Anatoliy Koshkin）も「田中上奏文」を本物と解している。[23] ただし、モロジャコフ（Vasiliy Elinarkhovich Molodyakov）のように、「田中上奏文」を偽書と認める研究者も現れた。[24]

ソ連崩壊後のロシアでは史料公開が進み、断片的ながら「田中上奏文」に関連する史料が刊行された。

「田中上奏文」をめぐる論争

年　月	出　来　事
1927年 6,7月	田中義一内閣のもと，東京で東方会議が開催される
1929年 夏ごろ	「田中上奏文」が中国各地に小冊子で流布される
秋ごろ	「田中上奏文」がアメリカに流入
12月	南京の『時事月報』第1巻第2号が「田中上奏文」を掲載
1930年 4月	駐華日本公使館が中華民国外交部に「田中上奏文」について抗議
6月	日華倶楽部編訳『支那人の観た日本の満蒙政策』刊行
1932年 11月	国際連盟にて，松岡洋右と顧維鈞が論争
1934年	エドガー・スノーが『極東戦線』で「田中上奏文」に言及
1940年 4月	米上院海軍委員会でタウシッグが「田中上奏文」を本物と主張
5月	トロツキーが未定稿で，「田中上奏文」の信憑性を強く主張
1944年	フランク・キャプラがプロパガンダ映画で「田中上奏文」を使用
1953，54年	蔡智堪が台湾と香港の各紙で談話を発表
1960年	王家楨「日本両機密文件中訳本的来歴」が雑誌に掲載

出典：筆者作成

旧ソ連の史料では時折「田中上奏文」が本物として扱われるため、欧米の「田中上奏文」観を少なからず混乱させている[25]。それでも注目すべきは、「田中上奏文」をめぐるソ連側の政策過程が原文書に基づいて解明され始めたことである[26]。

中国語圏以外で「田中上奏文」を本物と見なすのは、ロシアに限られない。「田中上奏文」の存在は、モンゴルでもかなり信じられている。モンゴルでは、ノモンハン事件の淵源を「田中上奏文」に求めがちだという[27]。

他方、インドについては不詳だが、ここでは堀田善衞『インドで考えたこと』に触れておきたい。同書では、無名なインドの老人が堀田に語りかけてくる。この老人によると、日本は「英国がインドに要求したと同じような、タナカ・メモリアル（対支二十一ヵ条要求のこと）を中国につきつけた」という[28]。

堀田に語られたインド人の話には、初歩的な誤りが含まれている。「田中上奏文」と対華二十一カ条要求は無関係だからである。だとしても、インド人にまで「田中上奏文」が記憶されていたことは、「田中上奏文」の世界的な広がりを示すものといえよう。

韓国で「田中上奏文」は、あまり知られていない。百科事典に「田中義一」の項目はあるが、そこに「田中上奏文」は出てこない。中学や高校の歴史教科書にも、そのような記述はない。

しかし、北朝鮮の百科事典には「田中上奏文」の項目がある。それによると、「田中上奏文」は段階的な侵略計画であり、後の大東亜共栄圏で具体化されたという(29)。

三 「田中上奏文」への眼差し Ⅱ——一九七〇年代までの日本、中国、台湾

日本

ここまでは、アメリカやロシアなどにおける「田中上奏文」への眼差しを追ってきた。各国の対日観が凝縮されていて興味深いものの、やはりこの論争で中心となるのは、日本と中国、台湾だろう。そこで次に、日中台における研究動向と史料状況を分析したい。年代については、差し当たり一九七〇年代までとする。

日本で「田中上奏文」は、戦前から偽造と見なされてきた。偽造説を主張した論者の多くは外交官であり、すでに触れた重光葵のほか、松岡洋右や森島守人《もりと》、有田八郎、石射猪太郎《いしいいたろう》などが「田中上奏文」を偽書だと訴えていた。最も踏み込んで発言したのが、松岡である。

松岡は、一九三一年七月刊の『動く満蒙』でこう述べた(30)。

満蒙政策に就き、陛下に故田中総理大臣が奉呈した上奏文なるものを、一昨年来盛んに支那で流布

して居るのであるが、これはその内容を一読しただけで、形式から言つても、真赤な贋物《にせもの》であつて、第一かくの如き形式の上奏なぞは、日本ではあり得ない事であると云ふことは、苟《いやし》くも日本の国情を少しでも知つて居る者には、説明する迄もなく明かな事である。この上奏文なるもの丶原本は、北京に居住してゐる某国人（わざとその国名はさしひかへる）が、偽造したもので、確実なる証拠さへあると言はれて居るが、私を以つて見れば、或は日本人の或者が金儲の為に偽造して、これを支那人に相当の高い値段で売付けたのであつて、これを買ひ取つた支那人は、真物と信じて居り又その人が、今日その虚偽なることを悟つても、自らその虚偽なることを告白し得ない破目に陥つてゐるのではあるまいかと想像せられる節がないでもない。

外交官から南満州鉄道株式会社、つまり満鉄の理事、副社長を経て衆議院議員となっていた松岡は、国際連盟で顧維鈞と「田中上奏文」について論争したことでも知られている。満州事変後の松岡・顧維鈞論争に関しては、第二章六で掘り下げたい。

報知新聞記者の河上清、ジャーナリストで外交史の著作もある清沢洌《きよさわきよし》、政治評論家の岩淵辰雄も偽造と断定していた。とりわけ河上の著作『日本は中日紛争に声明する（*Japan Speaks on the Sino-Japanese Crisis*）』は、一九三二年にニューヨークで刊行されている。しかも同書には犬養毅首相が序文を寄せており、犬養によると「田中上奏文」には「いくつもの非常識な記述」が含まれるという。さらに河上は、すでにワシントン条約の締結時に山県有朋《やまがたありとも》が他界していたことなど「田中上奏文」の誤りを指摘した。(31)

戦後の学界で「田中上奏文」が検討され始めるのは、一九五三年の歴史学研究会編『太平洋戦争史 一 満州事変』においてである。もっとも、同書は真偽を断定していなかった。同書によると、「文中の細かい記述について事実の間違《ママ》があり、そのまま信用できないが、先の森の談話と併せ考える時『東方会議』の決議の基本的方向を示すものとして屢々《しばしば》引合に出されるのも無理からぬことと言えよう」とされる。その巻末には「資料」として、「田中上奏文」が掲載された[32]。

ただし、改訂版として一九七一年に刊行された歴史学研究会編『太平洋戦争史 一 満州事変』は偽造説に傾いており、「細かい記述について事実の間違いが多くあり、形式的にいっても上奏文にふさわしくなく、なにものかがつくりあげた偽書であると考えられる」と分析した[33]。

「田中上奏文」の本格的な研究としては、稲生典太郎《いのうてんたろう》の論文が先駆けとなった。一九六四年の論考で稲生は、流布の経路や「田中上奏文」の誤謬を整理して次のように結論づけた[34]。

結局、奉天の遼寧国民外交会などとも関係のある、日本留学生出身のような、一応の日本通が、昭和四年夏、その頃入手した東方会議の時の配布文書とおぼしき一括資料（五万円で買収？）を種本として、これに生可通の日本知識を加味して、デッチ上げた排日文書があって、たまたま太平洋会議の中国側代表によって、日本非難の絶好の責め道具として取り上げられたものが、即ちこの「上奏文」であった、と言うことにもなろうか。

稲生の論文は、長らく学界の標準とされてきた[35]。ただし、稲生自身も指摘しているように、「田中上奏文」関係の外務省記録が消失しているため、研究はそこからあまり進展しなかった[36]。

そのような学界動向とは別に、「田中上奏文」を大衆に知らしめたのが作家の松本清張だった。『週刊文春』に「昭和史発掘」を連載していた松本は、「東方会議の決定にもとづいて田中首相は上奏文を書いたといわれるが、これがのち中国側の手によって暴露され、世に『田中メモランダム』といわれてきたものだ」と記した。そのうえで松本は、「田中上奏文」の内容を要約して「虚実いずれとも決めがたい」と論じている。(37)

同じころに「田中上奏文」を積極的に採り上げた雑誌があった。竹内好《よしみ》編集の雑誌『中国』である。同誌は一九六五年に「田中上奏文」の全文を掲載した。(38)その原典は、本書二頁から五頁で引用した日華倶楽部『支那人の観た日本の満蒙政策』だった。これに橋川文三が解題を付して、偽造説の立場から「日本軍人グループの起案ともっとも濃密な関連がある」と推定した。(39)

次いで雑誌『中国』では、高倉徹一がインタビューされている。ジャーナリストであり、『田中義一伝記』の著者でもある高倉は、重光葵『昭和の動乱』に依拠しながら、「中国側によって多少手が加えられたところがあるにしても、その骨子は日本人の手になったものであると思う」と答えた。(40)

さらに同誌は、蔡智堪について紹介した。蔡は「田中上奏文」を自ら皇居で入手したと称する台湾人である。今井清一、藤原彰、橋川文三による鼎談もなされた。(41)また、山口一郎は、抗日戦争期の中国における対日観という視点から「田中上奏文」を位置づけた。すなわち山口は、日本の侵略計画を体現するものとして「田中上奏文」が中国に浸透し、蔣介石や顧維鈞、張群らに援用される経緯を明らかにしたのである。(42)

その後の研究に方向性を与えたのが、江口圭一であった。江口は、「田中上奏文そのものは偽物」であり、「議論はむしろ、偽物であることを前提としたうえで、その真の制作者は誰であるかという問題に移行している」と指摘した。

江口は稲生論文を批判の対象としており、「田中上奏文が偽物であるからといって、それを日本通の中国人が『デッチ上げた』ものであるということができるであろうか」という。江口によると、「稲生の上奏文の評価は田中外交の評価と密接に結びついている」のであり、「田中上奏文を否定した稲生は田中外交の侵略性を否定する。田中上奏文を偽物であるとすることによって田中義一に免罪符を与える」(43)。

一九七〇年代に入ると、中国における現地取材が可能となった。本多勝一は、『瀋陽《しんよう》日報』(44)の編集者が「日本軍国主義による中国侵略史」を語るなかで「田中上奏文」に論及したと記している。

中国と台湾

この間に台湾では、重要な動きが一九五〇年代にみられた。「田中上奏文」を自ら入手したと称する蔡智堪が、各紙で談話を発表して一躍有名になったのである。もともと台湾出身の商人であり、早稲田大学に学んだという蔡は、「田中上奏文」問題が顕在化した昭和初期には日本にいた。蔡は、香港の新聞『自由人』にも寄稿した(45)。

一九二八年から一九三一年に国民政府外交部長であった王正廷も、戦後の回顧録で「田中上奏文」を「日本による世界制覇計画の青写真」と断じ、「田中上奏文」を数カ国語に翻訳して諸外国の大使館に警告したと記している(46)。とはいえ、王正廷を含めて当初から外交部は、「田中上奏文」を偽造と知っていたはずである。この点は、本書の第一章三で分析したい。

さらに中国では一九六〇年に、王家楨《おうかてい》「日本両機密文件中訳本的来歴」が『文史資料選輯』に掲載された。黒竜江省に生まれ、慶應義塾大学に学んだ王は、「田中上奏文」が表面化したころには張学良のもとで東北保安総司令部外交秘書辦公室主任を務めていた。さらに王は、国民政府外交部政務次長にもなっている。王の回想によると、台湾人の東京駐在員が、友人を介して東方会議の資料を「某政党幹事長」宅で入手し送ってきた。王はこれを訳出し、一九二九年春に張学良の許可のもとで東北官憲や南京国民政府に送付したところ、広まっていったという。(47)

王家楨の回想に着目したのが、中国の章伯鋒であった。日本の学界動向を検討し、「田中上奏文」に不備のあることを確認した章は、それでも王の回想を重視して、田中自身によるものかはともかく東方会議と無関係ではないと主張した。(48)

台湾でも一九七〇年代ごろまで、実存は疑われなかったようである。一例として趙自修は、幣原《しではら》外交と田中外交を両極と見なし、「田中上奏文」を侵略計画として引用した。(49)

ところが台湾の学界は、一九八〇年代から偽造説に傾き始める。そこで次に、一九八〇年代以降の日中台をみていきたい。

四　「田中上奏文」への眼差し Ⅲ――一九八〇年代以降の日本、中国、台湾

日本

一九八四年には、注目すべき論考が発表された。秦郁彦である。『サンケイ新聞』紙上で王家楨の回想録を紹介した秦郁彦は、王家楨のいう「台湾の友人」と「某政党の幹事長」をそれぞれ蔡智堪と床次《とこなみ》竹《たけ》二郎《じろう》と推定した。(50)

次いで秦は偽造者を割り出すべく、「日本関係の情報の蒐集掛りであった龔《きょう》徳伯とか王芃生《ほうせい》らに訊ねれば、真相は案外容易に明らかになるかも知れない」という稲生論文の指摘を検証した。その結果とし

て、龔と王はともに留日組であるが張学良政権で働いたことはなく、「二人ともヌレギヌらしいと判った」。

さらに秦は、「そこで逆に昭和四年夏前後における奉天の張学良政権のスタッフを当たってみると、外交を担当する政務処（処長は孔昭炎）の人名一覧が見つかった。奉天領事だった森島守人氏が『学良の日本関係秘書には陶尚銘と王家楨の二人、陶は儀礼、王は政治問題を担当して学良の信任厚く』と特筆した二人の名前も入っている」という。

そのうえで秦は、王家楨の回想録やサンケイ新聞社『蔣介石秘録』を根拠に偽造の過程を再現しようとした。それによると、「台湾の友人」蔡智堪が「某政党の幹事長」床次竹二郎宅で東方会議や大連会議に関連した浪人の意見書を筆写して、十数回にわたって奉天に送った。王は雑多な文書を整合性のある文章に書き改め、上奏文に合成した。しかし、王は偽造の仕上がりに自信がなく、政府機関だけに配布を限定していたところ、心ならずも宣伝文書として利用されたという。以上が秦の解釈である[51]。

それ以降、日本の学界で際立った研究はなされておらず、解決済みとされた感がある。近代史叢書のなかで北岡伸一は、「田中上奏文」をこう論じた。

これが偽書であることは、一見ただちに明らかであって、これまで真偽が問題になったこと自体がおかしい。第一に上奏された文書としては、スタイルがまったく違う。第二に、内容に基本的な間違いが多すぎる。第三に、日本語の正文が出てこないのである。（中略）こんなもので大騒ぎしたことが、まことに不見識なことであった[52]。

最近では『産経新聞』が、「田中上奏文」をソ連側の偽造とする説を紹介した。また、産経新聞「ルーズベルト秘録」取材班は、ローズヴェルト（Franklin D. Roosevelt）大統領に対する「田中上奏文」の影響を強調したものの、その史料的な根拠は不詳である。(53)

中国と台湾

日本では解決済みとされがちな「田中上奏文」だが、中国や台湾では実存を主張する説が根強い。とはいえ、中国の学界にも偽造説はある。中国における偽造説の代表格は、鄒有恒《すうゆうこう》であろう。多くの日本語文献を参照した鄒は、「田中上奏文」に含まれる誤りを指摘して偽造と結論づけた。兪辛焞《ゆしんじゅん》も、東方会議で「田中上奏文」のようには審議されなかったと分析した。(54)

だが中国では、そのような偽造説が一般的ではない。総じて中国では、蔡智堪や王家楨の証言に依拠しながら、実存を主張する傾向にある。(55)そのため一見すると、偽造説をとる日本の学界とは逆の意味で解決済みとされたかにみえる。

しかしながら、蔡と王の回想には矛盾があった。そのことに注意深い論者は気づいている。代表的な研究者は沈予や高殿芳であろう。沈が指摘するように、蔡は皇居で「田中上奏文」を入手し、自ら奉天に赴いて王に手交したと主張するのだが、王によるなら、蔡と目される「台湾の友人」が知人を介して「某政党幹事長宅」で筆写し、約二週間ごとに十数回に分けて郵送してきたというのである。

つまり、蔡が「田中上奏文」を入手したのは皇居なのか、それとも「某政党幹事長宅」なのかについて、当事者のはずの蔡と王の回想は食い違っている。さらに、蔡が奉天に王を訪れて「田中上奏文」を手交したのか、あるいは東京から王に郵送したのかについても、蔡と王の証言は矛盾する。ただし沈は、こうした矛盾点にもかかわらず「田中上奏文」の信憑性を否定するわけではない(56)。

史料面では、王家楨の文書が近年刊行された。その王家楨文書を編纂したのが高殿芳であり、高は王にインタビューしてもいた。「田中上奏文」や床次の関与について、高は基本的に王の回想を受け入れた。その半面で高は、王と蔡の主張が抵触するところでは蔡の主張を採り入れ、後述する程玉鳳の研究や遼寧省档案館の史料も参照して、蔡が自ら奉天に赴き「田中上奏文」を王に手交したと解する。高によると、蔡と王の証言には矛盾するところもあるが、「田中上奏文」の存在には疑いがないという(57)。

このように中国語圏の研究や史料状況は、未解決の論点に気づかせてくれる。満州事変を論じる際にも、「田中上奏文」は援用されがちである。一例を挙げると、易顕石らは蔡智堪と王家楨の回想録に依拠しつつ、偽造説は成立し難いと分析した(58)。同様に日中戦争、とりわけ盧溝橋事件の研究でも、しばしば「田中上奏文」は引き合いに出される(59)。

中国の歴史教科書にも付言したい。最も採用されているのは、人民教育出版社の教科書である。管見の限り現在の中学では、中国史や世界史の教科書に「田中上奏文」の記述はない。しかし中国の高校では、中国近現代史や世界近現代史の教科書に「田中上奏文」が登場してくる。そこでは、「支那を征服せんと欲せば」という一節が紹介される。脚注で真偽論争が言及されることもあるにせよ、総じて本物と印象づけられる(60)。

大学で編集された通史にも「田中上奏文」は出てくる。ここでは、浙江《せっこう》大学日本文化研究所の日本通史をみておきたい。それによると、日本の学界では真偽論争があるものの、中国の学界は偽造説の根拠を薄弱と見なすという(61)。「田中上奏文」に言及した一般書も多い(62)。他方、二〇〇六（平成一八）年には本書序章の原型となった拙稿が中国語訳され、「田中上奏文」の研究状況は中国語圏でも知られるようになった[63]。

台湾では、概して蔡智堪が愛国の志士として称賛されており[64]、中国国民党の史料集『革命文献』にも「田中上奏文」は掲載された[65]。なかでも注目すべきは、程玉鳳の研究であろう。程は蔡智堪文書を活用して、蔡の詳伝を一九八一（昭和五六）年に刊行した。一九九六（平成八）年の論文でも、程は「田中上奏文」の実存を主張する。ただし、程は「田中上奏文」に誤りのあることを認めており、蔡が皇居で「田中上奏文」を速記したところ、復元の際に間違いが混入したものと解釈した[66]。

その台湾で、偽造説が増えていることは注目されてよい。陳在俊は田中義一の小伝で、侵華政策を批判しつつも「田中上奏文」自体の存在を否定した。半賓は宇垣一成や鈴木貞一、および日本側の少壮軍人が関与したものと推定した[67]。

一九九一年七月の『歴史月報』は「田中上奏文」を特集しており、そこでは陳豊祥や陳鵬仁、林明徳が意見を述べている。陳豊祥は「田中上奏文」の真偽を不明としており、その著作でも「田中上奏文」を実存するとはみていない[68]。また、陳鵬仁によると、蔡智堪の証言には虚偽が多く含まれており、その行為は愛国的であるが、「田中上奏文」は偽造だという[69]。林明徳は、「田中上奏文」の底本は森恪や将校の秘密計画草案であり、中国人がこれを寄せ集めて作文したと推量する[70]。

さらに近年の台湾では「田中上奏文」関係の論文集が出版され、蔡智堪と王家楨の回想、章伯鋒や俞辛焞、沈予、高殿芳、江口圭一、程玉鳳、林明徳などの論文を収録した[71]。そのほか台湾では、「田中上奏文」に関連する外交部档案が刊行されている[72]。

五　実存説と偽造説の間

以上を要するに、「田中上奏文」の真偽については、いわば本物説、実存説、偽造説とも呼ぶべき三つの立場があった。

本物説とは「田中上奏文」を真正とするものであり、中国語圏やロシアで一般に流布している説といえよう。だが、専門家の多くは本物説にくみしない。形式と内容の両面から、「田中上奏文」に決定的な誤りが含まれることは否定できないからである。「田中上奏文」を詳細に検討したことのある者であれば、実存説ないし偽造説を採ることになる。

実存説とは、世に知られている「田中上奏文」に間違いが含まれると認める一方で、どこかに原本が存在するはずだと主張するものである。つまり、「田中上奏文」が中国に渡って翻訳され流通していく過程で、部分的に不備が生じたと見なすのである。実存説では、蔡智堪と王家楨の証言に食い違いがあることも確認された。

偽造説とは、「田中上奏文」に誤りがあることはもとより、そもそも「田中上奏文」自体が捏造だと解するものである。この論者の多くは偽造者の割り出しや、日本側の関与の有無を分析しようとしてきた。

国別の傾向でいえば、ロシアの学界は本物説といえるだろう。中国では本物説も少なくないが、研究者の多くは実存説を採用する。日本とアメリカは偽造説である。その意味で日中間における歴史観の溝は深いのだが、台湾の学界動向は注目に値する。台湾の専門家は実存説と偽造説に分かれるものの、一九七〇年代までは本物説や実存説がほとんどであっただけに、偽造説に傾きつつあるといえよう。

実存説と偽造説には、共通するところもあった。原本の存在を想定するか否かを度外視するなら、流通している「田中上奏文」は誤りを含むと認めることである。部分的にせよ、「田中上奏文」に間違いがあることは、実存説によっても否定しえない。この傾向が顕著なのは、日本の文献を参照している中国語圏の実存説においてである。その限りでは、実存説と偽造説の間は意外に近いともいえようか。

だとしても、日本では支配的な偽造説が中国では少数派であることに変わりはなく、日中間の溝は依然として深い。なぜ両国の歴史観は、ここまで離反したのだろうか。

日本では「田中上奏文」に含まれる細かな誤謬について、戦前から指摘されてきたことはすでに述べた。いわば微視的な視点であり、偽造であることは議論の前提となる。むしろ論点は、真の作成者や流通経路であった。もちろん中国にも詳細な研究はあり、回想録やインタビューに依拠してもいた。しかし、そうした研究ですら、偽造説は少数派である。

中国で「田中上奏文」が信じられやすい背景は何だろうか。三点を指摘したい。

第一に、中国では「田中上奏文」だけを論じるというよりも、多くは満州事変や日中戦争などの文脈で言及される。日本よりも、はるかに巨視的な視点といってよい。現実の侵略過程と「田中上奏文」が一致することもあり、偽物ではないと理解されがちになる。その根底にあるのは、単に日本が中国を侵略したというだけでなく、侵略の裏側には計画性と一貫性、そして史的構造があったと強調する歴史観である。

そのような歴史観にとって、「田中上奏文」は格好の材料になってしまう。なぜなら「田中上奏文」は、首相が起筆して天皇も知っていたというものである。侵略の青写真として、これ以上のものはあるまい。このため、流布された「田中上奏文」に誤りを認めたとしても、どこかに原文書が存在するはずだということになる。日本の研究者が、太平洋戦争に至る日本の対外政策を本来の姿からの逸脱と解するのに対して、中国の研究者はそこに必然性をみる傾向にあるといえよう。

第二に、中国で「田中上奏文」が浸透した遠因として、田中内閣に対するイメージを指摘すべきであろう。概して中国では、満州事変を引き起こした石原莞爾よりも、田中義一のほうが知られている。満州事変から対中侵略が始まったというのは日本の見方にすぎないのであり、中国からすれば、遅くとも田中内閣からということになる。満州事変は出先の暴発であるが、田中内閣は自ら三度の山東出兵を行った。しかも、国民革命軍と衝突し、済南《さいなん》事件を引き起こしている。田中義一には、「田中上奏文」のイメージが当てはまってしまう。

第三に、「田中上奏文」は、中国の宣伝外交や情報戦で用いられてきた。詳細については第一章から第六章で検討するが、国際連盟では真偽論争が行われ、東京裁判でも審理の対象になった。中国国民党や中国共産党の歴史編纂で援用されたほか、「田中上奏文」は『人民日報』にも登場する。「田中上奏文」が中国に根づいた背景を知るには、分析対象に戦後を含めねばなるまい。

言い換えるなら、「田中上奏文」の真偽は論点の一つにすぎない。序章一で述べたように、「田中上奏文」の誤りだけを論じても、この問題の全体像を示したことにはならない。そのことは、稲生論文など初期の研究では意識されていたのだが、近年では蔡智堪や王家楨に注目するあまり、「田中上奏文」の流通過程や宣伝といった側面は等閑《とうかん》に付されがちである。

そこで第一章では、真の作成者と流布の経路、日本の政党や宮中、外務省の対応、中国東北政権の内部過程、中国国民党や各新聞社の動向、さらに中国の宣伝といった観点を踏まえつつ、「田中上奏文」

の起源を求めて昭和初期にさかのぼる。「田中上奏文」は、いかにして世に送り出されたのであろうか。

注

（1）本章は、拙稿「『田中上奏文』をめぐる論争――実存説と偽造説の間」（劉傑・三谷博・楊大慶編『国境を越える歴史認識――日中対話の試み』東京大学出版会、二〇〇六年）八四―一一〇頁を下敷きとする。

（2）田中内閣の対中政策全般については、佐藤元英『昭和初期対中国政策の研究――田中内閣の対満蒙政策』（原書房、一九九二年）、拙著『東アジア国際環境の変動と日本外交　一九一八―一九三一』（有斐閣、二〇〇一年）一九一―二五一頁、小林道彦「田中政友会と山東出兵――一九二七―一九二八（一）（二）」（『北九州市立大学法政論集』第三二巻第二・三号、第三三巻第一号、二〇〇四―二〇〇五年）一―三三、一―五二頁、邵建国『北伐戦争時期的中日関係研究』（北京：新華出版社、二〇〇六年）などがある。

（3）特件「驚心動魄之日本満蒙積極政策――田中義一上日皇之奏章」（『時事月報』第一巻第二号、一九二九年）一―二〇頁、日華倶楽部編訳『支那人の観た日本の満蒙政策』（日華倶楽部、一九三〇年）一九―七〇頁。なお、後者からの引用に際しては句読点を補った。

（4）重光葵『昭和の動乱』上巻（中央公論社、一九五二年）三三頁。

（5）Edgar Snow, *Far Eastern Front* (London: Jarrolds, 1934), pp. 53-54. 邦訳は、エドガー・スノー／梶谷善久訳『極東戦線　一九三一～三四』（筑摩書房、一九八七年）三五―三七頁。

（6）Edgar Snow, *The Battle for Asia* (New York: Random House, 1941), p. 3. 邦訳は、エドガー・スノー／森谷巌訳『アジアの戦争』（みすず書房、一九五六年）二頁。

（7）Robert Aura Smith, *Our Future in Asia* (New York: Viking Press, 1940), p. 248.

（8）John W. Dower, *War without Mercy: Race and Power in the Pacific War* (New York: Pantheon Books, 1986), pp. 15-23. 邦訳は、ジョン・W・ダワー／猿谷要監修／斎藤元一訳『人種偏見――太平洋戦争に見る日米摩擦の底流』（TBSブリタニカ、一九八七年）一九―二九頁。ジョン・W・ダワー／猿谷要監修／斎藤元一訳『容赦なき戦争――太平洋戦争における人種差別』（平凡社、二〇〇一年）も参照。

（9）*Why We Fight: The Battle of China*, directed by Frank Capra, produced by the Signal Corps Army Service Forces, the War Department, 1944; *Know Your Enemy—Japan*, directed by Frank Capra, produced by the Army Service Forces, the Information and Education Division, the War Department, 1945. 前者はビデオ『日中戦争』(大陸書房、一九九一年)として刊行されている。

(10) John J. Stephan, "The Tanaka Memorial (1927): Authentic or Spurious?" *Modern Asian Studies*, vol. 7, no. 4 (1973): pp. 733–745; Youli Sun, *China and the Origins of the Pacific War, 1931–1941* (New York: St. Martin's Press, 1993), p. 165.

(11) William Fitch Morton, *Tanaka Giichi and Japan's China Policy* (Folkestone: Dawson, 1980), pp. 109–110, 205–214, 284–288.

(12) *The Encyclopedia America*, vol. 26 (Danbury, 1984), p. 254, s. v. "Tanaka Giichi."; *the Encyclopaedia Britannica* (Chicago, 1997), CD-ROM, s. v. "Tanaka Giichi, baron."

(13) Iris Chang, *The Rape of Nanking: The Forgotten Holocaust of the World War II* (London: Penguin Book Ltd., 1998), pp. 177–178.

(14) Charles Kingsley Webster, "Japan and China," *Contemporary Review*, no. 822 (1934): pp. 650–656.

(15) John J. Stephan, "The Tanaka Memorial (1927)," p. 734; 寺山恭輔「ロシアにおける『田中上奏文』——満州事変をめぐるロシア史学の現状」(『ロシア史研究』第七八号、二〇〇六年)三八—四五頁。

(16) Leon Trotsky, "Memorandum Tanaka," May 1940, Leon Trotsky Papers, T 4815, Houghton Library, Harvard University; statement to press, May 1, 1940, Trotsky Papers, T 4843; Leon Trotsky, "The 'Tanaka Memorial'," *Fourth International* (June 1941): pp. 131–135. Naomi Allen and George Breitman, eds., *Writings of Leon Trotsky, 1939–1940* (New York: Pathfinder Press, 1973), pp. 168–180, 392; 薬師寺亘訳『トロツキー著作集 一九三九—一九四〇』下巻(柘植書房、一九七一年)一四八—一六五頁も参照。

(17) Evgeniy Mikhailovich Zhukov, ed., *Mezhdunarodnye otnosheniya na Dal'nem Vostoke, 1840–1949* (Moscow: Gosudarstvennoe Izdatel'stovo Politicheskoy Literatyry, 1956), pp. 408–409. 邦訳は、E・M・ジューコフ編/江口朴郎・野原四郎監訳『極東国際政治史』下巻(平凡社、一九五七年)三一、四九頁。

(18) *Bol'shaya sovetskaya entsiklopediya*, vol. 41 (Moscow, 1956), p. 586, s. v. "Tanaka Memorandum."

(19) Anatoliy Andreevich Gromyko and Boris Nikolaevich Ponomarev, eds., *Istoriya vneshnei politiki SSSR, 1917–1985*,

vol. 1（Moscow: Nauka, 1986）, p. 264.

（20）I. A. Lat'shev, *SSSR i Yaponiya*（Moscow: Glavnaya redaktsiya vostochnoy literatuy, 1987）, p. 90.

（21）Boris N. Slavinsky, *SSSR i Yaponiya — na puti k voyne: diplomaticheskaya istoriya, 1937–1945 gg.*（Moscow: ZAO, 1999）, p. 49. 邦訳は、ボリス・スラヴィンスキー／加藤幸廣訳『日ソ戦争への道――ノモンハンから千島占領まで』（共同通信社、一九九九年）四七―四八頁。

（22）E. A. Gorbnov, *Skhvatka c chernym drakonom: taynaya voyna na Dal'nem Vostoke*（Moscow: Veche, 2002）, pp. 22–34.

（23）アナトリー・コシキン『熟柿戦略の破綻――日ソ中立条約を破ったのは誰か』（にんげん社、一九八五年）一三―一四頁、Anatoliy Koshkin, *Yaponskiy front marshala Stalina: Rossiya i Yaponiya: ten' Tsysimy dlinoyu v vek*（Moscow: Olma-Press, 2004）, pp. 26–30; アナトリー・コーシキン／佐藤利郎訳『大国の攻防――世界大戦における日ソ戦』（大阪経済法科大学出版部、二〇〇五年）五―九、一五頁。

なお、アレクセイ・キリチェンコ「非はわがソ連にあり」（『文藝春秋』一九九〇年七月）九七頁も、「田中上奏文」を本物と解している。他方で、同「コミンテルンと日本、その秘密諜報戦をあばく」（『正論』二〇〇六年一〇月号）一〇二頁によると、「諜略情報ビューローによって『田中メモランダム』が世に送り出された」という。A. Kirichenko, "Is istorii rossiysko-yaponskikh otnosheniy," in B. Ramzes, ed., *Yaponiya bez predvzyatostey*（Moscow: Yaponiya segodnya, 2003）, pp. 301–303 も参照。

（24）Vasiliy Elinarkhovich Molodyakov, *Nesostoyavshayasya os': Berlin-Moskva-Tokio*（Moscow: Veche, 2004）, p. 72; idem, *Rossiya i Yaponiya: poverkh bar'erov: neizvestnye i zabytye stranitsy rossiysko-yaponskikh otnosheniy 1899–1929*（Moscow: AST, 2005）, pp. 293–297; idem, *Goto Simpey i russko-yaponskie otnosheniya*（Moscow: AIRO-XXI, 2006）, p. 167; ワシーリー・モロジャコフ／木村汎訳『後藤新平と日露関係史』（藤原書店、二〇〇九年）二〇八頁。

（25）Harvey Klehr, John Earl Haynes, and Fridrikh Igorevich Firsov, eds., Russian documents translated by Timothy D. Sergay, *The Secret World of American Communism*（New Haven: Yale University Press, 1995）, pp. 52–53; ハーヴェイ・クレア＝ジョン・アール・ヘインズ＝F・I・フイルソフ／渡辺雅男・岡本和彦訳『アメリカ共産党とコミンテルン――地下活動の記録』（五月書房、二〇〇〇年）九四―九八、四六七頁、Christopher Andrew and Vasili Mitrokhin, *The Mitrokhin Archive: The KGB in Europe and the West*（London: Penguin Books, 2000）, pp. 49–50, 755.

(26)「田中上奏文」をめぐるソ連側動向については、富田武「満州事変前後の日ソ漁業交渉——国家統制下の漁区安定化へ」（『歴史学研究』第八三四号、二〇〇七年）五九、六二頁、同「荒木貞夫のソ連観とソ連の対日政策」（『成蹊法学』第六七号、二〇〇八年）四六頁、同「ソ連の対日諜報活動：ゾルゲ工作以前——ロシア国立軍事公文書館史料の紹介を中心に」（『軍事史学』第四四巻第三号、二〇〇八年）七七—七八頁を参照。

(27) 岡田和行「亡霊はよみがえるのか？——あるモンゴル人学者の記事をめぐって」（『亜細亜大学アジア研究所所報』第七四号、一九九四年）六—七頁、『朝日新聞』二〇〇九年六月一一日夕刊、田中克彦『ノモンハン戦争——モンゴルと満洲国』（岩波新書、二〇〇九年）一五、二四—二五、二二〇、二二六—二二九頁。

(28) 堀田善衞『インドで考えたこと』（岩波新書、一九五七年）五六頁。

(29) 斗山東亜百科事典研究所編『두산세계대백과사전（斗山世界大百科事典）』第六巻（ソウル：斗山東亜、一九九六年）六〇二頁、編者不明『조선대백과사전（朝鮮大百科事典）』第五巻（平壌：백과사전출판사〈百科事典出版社〉）五八七頁。

(30) 松岡洋右『動く満蒙』（先進社、一九三一年）三五—三六頁、森島守人『陰謀・暗殺・軍刀——一外交官の回想』（岩波新書、一九五〇年）七—九頁、有田八郎『馬鹿八と人は言う——外交官の回想』（光和堂、一九五九年）四〇—四一頁、石射猪太郎『外交官の一生』（中公文庫、一九八六年）一五六—一五八頁。

(31) Kiyoshi Karl Kawakami, *Japan Speaks on the Sino-Japanese Crisis* (New York: Macmillan Company, 1932), pp. xi–xii, 30, 145–146; 清沢洌『現代日本文明史 三 外交史』（東洋経済新報社、一九四一年）四八二、四八九—四九〇頁、同『日本外交史』下巻（東洋経済新報社、一九四二年）四八二、四八九—四九〇頁、岩淵辰雄『対支外交史論』（高山書院、一九四六年）一〇九—一一七頁。

(32) 歴史学研究会編『太平洋戦争史 一 満州事変』（東洋経済新報社、一九五三年）七二、二五〇—二五八頁。

(33) 歴史学研究会編『太平洋戦争史 一 満州事変』（青木書店、一九七一年）一三九頁。

(34) 稲生典太郎「『田中上奏文』をめぐる二三の問題」（『国際政治』第二六号、一九六四年）七二—八七頁。同稿は、稲生典太郎『条約改正論の歴史的展開』（小峯書店、一九七六年）六八九—七一三頁に収録された。

(35) 衛藤瀋吉「京奉線遮断問題の外交過程——田中外交とその背景」（篠原一・三谷太一郎編『近代日本の政治指導——政治家研究Ⅱ』東京大学出版会、一九六五年）四二二、四二四頁。同稿は、衛藤瀋吉『東アジア政治史研究』（東京大学出版会、一九六八年）一七七―二三八頁に収録された。稲生論文に直接言及してはいないが、中村菊男『満州事変』（日本教文社、一九六五年）四〇―四三頁も「田中上奏文」を偽造とする。

(36) 稲生典太郎「『田中上奏文』その後」（『中央史学』第一号、一九七七年）七七―七八頁。同稿は、稲生典太郎『東アジアにおける不平等条約体制と近代日本』（岩田書院、一九九五年）二一一―二一六頁に収録された。外務省外交史料館編『外交史料館所蔵 外務省記録総目録 戦前期』別冊（原書房、一九九三年）八三頁によっても、「排日関係 田中内閣満蒙積極政策上奏文関係」（A.1.1.0）は消失記録となっている。

(37) 松本清張「昭和史発掘『満洲某重大事件』二『田中メモランダム』」（『週刊文春』一九六五年五月一七日）五六頁。同稿は、松本清張『昭和史発掘』第三巻（文春文庫、一九七八年）一八―二九頁に収録された。

(38) 「特集 田中メモランダム」（『中国』第一四号、一九六五年）二―三六頁。

(39) 橋川文三「田中上奏文の周辺」（『中国』第一五号、一九六五年）四―一四頁。同稿は、橋川文三『順逆の思想――脱亜論以後』（勁草書房、一九七三年）二七五―二九一頁に収録された。

(40) 編集部「田中義一の対中国政策――高倉徹一氏に聞く」（『中国』第一八号、一九六五年）六―一二頁。

(41) 蔡智堪／今村与志雄訳「田中上奏文入手の顚末」（『中国』第二九号、一九六六年）六―一五頁、趙尺子／今村与志雄訳「『田中上奏文入手の顚末』補遺」（『中国』第二九、三二号、一九六六年）、二三―二九頁、今井清一・藤原彰・橋川文三「『田中上奏文入手の顚末』――その真偽をめぐって」（『中国』第三二号、一九六六年）八―一五、二二―二三頁。

(42) 山口一郎『近代中国対日観の研究』（アジア経済研究所、一九七〇年）七六、一一三―一一六、一五八頁。山口一郎「文献解題『田中上奏文』その他」（『中国』第六二号、一九六九年）三八―四九頁も参照。

(43) 江口圭一「田中上奏文の真偽」（『日本史研究』第八〇号、一九六五年）六〇―六五頁。同稿は、江口圭一『日本帝国主義史論』（青木書店、一九七五年）二九七―三〇一頁に収録された。江口は、『史学雑誌 一九六四年の歴史学界――回顧と展望』（第七四編第五号、一九六五年）一七一―一七二頁でも稲生論文を批判していた。江口圭一「田中メモははたして偽物か」（『人物往来』第一四巻第五号、一九六五年）三三―四一頁も参照。

(44) 本多勝一『中国の旅』（朝日新聞社、一九七二年）一二―一三頁。

(45) 『聯合版』一九五三年九月二日、九月七日、九月一二日、『聯合報』一九五三年一一月一八日、『自由人』一九五四年八月七日、八月二八日、一〇月九日。

(46) Autobiography by Wang entitled "Looking Back and Looking Forward," 1956, Chengting T. Wang Papers, Box 1, Sterling Memorial Library, Yale University：拙編『王正廷回顧録 Looking Back and Looking Forward』（中央大学出版部、二〇〇八年）一三二頁。これについては、Chinese Oral History Collections, Academia Sinica Miscellaneous Related Manuscripts, Box 7, Rare Book and Manuscript Library, Columbia University にも複製が収録されている。

(47) 王家楨「日本両機密文件中訳本的来歴」（『文史資料選輯』第一一輯、一九六〇年）一二七―一三一頁。

(48) 章伯鋒「『田中奏摺』的真偽問題」（『歴史研究』一九七九年第二期）七八―八二頁。

(49) 趙自修「日本対華政策的両大極端 従幣原外交到田中奏摺」（『春秋』第一五巻第六期、一九七一年）七―一六頁。

(50) 『サンケイ新聞』一九八四年八月一五日。

(51) 秦郁彦「昭和史の謎を追って 二 田中上奏文から天皇の陰謀まで」（『円卓会議』第一巻第三号、一九八四年）二二六―二三七頁。同稿は、秦郁彦『昭和史の謎を追う』上巻（文藝春秋、一九九三年）九―二四頁に収録された。サンケイ新聞社『蔣介石秘録』第七巻（サンケイ新聞社、一九七六年）一六七―一七一頁も参照。

(52) 北岡伸一『日本の近代 五 政党から軍部へ 一九二四～一九四一』（中央公論新社、一九九九年）七一―七二頁。そのほか、浦野起央『日・中・韓の歴史認識』（南窓社、二〇〇二年）二二三―二二七頁、同「中日的歴史認識」（李玉・浦野起央主編『中日相互認識論集』香港：香港社会科学出版社、二〇〇四年）二八二―二八六頁もあるが、簡単な学説整理にとどまっている。

(53) 『産経新聞』一九九九年九月七日、産経新聞「ルーズベルト秘録」取材班『ルーズベルト秘録』上巻（産経新聞ニュースサービス、二〇〇〇年）二五四―二六二、二六四―二六五、二八〇、三〇八頁、下巻、二二、四九―五四、二七〇、三〇四、三四九、三五二頁。

(54) 鄒有恒「《田中奏摺》真偽論」（『外国問題研究』一九九四年第一期）一―一六頁、同「如何看待中日関係史上的這樁公案――再論《田中奏摺》之真偽」（『外国問題研究』一九九五年第二期）一―一八頁、俞辛焞「中国における日本外交史研究」（『愛知大学国際問題研究所紀要』第七三号、一九八三年）一七七頁。

(55) 李玉・夏応元・湯重南主編『中国的中日関係史研究』（北京：世界知識出版社、二〇〇〇年）二一四―二一七頁。

(56) 沈予「日本東方会議和田中義一内閣対華政策――評《田中奏摺》偽造説」（『近代史研究』一九八一年第一期）二七三―二九一頁、同「関于《田中奏摺》若干問題的再探討」（『歴史研究』一九九五年第二期）八二―九四頁、同「関于《田中奏摺》抄取人蔡智堪及其自述的評価問題」（『近代史研究』一九九六年第三期）二八二―三〇一頁。

(57) 高殿芳「王家楨与《田中奏摺》――三訪王家楨紀実」（『東方世界』一九八八年第三期）二―六頁。加筆のうえで同稿は、高殿芳主編『愛国人士王家楨――「田中奏摺」的歴史見証人』（北京：団結出版社、一九九七年）六七―八八頁に収録された。

(58) 易顕石・張徳良・陳崇橋・李鴻鈞『九・一八事変史』（瀋陽：遼寧人民出版社、一九八二年）七七頁。その後に台湾で刊行された易顕石・張徳良・陳崇橋・李鴻鈞『九一八事変史』（中和：谷風出版社、一九八七年）八六頁も同様である。同書の和訳として、易顕石・張徳良・陳崇橋・李鴻鈞／早川正訳『九・一八事変史――中国側から見た「満州事変」』（新時代社、一九八六年）一一九―一二三頁を参照。易顕石『日本の大陸政策と中国東北』（六興出版、一九八九年）二二〇―二二一頁も同趣旨になっている。

(59) 榮維木『炮火下的覚醒――盧溝橋事変』（桂林：広西師範大学出版社、一九九二年）一五頁、曲家源・白照芹『盧溝橋事変史論』（北京：人民出版社、一九九七年）二五、九〇頁、李恵蘭・明道廣主編『七七事変的前前後後』（天津：天津人民出版社、一九九七年）三頁、唐培吉主編『抗戦時期的対外関係』（北京：北京燕山出版社、一九九七年）二―三頁。

(60) 人民教育出版社歴史室編『高級中学課本 世界近代現代史』下巻（北京：人民教育出版社、一九九六年）三〇頁、同編『高級中学課本 世界近代現代史』下巻（北京：人民教育出版社、二〇〇三年）二六―二七頁、同編『高級中学課本 中国近代現代史』下巻（北京：人民教育出版社、二〇〇三年）一三頁。

(61) 浙江大学日本文化研究所編『日本歴史』（北京：高等教育出版社、二〇〇三年）二四五頁。

(62) 王芸生編『六十年来中国与日本』第八巻（北京：生活・読書・新知三聯書店、一九八二年）一三七、三七五―三八一頁、王俊彦『浪人与《田中奏摺》』（北京：中華華僑出版社、一九九四年）、黄尊厳・馮瑞雲『日本皇宮一〇〇年内幕』（済南：山東人民出版社、二〇〇〇年）一五三―一六一頁など。

(63) 拙稿「『田中上奏文』をめぐる論争」、拙稿「囲繞《田中奏摺》的論争――実際存在説与偽造説之間」（劉傑・三谷博・楊大慶編『超越国境的歴史認識――来自日本学者及海外中国学者的視角』北京：社会科学文献出版社、二〇〇六年）八二―一一〇頁。

(64) 蔡智堪については、王天従「台湾愛国奇人蔡智堪伝」（『芸文誌』第八〇、八一、八二、八三号、一九七二年）九―一四、三〇―三六、二三―二七、三九―四二頁、高純淑「蔡智堪」（『近代中国』第五七号、一九八七年）二〇三頁、邱奕松「台湾

人物伝略――呉湯興、林祖密、姜紹組、胡嘉猷、蔡智堪」(『史連雑誌』第一四号、一九八九年)五〇―五八頁などがある。

(65) 中国国民党中央委員会党史史料編纂委員会編『革命文献』第三二輯(台北:中央文物供応社、一九六四年)四〇八―四四二頁。

(66) 程玉鳳『台湾志士蔡智堪伝』(新店:統帥出版社、一九八一年)、同「論田中奏摺之真偽――台湾志士蔡智堪先生逝世三〇周年記念」(『中華雑誌』第二七一号、一九八六年)一三―一七頁、同「蔡智堪与『田中奏摺』――再論奏摺的真偽」(『世界新聞伝播学院学報』第六号、一九九六年)二八一―三〇九頁。

(67) 陳在俊「『東洋唐吉訶徳』――田中義一、永田鉄山、石原莞爾 上」(『近代中国』第四七号、一九八五年)六七―七五頁、半賓「出兵山東和『田中奏摺』――簡談日本侵華外交之二」(『歴史月報』第一九号、一九八九年)八七―九〇頁。

(68) 陳豊祥「田中奏摺的形成背景」(『歴史月報』第四二号、一九九一年)三八―四二頁、同『近代日本的大陸政策』(台北:金禾出版社、一九九二年)三一四―三一五頁。

(69) 陳鵬仁口述「従蔡智堪与『田中奏摺』談起」(『歴史月報』第四二号、一九九一年)五八―五九頁。陳鵬仁『従甲午戦争到中日戦争』(台北:国史館、一九九七年)三八頁も同様の主張を繰り返している。前述の稲生論文を中文訳したのも陳鵬仁であった。稲生典太郎/陳鵬仁訳「有関田中奏摺的幾個問題」(『歴史月報』第四二号、一九九一年)四三―五三頁。

(70) 林明徳口述「『田中奏摺』的骨血来自何処?」(『歴史月報』第四二号、一九九一年)六〇―六一頁。

(71) 高殿芳・劉建業編『蔡智堪與田中奏摺』(台北:海峡学術出版社、二〇〇三年)。同書は、高殿芳・劉建業主編/中国人民抗日戦争紀念館編『田中奏摺探隠集』(北京:北京出版社、一九九三年)に程玉鳳論文を加えたものである。

(72) 中華民国外交部編『外交部档案叢書――界務類 第一冊 東北巻』(台北:中華民国外交部、二〇〇一年)一二〇―一三七、二三六、二三八頁。

第一章　昭和初期の日中関係――一九二七―一九三一

一　「田中上奏文」の起源――東方会議前後

流通と抑制――四つの視角

まずは昭和初期の日中関係を概観しておきたい(1)。

一九二七（昭和二）年四月、憲政会の若槻礼次郎《わかつきれいじろう》内閣が崩壊すると、政友会総裁の田中義一を首班とする内閣が成立した。若槻内閣の幣原喜重郎《きじゆうろう》外相は中国への不干渉政策を特徴としたが、幣原外交に批判的な田中首相は、外相を兼任して対中国政策の転換を図った。蔣介石のもとで再統一に向かう中国の北伐に対して、田中内閣は五月、居留民保護を名目に第一次山東出兵を行ったのである。

さらに田中内閣は、六月二七日から七月七日にかけて芳沢謙吉駐華公使や武藤信義関東軍司令官らを招集し、東方会議と称される大規模な会議を開催した。東方会議で田中は、「対支政策綱領」という包括的な方針を訓示した。つまり田中は、蔣介石による統一を承認しつつ、奉天軍閥の張作霖を東三省《とうさんしょう》に帰還させることで、張を地方政権の長として定着させようとしたのである。東三省とは、奉天省、吉林省、黒竜江省を指す中国東北の旧称であり、満州とも呼ばれた。

山東出兵を行ったにもかかわらず、田中は主観的には北伐を阻止しようとしていなかった。むしろ田中としては、北伐の席巻を見通し、中国との摩擦を回避しようと努めた。張作霖が北京から陥落することを予期した田中は、張の地位を中央政界で維持しようとは考えなかったのである。それでも、第二次北伐が一九二八年四月に開始されると、田中内閣は二度目の山東出兵を行い、五月には済南で国民革命軍と日本軍が衝突した。済南事件である。

北伐が進展するなかで張作霖は翌六月、田中の思惑どおり奉天に帰還しかけた。だが、その途上で張作霖が関東軍によって列車ごと爆殺されると、息子の張学良が中国東北の実権を掌握した。張学良政権が一二月に南京の国民政府と合流したことで、中国は曲がりなりにも再統一を達成した。中国史上に易《えき》幟《し》と呼ばれるものである。

張学良政権が満州問題の外交権を国民政府に移管し、田中内閣の重視する満州鉄道政策が行き詰まっていたころ、中国では「田中上奏文」が出まわるようになっていた。すでに述べたように「田中上奏文」とは、田中首相が昭和天皇に上奏したとされる怪文書であり、そこでは東方会議で田中が「満蒙積極政策」を天皇に上奏したことになっていた。

この「田中上奏文」が偽書であることに疑いはない。序章一で触れたように、田中首相の上奏文が一木喜徳郎宮内大臣に宛てられるという形式からしてありえない。すでに他界していた山県有朋が、不可解にも九カ国条約の成立を大正天皇と協議してもいる。九カ国条約とは一九二二（大正一一）年にワシントン会議で締結された条約であり、中国の領土保全や門戸開放を規定していた。

そのため日本の学界では、「田中上奏文」が偽造であることは当然視されており、偽書ということを前提として流通経路などが争点となってきた。先行研究で先駆けとなったのは、稲生典太郎による論文であった。これに山口一郎や江口圭一、秦郁彦などの優れた研究が続いた。代表的な研究の一つとして、秦の見解を想起しておきたい。

秦が着眼したのは、王家楨の回想録であった。慶應義塾大学出身の王は、張学良の外交秘書を務めていた。秦によると「台湾の友人」蔡智堪が、「某政党の幹事長」こと床次竹二郎の自宅で東方会議や大連会議に関連した書類を筆写して、十数回にわたって奉天に送ったところ、王が雑多な文書を整合性のある文章に書き改め「上奏文」に合成した。王は仕上がりに自信がなく、政府機関だけに配布を限定していたところ、心ならずも宣伝文書として利用されたという。(2)

そのような研究動向については序章三、四で述べており、ここでは深く立ち入らない。本書は、稲生や秦など内外の先達たちに多くを学んでいる。とはいえ、従来の研究は、いささか王家楨や蔡智堪の回想録に依拠しすぎた感があり、そのような史料的限界から未解決の論点も少なくない。

謎の多くは、「田中上奏文」の起源や中国の動向についてである。すなわち、蔡智堪や床次竹二郎、牧野伸顕《まきののぶあき》内大臣の関与、王家楨や東三省政権、国民政府外交部、中国国民党、駐華日本公使館の相互関係、太平洋問題調査会京都会議に対する日本外務省の方策、さらにはアメリカへの流入などである。本章が解明しようとするのは、それらの点にほかならない。

そこで、四つの視角を設定したい。

第一に、「田中上奏文」の発端である。東京駐在の蔡智堪、張学良外交秘書の王家楨、さらには床次竹二郎や牧野伸顕の関与を検証せねばならない。とりわけ王については、中国で関係史料が近年刊行されており、王へのインタビュー記録も注目されよう。(3)

第二に、中国やアメリカにおける流通経路である。中国東北では東三省政権というよりも、民間の新東北学会や遼寧省国民外交協会が頒布《はんぷ》で重要な役割を果たす。この点に関しては、遼寧省档案館や関東庁警務局の史料が有益となる(4)。アメリカについては、国務省知日派のバランタインとドゥーマンのオーラル・ヒストリーを用いたい。いずれも、コロンビア大学に残されている(5)。

第三に、日本外務省の対応である。「田中上奏文」関連の外務省記録は少なからず消失したもの(6)の、断片的な記録は残されている。また、太平洋問題調査会京都会議への対策については、外務省情報部に勤務していた筒井潔の証言がある(7)。

IPRとも呼ばれる太平洋問題調査会は、YMCAの活動に端を発する民間の国際的学術団体であり、相互理解を目的としていた。本部はホノルルに置かれ、アメリカや日本、中国、カナダ、オーストラリアなどから有識者が参加した。一九二五年のホノルル会議で発足し、その後も定期的に国際会議が開催されており、中国側は一九二九(昭和四)年の京都会議に「田中上奏文」を提起しようとしたのである。太平洋問題調査会に加えて、国民政府に対する申し入れの実態も明らかにしたい。

第四に、国民政府、とりわけ外交部の立場である。これについては、近年、外交部档案が台湾で公開された(8)。それによると外交部は、「田中上奏文」が偽書だと当初から知っていたと思われる。しかも中国は、重光葵駐華臨時代理公使からの要請を受けて、満州事変前には取り締まりに努めていた。外交部档案の引用に際しては、日本外務省記録の消失分を補うため、ときには煩《はん》をいとわず全文を掲載する。

以下では、「田中上奏文」の起源と流通、そして抑止の過程を追っていく。時期については満州事変までとし、満州事変後については第二章に譲りたい。

「田中上奏文」の題材として利用された東方会議は、一九二七年六月二七日から七月七日に東京で開催された。主催したのは、政友会の田中義一内閣である。東方会議には、芳沢謙吉駐華公使や吉田茂奉天総領事、武藤信義関東軍司令官らの高官が多く招集された。東方会議の最終日に田中首相兼外相は、包括的な方針として「対支政策綱領」を訓示した。つまり田中は、蔣介石による統一を承認しつつ、張作霖を東三省に帰還させ、地方政権の長として安定を図ろうとしたのである。

北伐を進めていた中国国民党と日本軍の衝突としては、一九二八年五月の済南事件が知られている。もっとも中国側は、すでに済南事件以前から日本への警戒を強めていた。一例として同年二月八日の中国国民党機関紙『中央日報』には、「日帝国主義者 満蒙侵略的官話」という記事が掲載されている。その内容は、木下謙次郎関東長官の談話であった。記事によれば、満鉄が子会社を設立し、北満の資源開発を計画しているという。ほかにも同紙では、「益趨具体化的日本対満鉄路侵略策」や「田中内閣積極政策的反響」といった記事に事欠かない(9)。

それでは「田中上奏文」は、中国の内外でいかに顕在化したのか。「田中上奏文」を入手したと自称するのが蔡智堪である。まずは、蔡の声に耳を傾けてみたい。

蔡は一九二八年夏に二晩かけて皇居で「田中上奏文」を筆写したと後年語っている。かつて蔡は、慶應義塾大学留学中の王家楨と親交を深め、駐日秘密諜報員として政情を伝え続けたという。入庫に際して蔡は、牧野伸顕内大臣を介して「皇室書庫官」山下勇の助力を得たとされる(10)。台湾の研究者である程玉鳳によると、蔡は「田中上奏文」の筆写を急ぐ余り、書き損じや不明箇所が生じ、さらに王が翻訳と補筆を行ったために、原文と乖離したという(11)。

しかしながら、蔡智堪の回顧談は、中華民国外交部にすら信用されていない。詳しくは第五章一で論じるが、蔡は一九五四年四月一一日の陳誠《ちんせい》行政院長宛て書簡で、職位を要求していた。これを受けた行政院は五月八日、外交部に褒賞《ほうしょう》を問い合わせた。蔡自身も、葉公超《ようこうちょう》外交部長に宛てた六月五日付けの書簡にて、外交部顧問への就任を要求している。だが、行政院と蔡の双方から打診を受けた外交部は、本当に蔡が「田中上奏文」を入手したのか外交部档案で検証し、そのことを示す記録はないとの結論に達したのである。(12)

こうした経緯からしても、蔡智堪が「田中上奏文」を皇居で筆写したとは考えにくい。それでも、「田中上奏文」の発端はどこかという疑問は残る。この点について秦郁彦は、蔡が床次竹二郎の自宅で東方会議などの資料を筆写して王家楨に送ったと推定する。また、中国人研究者の沈予によれば、床次が田中外交に批判的な牧野と連携して、田中内閣打倒のために蔡による「田中上奏文」の入手を支援したという。(13)

ならば床次や牧野は「田中上奏文」に関与し、あるいは蔡と接触したのだろうか。

床次竹二郎と牧野伸顕

結論からいうなら、床次と牧野に関与の形跡は見当たらない。

複雑な動きを示したのは床次である。一九二七年六月に政友本党を解党し、憲政会と合同して立憲民政党を結成した床次は、若槻礼次郎、山本達雄、武富時敏《たけとみときとし》とともに民政党の顧問となった。だが床次は、一九二八年八月に当時野党の民政党を離脱して、新党倶楽部を結成した。さらに床次は、一九二九年七月に新党倶楽部を解党して政友会に復帰する。

注目すべきことに、新党倶楽部を立ち上げた床次は、一九二八年一二月七日から三週間ほど中国を訪れている。元奉天総領事で衆議院議員の赤塚正助《あかつかしょうすけ》も同行した。床次らは南京と奉天で、それぞれ蔣介石や張学良と会見した。

そこで問題となるのが、張学良の幕僚を務めた胡俊《こしゅん》の回想である。胡によると、床次は張や楊宇霆《ようてい》との会見で、田中外交を非難したという。のみならず床次は、自らが後継首班となることで、日中関係を改善しようと意図していたともいう。一九二九年一月の楊宇霆暗殺時には張も、外交秘書主任の王家楨を介して胡を訪日させて、床次に真意を伝えた。また胡は、張が床次に五〇万元の工作金を与えたと述べている。ただし胡は、東方会議や「田中上奏文」に言及していない(14)。

このように胡俊は、張学良と床次の緊密さを強調し、床次が田中外交に批判的であったと論じた。しかし、松本日誌の記述はこれに反している。松本は、貴族院議員であった。

松本日誌によると床次は、訪中前に田中首相と協議していた。中国でも床次は、蔣介石や張学良の田中内閣批判に対して確答を避けており、「南方に於ては、撤兵するにあらざれば談判に応ずること能はずという事と、北方に於ては、田中内閣が更迭するにあらざれば満鉄の要求には一切承認を与ふること能はずといふ申出にも、明答を与へなかつた」。中国で微妙な問題に明答を与えずに帰国した床次は、中国での出来事を田中に報告している。新党俱楽部結成の経緯からしても、床次の対中方針は幣原よりも田中に近寄り始めていた(15)。

次に、牧野伸顕内大臣の日記をみておこう。一九二九年一月一一日の牧野日記によると、床次が対中方針の緩和と早期撤兵を促したのに対して、田中は規定方針を変更しないと答えている。それでも田中は、拓務大臣ないし外務大臣としての床次入閣を考慮するに至った(16)。したがって、張学良が床次を抱き込んだとする胡俊の回想録は、相当に割り引かねばならない。

実際に張学良は、床次との関係を強化することで、田中内閣に打撃を与えようとしたであろう。張は後年のオーラル・ヒストリーでも、床次に工作金を与えたと述べている。[17] だが床次は、概して慎重に振る舞っており、床次が東方会議の材料を蔡智堪に提供して田中内閣を揺さぶったとは考えにくい。

一方の牧野自身は、「田中上奏文」に関与しただろうか。すでに述べたように蔡智堪によると、蔡が「田中上奏文」を皇居で筆写できたのは、牧野の支援を得たからだという。たしかに牧野は、田中の外交に不安を抱いていた。しかし、それ以上に牧野は、内政面を含めて「陛下に御累を及ぼさゞる事を第一に考慮」しており、元老の西園寺公望《さいおんじきんもち》もこれに賛同している。[18] その牧野が、素性の知れない蔡に便宜を与えて「田中上奏文」の入手を助けるであろうか。牧野日記にも、当然そのような記述はない。

ここで一つの疑問がわいてくる。現実に田中が行っていた上奏とは、どのような内容であろうか。一九二七年七月の「田中上奏文」とはもちろん無関係だが、田中による一九二九年五月の上奏について、国会図書館の牧野文書に備忘録が収められていた。備忘録には、「昭和四年五月二十五日田中首相カ口頭ニテ上奏セシ事項要領」と記されている。

それによると田中の上奏は、国民政府を正式承認し通商条約改定に着手するが、治外法権については条件付きとすべきであり、内地雑居は満州のみとして、駐華公使館の大使館昇格は「支那ノ時局ノ安定スルヲ待チテ決行スルノ考ナリ（今ハ暫ク情勢ヲ観望ス）」というものだった。済南事件や張作霖爆殺事件への反省からか、穏当な上奏といってよい。つまり、実際の上奏は、「田中上奏文」とまったく相容れない内容なのである。[19]

以上を要するに、床次や牧野は本件に直接関与しなかったといえよう。

東方会議との不整合

それにしても、「田中上奏文」の題材になったとされる東方会議の情報は、どのように中国へ伝わったのだろうか。これについては、莫《ばく》徳恵奉天省長に宛てた一九二七年七月三一日付けの楊宇霆書簡が手掛かりとなる。短文なので詳細は不明だが、中国側は汪栄宝駐日公使を通じて東方会議の概略を把握していたようである[20]。かなりの情報は、正規のルートで中国に送られていたと思われる。

ここで根本的な疑問が生じてくる。「田中上奏文」は東方会議を踏まえたとされるが、そもそも東方会議の議事内容と「田中上奏文」は合致するのだろうか。結論からいうなら、兪辛焞も指摘するように、「田中上奏文」と東方会議の内容には相当な不整合がみられる[21]。

まずは「田中上奏文」の項目を振り返っておこう。

満蒙に対する積極政策
満蒙は支那の領土にあらず
内外蒙古に対する積極政策
朝鮮移民の奨励および保護政策
新大陸の開拓と満蒙鉄道
通遼熱河間鉄道
洮南より索倫に至る鉄道
長洮鉄道の一部鉄道
吉会鉄道

吉会線および日本海を中心とする国策
吉会線工事の天然利益と付帯利益
琿春から海林に至る鉄道
対満蒙貿易主義
大連を中心として大汽船会社を建設し東亜海運交通を把握すること
金本位の実施
第三国の満蒙に対する投資を歓迎すること
満鉄経営方針変更の必要
拓殖省設立の必要
京奉線沿線の大凌河流域
支那移民侵入の防御
病院、学校の独立経営と満蒙文化の充実

これらが「田中上奏文」の項目である。そのうち「内外蒙古に対する積極政策」「金本位の実施」「拓殖省設立の必要」などは、東方会議で議題になっていない。「田中上奏文」は、東方会議の内容を正確に反映していないのである。

鉄道についても「田中上奏文」には、不正確な記述が含まれている。「田中上奏文」では洮南―索倫鉄道の建設が重要視されているものの、実際の東方会議では、ソ連への配慮から洮索鉄道の優先順位は最も低かった。また、「田中上奏文」には吉林―敦化《とんか》線が竣工したとある。だが、吉敦線の完工は一九二八年一〇月であり、東方会議の一年数カ月も後のことである[22]。「田中上奏文」が書かれたのは、東方会議から一年以上してからなのだろう。

新聞報道

逆に、東方会議の懸案であった山東問題や張作霖については、「田中上奏文」ではあまり論及されていない。おそらく「田中上奏文」の作成時に山東問題はすでに過去となり、張作霖は爆殺されていたのだろう。先に触れた吉敦線の記述を勘案するなら、「田中上奏文」は張作霖爆殺事件のかなり後に執筆されたと推測できる。

したがって、東方会議と「田中上奏文」は、似て非なるものである。それだけに、「田中上奏文」の情報源を特定するのは不可能に近い。当時の田中内閣としては、東方会議の情報漏洩に細心の注意を払うことになっており、『外務省公表集』にも東方会議のことは出てこない[23]。ただし、新聞が東方会議を内容豊富に伝えていた。

新聞報道と「田中上奏文」の関連性について、そのころ駐奉天領事だった森島守人が回顧している。「田中上奏文」の出所について森島は、「東方会議に関連していろいろの記事が新聞に出ていたので臆測を逞《たくま》しうすればこの位の材料を作り上げることは容易」と論じた。新聞が「田中上奏文」の情報源だと森島はいうのである[24]。

森島の説は一見もっともらしいが、簡単な調査で反証できる。というのも当時の新聞は、準備段階から東方会議を報道し続けていた。田中首相ら要人の言動も少なからず掲載されており、新聞を目にしていれば、東方会議の動向を把握できたはずである。とりわけ、一九二七年七月八日の『東京朝日新聞』

に掲載された田中の訓示は、会議の結論に当たる「対支政策綱領」ときわめて近い。日本の新聞を読んでいれば、その内容を「田中上奏文」に盛り込めたはずである。[25]

にもかかわらず「田中上奏文」は、東方会議の内容とかけ離れていた。「田中上奏文」の作成者は、日本の新聞すら十分に閲覧できなかったのであろう。つまり、「田中上奏文」の作成者は日本通でないばかりか、日本から地理的に遠かったのではなかろうか。だとすれば、日本にいた蔡智堪は真の作成者ではなく、役割があったとしても断片的な情報や着想の提供者という域を出ないことになる。

王家楨

仮に蔡智堪から断片的な情報や着想が提供されたとしても、整合性のある文章に仕上げられたのは中国東北においてだろう。とするなら、張学良の東三省政権は「田中上奏文」と関係するのだろうか。

すでに述べたように、秦郁彦や程玉鳳などの優れた先行研究は、「田中上奏文」の出所を別とするなら、王家楨が相当程度に加筆したと解することで共通していた。黒竜江省に生まれ、慶應義塾大学で八年間学んだ王家楨は、一九二八年八月には張学良の率いる東北保安総司令部で外交秘書辦公室主任になっていた。さらに王家楨は、一九三〇年五月から国民政府外交部の常任次長となり、威海衛の返還交渉などで王正廷外交部長を支えてもいた。[26]

この間の一九二八年六月には、張作霖が爆殺された。その直後に張学良は、村岡長太郎関東軍司令官と面会して落涙した。その理由を張学良は、「自分の父を殺した者に対して頭を下げなければならない不甲斐なさ、父に対する済まなさからだ」と王家楨に語っている。王からこれを聞いた林久治郎《きゅうじろう》奉天総領事は、「父を殺しておいてその子が心から協力するだろうなどと思うのが初めから馬鹿げ切つた話である」と振り返る。[27]

ところが田中首相兼外相は、張学良に圧力を行使して易幟を防ごうとした。田中が林権助《ごんすけ》を特命全権大使として八月に訪中させると、王家楨は林と張の会談を通訳した。一一月の昭和天皇即位礼では、王は元奉天省長の莫徳恵とともに日本に派遣された。このとき王は易幟について、田中首相と意見を交換した。その後も王は日本をしばしば訪れており、[28] 一九二九年一月の楊宇霆暗殺に際して張の意向で奉天機関に出向き、説明に当たったのも王である。[29]

では、王家楨と「田中上奏文」は関係したのか。あらためて王の回顧録をひもとくと、一九二八年の末ごろから二週間前後の間隔で、「東京駐在の台湾人」から文書が十数回に分けて送られて来たと王はいう。

「某政党幹事長」宅にて筆写された文書は、東方会議の記録を上奏したものであった。そこで王は、これを「田中上奏文」と名付けた。文書には誤字脱字が多く、訳出して語句を補うころには一九二九年春になっていた。張学良に見せたうえで二〇〇冊だけ印刷し、主として東北内部に配布したが、南京の国民政府にも四冊だけ送付した。宣伝材料に使う予定はなかったものの、意外にも南京で某愛国者が小冊子にしたという。以上が王家楨の証言である。[30]

先行研究は主としてこの王家楨回顧録に依拠しつつ、「東京駐在の台湾人」と「某政党幹事長」をそれぞれ蔡智堪および床次竹二郎と推定してきた。しかし、床次が関与していないであろうことは、すでに論じたとおりである。

王家楨と蔡智堪の関係はどうだろうか。これついては高殿芳が一九八三年、王にインタビューしている。王によると、蔡は床次や民政党の永井柳太郎《りゅうたろう》衆議院議員と親密であったという。さらに、蔡の筆写した「田中上奏文」は乱筆で誤りもあり、数回に分けて送られて来たものの、蔡自身から寄せられたものではなく、その内容も完全な事実とはいえないと王は立腹していた。「田中上奏文」の不備ないし蔡の創作に含みを持たせた言い回しである。それでも王は、蔡が「田中上奏文」の材料を送って来たことについては認めたことになる。(31)

しかし、蔡智堪が「田中上奏文」を筆写して送ってきたという王家楨の追想には、疑問を覚えざるをえない。「田中上奏文」が東京からの情報に依拠しているなら、なぜかくも東方会議の内容を踏み外しているのか説明できない。おそらく、蔡からの情報は断片的であり、「田中上奏文」の根幹をなすものではなかったのだろう。東三省政権は蔡の情報をさほど重用しなかった感が強く、王と蔡の関係も先行研究でいわれるほどに緊密ではなかったように思える。とするなら、「田中上奏文」の実質的な作成は中国東北側であろう。

ここで新たな論点が浮かんでくる。「田中上奏文」が中国東北で作成されたとするなら、主導したのは王家楨を含む東三省政権なのか、あるいは民間団体なのだろうか。この点を深めてみたい。

二　「田中上奏文」の流通

太平洋問題調査会

「田中上奏文」の実質的な作成者を探るためにも、「田中上奏文」が流通した経路を追ってみよう。

一九二九年夏ごろから「田中上奏文」は、中国各地に小冊子で流布され始めた。そのころ奉天では、龔徳柏の著書『日本人謀殺張作霖案』が刊行された。著者の龔徳柏は、上海『申報』紙の元記者であった。同書には張作霖暗殺の首謀者として田中義一の写真が巻頭に掲載されており、「田中上奏文」に直接の論及はないが、「田中上奏文」のイメージを増幅させたであろう。林久治郎奉天総領事は遼寧交渉署長の王鏡寰《きょうかん》に対して、同書の発禁を繰り返し求めた(32)。

日本では、張作霖爆殺事件への対処を不満とする昭和天皇が田中首相を叱責し、田中内閣は七月二日に総辞職した。この政変で民政党の浜口雄幸《おさち》内閣が誕生すると、幣原喜重郎が外相に復帰した。すると幣原外相のもとに九月一六日、不可解な電報が堀内謙介《ほりのうちけんすけ》駐華臨時代理公使から舞い込んだ。上海ＹＭＣＡ書記長の陳立廷《ちんりってい》が、太平洋問題調査会の京都会議で「田中前首相カ嘗《かつ》テ闕下《けっか》ニ奏上セル国策案ナルモノノ翻訳」、つまり「田中上奏文」を朗読予定だというのである。

太平洋問題調査会とは、相互理解を目的とする民間の国際学術団体であり、アメリカや日本、中国、カナダ、オーストラリアなどから有識者が参加していた。「田中上奏文」を読み上げると目された陳立廷は、中国ＹＭＣＡ総幹事の余日章《よにっしょう》とともに、太平洋問題調査会の中心人物でもあった(33)。

陳立廷は三六頁から成る「田中上奏文」の英文小冊子を用意しており、その表紙にはこう記されていた。

MEMORIALS OF PREMIER TANAKA
Translated by L. T. Chen
Printed for private circulation among Chinese and other members of the Institute of Pacific Relations.
1929

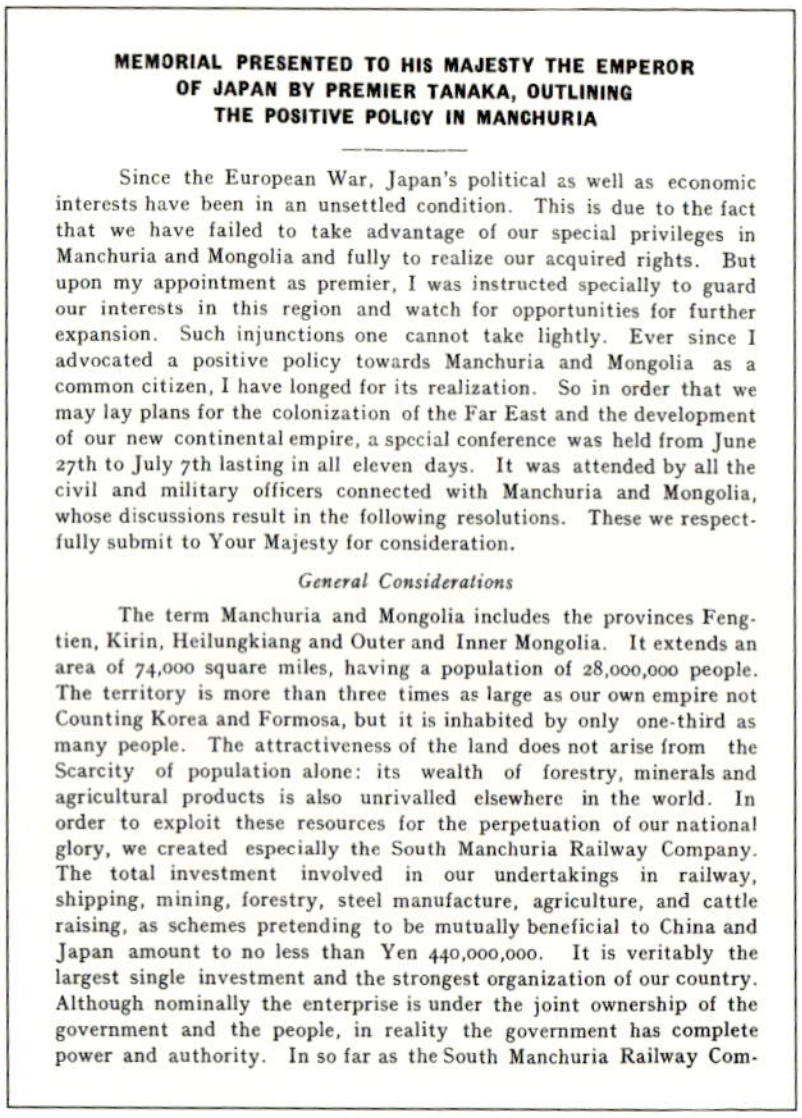
MEMORIAL PRESENTED TO HIS MAJESTY THE EMPEROR OF JAPAN BY PREMIER TANAKA, OUTLINING THE POSITIVE POLICY IN MANCHURIA

Since the European War, Japan's political as well as economic interests have been in an unsettled condition. This is due to the fact that we have failed to take advantage of our special privileges in Manchuria and Mongolia and fully to realize our acquired rights. But upon my appointment as premier, I was instructed specially to guard our interests in this region and watch for opportunities for further expansion. Such injunctions one cannot take lightly. Ever since I advocated a positive policy towards Manchuria and Mongolia as a common citizen, I have longed for its realization. So in order that we may lay plans for the colonization of the Far East and the development of our new continental empire, a special conference was held from June 27th to July 7th lasting in all eleven days. It was attended by all the civil and military officers connected with Manchuria and Mongolia, whose discussions result in the following resolutions. These we respectfully submit to Your Majesty for consideration.

General Considerations

The term Manchuria and Mongolia includes the provinces Fengtien, Kirin, Heilungkiang and Outer and Inner Mongolia. It extends an area of 74,000 square miles, having a population of 28,000,000 people. The territory is more than three times as large as our own empire not Counting Korea and Formosa, but it is inhabited by only one-third as many people. The attractiveness of the land does not arise from the Scarcity of population alone: its wealth of forestry, minerals and agricultural products is also unrivalled elsewhere in the world. In order to exploit these resources for the perpetuation of our national glory, we created especially the South Manchuria Railway Company. The total investment involved in our undertakings in railway, shipping, mining, forestry, steel manufacture, agriculture, and cattle raising, as schemes pretending to be mutually beneficial to China and Japan amount to no less than Yen 440,000,000. It is veritably the largest single investment and the strongest organization of our country. Although nominally the enterprise is under the joint ownership of the government and the people, in reality the government has complete power and authority. In so far as the South Manchuria Railway Com-

Memorials of Premier Tanaka, translated by L. T. Chen, 1929（「高木八尺文庫」36-7, 東京大学教養学部アメリカ太平洋地域研究センター所蔵）, p. 1

その序文で陳は、日本の伝統的な対満蒙政策に「田中上奏文」を位置づけ、信憑性に疑いはないと断じたのである[34]。

第三回の京都会議は、一〇月下旬から一一月上旬に開催された。日本側からは松岡洋右や新渡戸稲造、阪谷芳郎《さかたによしろう》、埴原《はにはら》正直《まさなお》などが出席している。余日章は会議の冒頭で済南事件や張作霖爆殺を糾弾したものの、「田中上奏文」には言及しなかった。日本外務省が予防措置を講じていたからである[35]。太平洋問題調査会は民間人の国際交流を目的としており、本来的には日本政府が直接に関与すべきものではない[36]。しかし、「田中上奏文」が朗読予定ともなれば、無作為というわけにもいかない。日本側は官民一体に近い形で、開会前からアメリカの委員に捏造だと説くなどしていた[37]。

外務省の対応については、そのころ外務省情報部事務官であった筒井潔の証言が残されている。それによると外務省情報部は、日本太平洋問題調査会の中国問題担当者に「田中上奏文」の情報を伝えたという。中国問題担当者とは、水野梅暁《ばいぎょう》や小村俊三郎を指す。それぞれ僧およびジャーナリストとして、水野と小村は日中間の交流に尽力していた。

さらに、日本太平洋問題調査会理事長の新渡戸稲造が、外務省情報部に見解をただした。すると、多忙な斎藤博情報部長や白鳥敏夫第二、第三課長に代わって、情報部第一課長の河相《かわい》達夫が京都に出向いて対策を練った。その河相課長に対して筒井は、「田中上奏文」の内容的な不備を書き出した。有田八郎亜細亜局長も省内を調整した。これを受けた水野らが、中国側に偽造であることを具体的に指摘したため、中国代表は会議に「田中上奏文」を提起できなかったのである。

散会後に、幣原外相が会議出席者を六義園《りくぎえん》に招待したこともあり、日中間の緊迫感はほぐれていった。筒井は、「『田中上奏文』と称されるものが中国で作られたことは、京都会議の一ヶ月余り前に、在北京公使館からの情報で判明していた」ともいう(38)。

新東北学会と東北学会

太平洋問題調査会で事なきを得たとはいえ、「田中上奏文」の危機が去ったわけではない。「田中上奏文」は、中国で流通しただけでなく、京都会議を経てアメリカなど諸外国に広まったのである。諸外国の動向については後述するとして、ここでは中国における「田中上奏文」をみておきたい。

一九二九年の晩秋には、中国東北で「田中上奏文」の流布が顕著となった。当初、配布を主導したのは、教育や報道の関係者によって作られた新東北学会という民間団体だった。新東北学会は「田中上奏文」を印刷し、各県政府や学校に広く頒布していた。

この動きを察知したのが、日本の関東庁警務局である。関東庁は関東州、つまり遼東半島の租借地を管轄し、南満州鉄道の警務や満鉄の監督にも当たった。なかでも関東庁警務局は、関東州のみならず中国東北の情報を集めており、「田中上奏文」の流通経路についても調査し始めたのである。

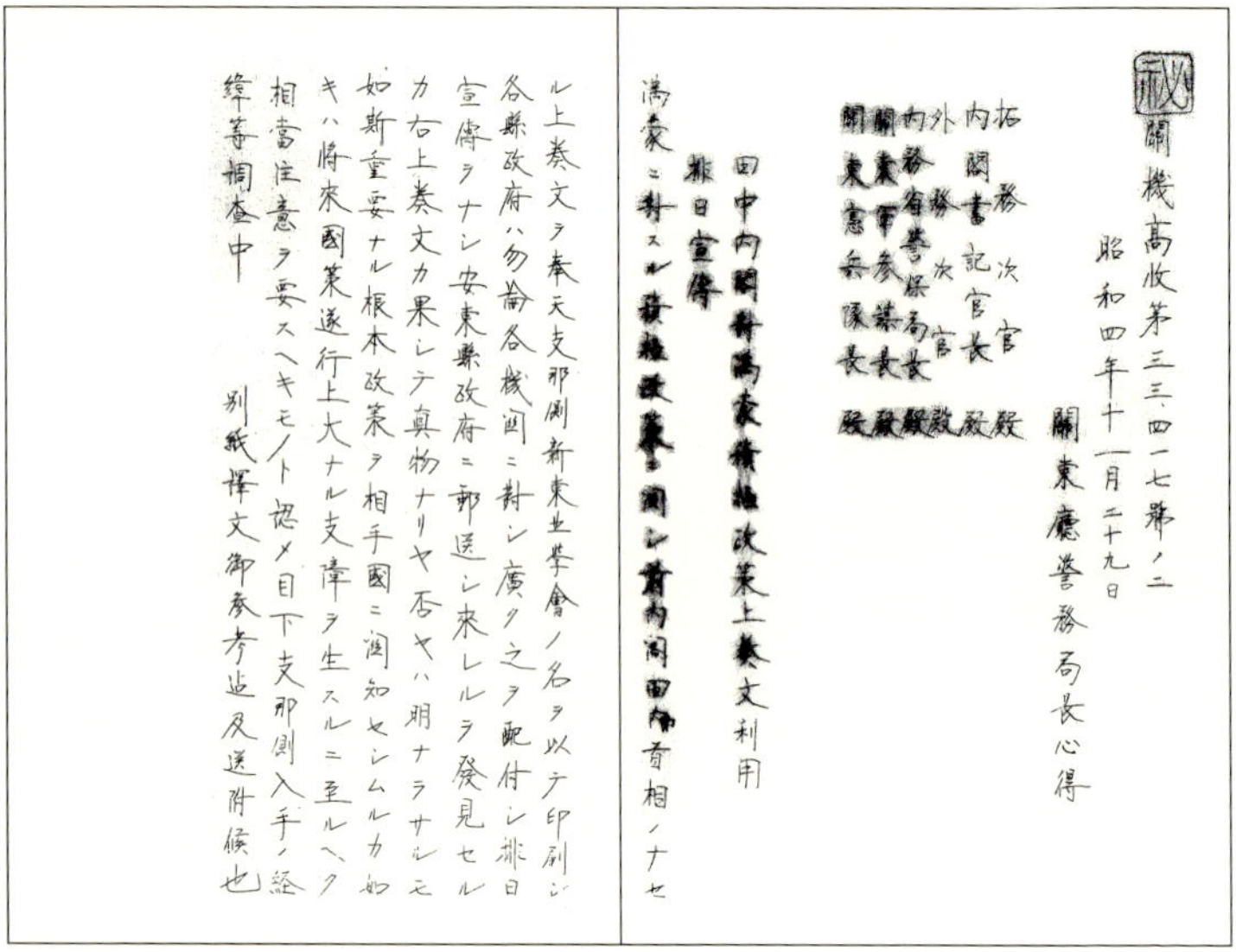
秘
關機高收第三三、四一七號ノ二
昭和四年十一月二十九日
關東廳警務局長心得
拓務次官殿
内閣書記官長殿
外務次官殿
内務省警保局長殿
關東軍参謀長殿
關東憲兵隊長殿

田中内閣對満蒙積極政策上奏文利用
排日宣傳
満蒙ニ對スル積極政策ニ關シ前内閣田中首相ノナセル上奏文ヲ奉天支那側新東北学会ノ名ヲ以テ印刷シ各縣政府ハ勿論各機関ニ對シ廣ク之ヲ配付シ排日宣傳ヲナシ安東縣政府ニ郵送シ来レルヲ發見セルカ右上奏文カ果シテ真物ナリヤ否ヤハ明ナラサルモ如斯重要ナル根本政策ヲ相手国ニ周知セシムルカ如キハ将来国策遂行上大ナル支障ヲ生スルニ至ルヘク相当注意ヲ要スヘキモノト認メ目下支那側入手ノ経緯等調査中
別紙譯文御参考迄及送付候也

中谷政一関東庁警務局長心得から小村欣一拓務次官ほか，1929 年 11 月 29 日（後藤総一郎監修『関東庁警務局資料』リール 35，日本図書センター，2001 年）

関東庁警務局の調査によると、新東北学会は一九二八年六月に設立されており、創設者は教育や報道の関係者だった。

すなわち、新東北学会とは、省立第一師範教務長梅佛光《ばいふつこう》、東北民衆報社長陳痩鵑《ちんそうけん》、成城中学校長李夢醒《りむせい》、商工日報李紹九《りしょうきゅう》らの主唱のもとに「青年学生等糾合シ創設セルモノ」だという。新東北学会の事務局は、奉天の東北民衆報に置かれたようである。東北民衆報の「社長ハ常ニ斯《かか》ル団体ニ関係シ排日的策動ヲ為シ居ル人物」だともいう。

さらに一九二九年二月ごろには東北学会が、奉天の東北大学の教育学院内に設置され、排外的な宣伝文を散布した。関東庁警務局の調査によるなら、会員は主に同学院の学生だったという。こうして雑誌『東三省』などに「田中上奏文」が掲載されだした。[39]

新東北学会や東北学会が「田中上奏文」

特件

驚心動魄之日本滿蒙積極政策

—田中義一上日皇之奏章—

序

一九二七年四月日本田中義一（註）出任首相，即於六月在東京召集東方會議，討論對華政策。駐華日使芳澤，關東長官兒玉，南滿鐵道社長廣安，及駐奉總領事吉田，駐滬總領事矢田皆被召回國參預會議。在此會議中所議決者爲對華投資，出兵山東，修改中日商約及滿蒙積極政策；而滿蒙積極政策尤爲會議中心問題。八月間復有旅順會議（原定在大連舉行）爲實施該政策步驟之討議。列席者爲芳澤，兒玉，吉田，松井，町野及日本重要資本家多人。不及三個月召集兩次會議，其經過情形吾人莫得其詳；但旅順會議後，芳澤來華爲向我東三省當局催開滿蒙會議，並提出種種無理要求，（當時國府外交部長伍朝樞曾致函日使予以警告），已不難略見其隱。

最近日本對華行動愈趨背戾，滿蒙形勢愈見緊張。本社同人爰即派員分途探查，冀欲一明眞相。最近在東京某處獲得田中秘密奏章一件，亟照原文逐譯刊載；查此奏章即前年東方會議議決之滿蒙積極政策也。

滿蒙積極政策實遠承明治日皇吞倂滿蒙，征服中國全部之遺志；約言之可分爲三：

（一）政治的進取　日本將以外交警察及一般行政之政權交付滿鐵公司使其盡量發揮。一面聯絡蒙古王公，密派日本退伍軍官潛入關什業興王府等處以達操縱東蒙政治之目的。此與民國五年間日本援助宗社黨起事之陰謀同一毒辣。

（二）經濟的侵略　日本將繼續購買滿蒙土地，攫取牧畜鑛山之權，同時經營滿蒙各鐵路以開發東北天然之富源。凡日本商人營業於滿蒙者皆刻意保護，力圖把持滿蒙特產品販賣權。進而施行金本位制度爲壟斷我國東北金融之張本。

（三）人口的移殖　日本將繼續獎勵其國人移殖滿蒙，同時驅逐朝鮮人北徙。對於華民之移動則設法阻撓，並迫蒙古王公發布預防華民移入之法律，使我國人在滿蒙無插足之地。

其政策之奇離詭譎達於極點，讀者諸君苟將該奏章瀏覽一遍自能了見。二年來日本何以力求我國給予二十一條中之商租權？何以反對我國自築打通吉海兩鐵路？何以反向美國商借巨款以供滿鐵之用？何以醞釀巨資籌辦東三省大規模之鐵工廠？何以遼甯奉票跌落至於此極？何以進行合併朝鮮等三大銀行？何以必欲炸死張作霖？何以中日商約迄今尚難改訂？何以內田康哉僕僕於西伯利亞道上？何以陰謀阻梗海綰會議？何以積極擴充飛行艇？何以太平洋國交討論會中日本對滿蒙問題必須激烈爭辯？

讀者諸君倘欲得上列種種答案，皆可於該奏章中求之。故該奏章實不啻未來世界大戰之動員令，亦即吾民族生死存亡之木鐸，更足爲日本滅我國侵略東亞自招之供狀；關係重大，凡爲中華民國國民者萬不容忽視。吾國其爲朝鮮台灣之續耶？抑將爲意大利日耳曼之中興耶，統於讀者諸君留意此文與否卜之。

（註）田中義一本日本陸軍軍官出身，曾供職參謀部，當日俄戰爭時爲滿洲軍參謀。其後歷任陸軍參謀次官等職，曾積極推動軍部擴充。後任陸軍大臣，一九二七年四月若槻內閣總辭職出任首相兼外務大臣及拓殖大臣。本年七月因滿洲重大事件（即張作霖被炸案）辭職下野，十月遂傳其死之眞因不明—編

田中義一上日皇奏章　密　昭和二年（即民國十六年）七月二十五日

內閣總理大臣田中義一行率羣臣誠惶誠恐，謹奏我帝國對於滿蒙積極根本政策之件。

對滿蒙之積極政策

所謂滿蒙者，乃奉天，吉林，黑龍江及內外蒙古是也。廣袤七萬四千方里，人口二千八百萬人。較我國日本帝國國土（朝鮮及台灣除外）大逾三倍。其人口止有我國三分之一。不惟地廣人稀令人羨慕，農鑛森林等物之豐富世之無其匹敵。我國因欲開拓其富源，以培養帝國恆久之榮華，特設南滿洲鐵道會社藉日支共存共榮之美名，而投資於其地之鐵道，海運，鑛山，森林，鋼鐵，農業，畜產等業達四億四千餘萬元，此誠我國企業中最雄大之組織也。且名雖爲半官半民，其實權無不操諸政府。若夫付滿鐵公司以外交，警察，及一般之政權，使其發揮帝國主義，形成特殊社會，無異朝鮮統監之第二。即了知我對滿蒙之權利及特益巨且大矣。故歷代內閣之施政於滿蒙者，無不依明治大帝之遺訓，擴展其規模，完成新大陸政策，以保皇祚無窮，國家昌盛。無如歐戰以後外交內治多有變化，東三省當局亦日就覺醒，起而步我後塵，得寸進尺之勢而謀建設其產業之隆盛，進展之迅速，實令人驚異。因而我國勢之侵入遂受莫大影響，惹出數多不利，以致歷代內閣對滿蒙之交涉皆不能成功。益以華盛頓會議成立九國條約，我之滿蒙特權及利益，概被制限不能自由行動，我國之存立亦感受搖動。此種難關如非極力打開，則我國之存立既不能堅固，國力自無由發展矣。矧滿蒙之利源悉集於北滿地方，我國如無自由進出機會，則滿蒙富源，無由取爲我有，自無待論。即日俄戰爭所得之南滿利源亦因九國條約而大受限制，因而我國人不能源源而進。支那人民反如洪水流入每年移往東三省者，勢如萬馬奔騰，數約百萬人左右，甚至威迫我滿蒙之既得權，使我國每年剩餘之八十萬民無處安身，此爲我人口及食料之調節政策計，誠不勝遺憾者也。若再任支那人民流入滿蒙不急救法以制之，迄五年後支那人民必然加增六百萬人以上，其時我對滿蒙必增許多困難。回憶華盛頓會議九國條約成立以後，我對滿蒙之進出悉被限制。我國上下輿論嘩然。大正先帝陛下密召山縣有朋，及其他重要陸海軍等，妥議對於九國條約之打開策。當時命臣前往歐美密探歐美重要政治家之意見，僉謂成立九國條約，原係美國主動，其附和各國之內意，則多贊成我國之勢力增大於滿蒙，以便保護國際之貿易及投資之利益。此乃臣親自與英，佛，伊等國首領面商，頗可信彼等對我之誠意也。獨惜我國乘彼等各國之內諾，正欲發展其計劃而欲破除華盛頓九國條約之時

特件「驚心動魄之日本滿蒙積極政策——田中義一上日皇之奏章」（『時事月報』第1巻第2号，1929年）1-2頁

の作成自体に関与した可能性も否定できない。東北学会が置かれた東北大学は、「最モ排日思想ノ盛ン」な教育機関と見なされていた。

また、新聞としては奉天の『醒時報』『東三省民報』『新亜日報』『新民晩報』などが排日記事を掲載していた。とりわけ『醒時報』は、一九二九年一二月に「田中上奏文」を数回にわたって連載した[40]。

『時事月報』

一九二九年一二月には、「田中上奏文」関連の記事が雑誌『時事月報』に掲載される。『時事月報』は、南京で発行された小さな雑誌であった。「田中上奏文」の記事は同誌巻頭の「特件」として扱われており、「驚心動魄之日本滿蒙積極政策——田中義一上日皇之奏章」と題された。

記事の序文によると、時事月報社の調査

によって「田中上奏文」を都内某所で入手したという。さらに、田中の「満蒙積極政策」は明治天皇の遺志を継承したものであり、政治、経済、移民を通じて中国征服に邁進しているともいう。この序文に「田中上奏文」と「一木宮内大臣宛田中書翰」が続いており、総計で二〇頁の記事になっていた。

『時事月報』所収の「田中上奏文」を特に憂慮したのが、上海日本商工会議所だった。上海日本商工会議所は中国の反日宣伝を網羅的に調査し、『金曜会パンフレット』に調査結果を公表していたのである。上海日本商工会議所を中心として結成された金曜会は、排日運動をめぐる情報や意見を交換するため、金曜日ごとに開催されていた。

一九三〇年二月の『金曜会パンフレット』は、「田中義一が日本皇帝に奉れる秘密上奏文の全文」が『時事月報』に掲載されたことを伝えた。しかも、「田中上奏文」に関する『時事月報』の記事は、一九三〇年の二、三月ごろから各都市にて小冊子や新聞に転載されており、日本外務省や陸軍もそのことに気づき始めた。(41)

『支那人の観た日本の満蒙政策』

一九三〇年六月には、日本でも「田中上奏文」が紹介された。日華倶楽部編訳の小冊子『支那人の観た日本の満蒙政策』である。日華倶楽部編訳『支那人の観た日本の満蒙政策』については、すでに序章二頁から五頁でも引用しておいた。

中国における「田中上奏文」のパンフレットに注目し、編訳に当たった日華倶楽部とは、東京の銀座に設立されていた坂西利八郎《ばんざいりはちろう》系の親善団体だった。陸軍軍人の坂西は、長年中国に駐在した中国通である。(42)

小冊子の「例言」には、中国における流通経路などが示されているため、以下に全文を引用しておきたい。傍点は原文のままである。

例言

一、本年三月頃より、満洲に於て『日本侵略満蒙政策』又は『節訳田中内閣対満蒙積極政策奏章』の表題ある数種のパンフレットが支那側各方面に於いて頒布発売されつゝある。

一、右は伝へらるるところに拠れば、余日章が五万円の出費によつて日本に於いてその原文書を入手し、これを英語に翻訳し、さきの第三回太平洋問題調査会会議に提出せんとしたのであつたが、他国の側よりの勧告あり、提出は見合せた、《ママ》しかしその英文訳は諸外国へ配られたものであるといふ。

一、該文書の支那訳文は南京で発行されてゐる『時事月報』(民国十八年十二月第一巻第二期)に同誌編輯《へんしゆう》者の序文を付して掲載された。その後満洲に於いては奉天の『建設』(張学良の主催する雑誌)に掲載された。長春『大東報』、吉林『吉林日報』の両紙にもその一部が掲載されたが、それぞれ其地駐在日本領事、総領事の抗議に依つて中止された。

一、数種の支那文パンフレットに就いて見るに、『驚心動魄的』なる形容詞を付した『日本侵略満蒙政策』と題するものは、王若儘、陸裕相印贈と記し、十九年三月江蘇建設庁に於いて識した王若儘の序文があり、四六版五号活字組本文五十頁である。なほ三葉の漫画が挿入されてゐる。『節訳田中内閣対満蒙積極政策奏章』と題するものゝ一種は、十八年九月北大に於いてと記した紀清漪の序文があり、四号活字組五十五頁であり、その長春大東報社印刷本は哈洋二角で発売されて居り吉林商工会もそれを三千部印刷し配布した由である。問題のものゝ他の一種は新東北学会で印行され、それには本文の上欄に註釈的な激越語が陳ねてあり、哈爾浜《ハルビン》、吉林の学生団体に依つて配布されたものである。又その一本には一頁分の檄文《げきぶん》がある。

一、以下、本文と四種の序文を訳出して、支那の民間団体に依つてなされつゝ、ある反日的政治的傾向を窺《うかが》ふ資《もと》とする。

「例言」には、「田中上奏文」の英訳が太平洋問題調査会京都会議に提出されなかったものの諸外国には配られたこと、「田中上奏文」の中国語版が『時事月報』などに掲載されたこと、「田中上奏文」パンフレットは新東北学会などで刊行され、哈爾浜や吉林の学生団体によって配布されたことなどが記されている。翻訳の意図は、「支那の民間団体に依つてなされつゝ、ある反日的政治的傾向を窺ふ」ことだという。

なお、一九三一年三月に日華倶楽部は、一三〇頁ほどの小冊子『日華要覧』を刊行した。その序文によると、日華倶楽部の使命は「日華良友多数の親善融和」だという。日中間の理解を促すべく、『日華要覧』には両国の地理や歴史、交易などがまとめられている。(43)

アメリカ国務省知日派

日華倶楽部編訳の小冊子『支那人の観た日本の満蒙政策』が示唆するように、「田中上奏文」の流通は中国や日本に限られない。英語版のほか、ドイツ語版やフランス語版も刊行され、「欧州の主要都市で市販されて注目をひいた」(44)。ヨーロッパだけでなく、アメリカにも英語版が広く流布された。英文では一般に「田中メモリアル」と呼ばれるものの、「田中メモランダム」とも表記される。中国の宣伝がアメリカを強く意識していただけに、アメリカの動向は重要である。ならば英語版「田中メモリアル」は、いかにしてアメリカに流入したのか。そしてアメリカでは、本物と信じられたのか。その疑問を解く鍵が、バランタインとドゥーマンの口述筆記や書簡に残されていた。両者とも、著名なアメリカ国務省知日派である。

バランタインは当時、アメリカ国務省で対日関係を担当していた。そのバランタインが一九二九年秋ごろ、上司のホーンベック国務省極東部長に呼び出されている。すでに「田中メモリアル」がアメリカに流入していたのである。その出所は、太平洋問題調査会の京都会議に中国側が持ち込んだものだった。ホーンベックの専門は中国であり、日本語を解さない。

そこでホーンベックは、「田中メモリアル」をバランタインに示し、「どう思うかい」と意見を求めた。「日本語の原本は存在するのですか」とバランタインが聞き返すと、ホーンベックは、「いや、英語版があるだけだ」と答えた。するとバランタインは、「これは偽造文書です」と断じた。「なぜそう言えるのかい」と問うホーンベックに、バランタインは、「日本人なら、こうは述べません。第一、首相が天皇に宛てた上奏文であれば、そのような形式にならないのです」と説いた。

すなわち、「田中メモリアル」の原文はなく、英訳だけが存在すると伝えたホーンベックに対し、英文を一瞥《いちべつ》したバランタインは、形式的な不備などから即座に偽物と喝破したのである(45)。さらにバランタインは、ホーンベックに宛てた文書でも「田中メモリアル」を詳細に検討し、「明らかな捏造」と断定した(46)。

バランタインと並ぶ日本通のドゥーマンは、駐日米国大使館の一等書記官であった。オーラル・ヒストリーでドゥーマンは、「田中メモリアル」についてこう述べる。

その文書が本物だと確信している人たちは、一度も原文を読んでいなかった。私は読んだ。それが最初に広まり始めたとき、私は原文をもちろん日本語で読んだ。それは日本的ではなく、明らかに中国的な語句や表現に満ちていた。（中略）この文書は、間違いなく中国人によって書かれたものだった。

ドゥーマンも、「田中上奏文」を偽造と見なしていたのである。まず英語版を読んだバランタインと異なり、ドゥーマンが最初に手にしたのは日本語版である。流布され始めた直後だったという回顧談から推測すると、ドゥーマンが読んだのは、一九三〇年六月に日華倶楽部が刊行した小冊子『支那人の観た日本の満蒙政策』と思われる。

ドゥーマンによると、「田中上奏文」は日本的というよりも中国的な表現に満ちており、「間違いなく中国人によって書かれたもの」だという。さらにドゥーマンは、英語版の翻訳者についても推測し、アメリカ人が使わないようなイギリス英語だと判断した(47)。

つまりアメリカ国務省は、「田中上奏文」の英語版だけでなく日本語版も入手しており、当初から偽造と知っていたことになる。もっとも、偽書だと自ら判断できるのは、当時としてはかなり少数派の日本通に限られたに違いない。怪文書という認識も、さしずめ国務省内にとどまっただろう。

アメリカ全体で考えるなら事情は異なっており、「田中上奏文」を真に受けるアメリカ人もいた。これについては、フレデリック・モアー（Frederick Moore）の回顧録が参考になる。モアーは幣原駐米大使期に日本大使館の広報担当として採用され、ワシントン会議でも随員となっていた。一九二一（大正一二）年三月にモアーは日本外務省本省に着任したが[48]、一九二六年に外務省の顧問を解かれた。それでもモアーは、一九二七（昭和二）年に新聞記者として田中首相と面会している。

モアーの回顧録を読む限り、意外にも「田中上奏文」を本物と信じていたようである。「田中上奏文」は外国人の間で悪名高く、『我が闘争』の日本版と呼ばれていたという。また、「田中上奏文」の英訳者は日本人ではないともいう。モアーの回顧録が刊行されたのは、一九四二年のことであった。その時期から判断して、戦意高揚のために「田中上奏文」をあえて本物と記した可能性もある。しかし、同書が戦後に邦訳された際にも、日本語版への序文を含めて訂正されなかった[49]。

日本外務省のアメリカ人顧問にしてこの程度の認識とするなら、欧米では少なからず実存が信じられていたはずである。とりわけ満州事変後には、「田中メモリアル」がさらに欧米で流布されていく[50]。

三　駐華日本公使館と国民政府外交部

偽書と知っていた中国

それでは日本外務省は、「田中上奏文」の流布にどう対応したのか。吉林総領事の石射猪太郎は一九三〇年一月中旬に、「田中上奏文」が先月号の『時事月報』に掲載されていると気づいた。しかも、その記事は当地で注目されている。そこで石射は、幣原外相や上村《かみむら》伸一南京領事に警戒を呼びかけた[51]。

これを受けた上村は、国民政府外交部の周龍光亜洲司長に取り締まりを要請した。亜洲司長とは、日本ではアジア局長に相当する。すると周は、『時事月報』のことは知らなかったとしながらも、「迅速其ノ出所等ヲ突止メ斯ル無稽ノ言説ニ依リ日支間ノ空気ヲ害セサル様措置スヘキ旨答ヘタリ」。

つまり周は、しかるべき「措置」を約束したのである。周が「日支間ノ空気ヲ害セサル様措置」すると回答したのは、この問題で対日関係を悪化させたくないと考えたからだろう。(52)日本側が「田中上奏文」の流布を傍観していたわけではないのである。

にもかかわらず、「田中上奏文」は冊子体で頒布されるようになり、中国の新聞や雑誌もこれを取り上げた。同年二月には、幣原外相が中国駐在の各総領事らに注意を喚起している。当時の対中国政策では、重光葵駐華臨時代理公使が重要な役割を果たしていた。

そこで重光は四月七日、国民政府外交部に「田中上奏文」の取り締まりを公文で申し入れた。いささか長文だが、ここに至る経緯を伝えるものであり、全文を引用したい。

外第一一号
拝啓。陳者《のぶれば》、客年《かくねん》八九月以来貴国内ニ於テハ日本側ヨリ入手セリト称スル田中内閣ノ満蒙積極政策ニ関スル上奏文ナルモノ漢文及英文ノ冊子体ニテ刊行頒布セラレ又ハ新聞雑誌ニ登載セラレ居ル処、右漢文冊子ハ当初新東北学会ノ刊行ニ依リ「節訳田中内閣対満蒙積極政策奏章」ト題シ紀清漪ナルモノノ序文有之、英文ノモノハ Memorials Of Premier Tanaka ト題シ上海基督教青年会書記長陳立廷ガ客年京都ニ於テ開催セラレタル太平洋会議出席者ニ配布ノ目的ヲ以テ漢文冊子ヨリ訳出セルモノノ由ニテ、本文書ハ先ツ南京、天津方面ニ現ハレ漸次上海、吉林、長春、奉天其ノ他ノ各地ニモ流布セラルルニ至リタル次第ニ有之候。
然ルニ、本文書ハ全然虚構ニ属シ、田中前総理大臣ニ於テ何等斯ル上奏ヲ為シタル事実ナキハ勿論、本文書ノ体裁内容ヨリ見ルモ斯ル上奏ノ有リ得ヘカラサルコトハ一見明瞭ニ有之候。執筆者ニ於テ之ヲ真物視セシムル為相当苦心セリト想像セラルルニ拘ラス尚明ニ其ノ偽物ナルコトヲ現ハセル点多々有之、序説ノ一説ニ「回憶華盛頓会議九国条約成立以後我対満蒙之進出悉被制限、我国上下世論嘩然大正先帝陛下密召山県有朋及其他重要陸海軍等妥議対於九国条約之打開策当時令臣前往欧美、密探欧美重要政治家之意見云々」ト記載セル処、九国条約ノ調印ハ大正十一年二月六日批准ハ同年八月五日ニシテ大正天皇ハ其前年即大正十年十一月以来已ニ摂政ヲ置カセラレ居リ山県公ハ同年十月頃ヨリ引続キ病床ニ在リテ右調印前即十一年二月一日薨去《こうきょ》シ居リ、時日ニ於テ何等符合スル所ナク、又田中男ノ海外出張ハ前後三回ニシテ明治三十年乃至三十五年ニハ露国ニ滞在シ大正二、三年ニハ欧米各国ニ出張シ更ニ大正十一年二月比律賓《フィリピン》総督本邦来訪ニ対スル答礼トシテ比律賓ニ出張シタルモノニシテ九国条約成立後欧米ニ出張セルノ事実ナク、之等ノ記述ハ全然虚妄ニ属シ候。更ニ同序説中「至臣義一向欧米各国密商発展満蒙之事帰経上海、在上海波止場被支那人用炸弾暗殺未遂誤傷美国婦人」ノ一節アル処、右狙撃事件ハ田中男比律賓出張帰途ノ出来事ニテ、斯ル明白ナル虚偽ヲ上奏文ニ記載スル如キハ固ヨリ想像シ得サル所ニ有之候。

前述ノ如ク本文書ノ虚構ナルコトハ我国情ニ通スル者ノ容易ニ感知スル所ナルヲ以テ我方トシテハ従来別段弁明又抗議ノ措置ニ出テサリシモ、該文書ノ流布ハ今日ニ至ルモ尚其ノ跡ヲ絶タサルニ付我国情ニ充分精通セサル貴国人間ニハ或ハ之ヲ真物視シテ我方公正ノ態度ニ疑惑ヲ抱クカ如キモノナキヲ保セス右ハ延《ひ》イテ貴我両国々交上ニモ面白カラサル影響ヲ生ジ遺憾ノコトト被存候ニ付テハ貴部ニ於テ右ノ次第御諒承ノ上今後本件文書ハ一切刊行、頒布又ハ新聞雑誌等ニ登載方ヲ厳禁セラルル様御措置相成様致度、尚右刊行物ノ出所ニ付テモ此際併セテ御取調ヘノ上何分ノ儀御回示相煩度、此段照会得貴意候。敬具。

昭和五年四月七日

日本帝国公使館

国民政府　外交部　御中

注目すべきことに重光は、「漢文冊子ハ当初新東北学会ノ刊行ニ依リ」、その英訳が太平洋問題調査会京都会議に持ち込まれたと主張している。すでに述べた関東庁警務局の調査と考え合わせるなら、「田中上奏文」の起源、つまり真の作成者が新東北学会であった可能性は高い。

重光の申し入れは、「田中上奏文」の根本的な誤りを説くものといってよい。山県有朋は九カ国条約の調印前に死去していたため、九カ国条約の締結後に大正天皇が山県と議論できるはずもないこと、田中義一が九カ国条約の成立後に出張したのは欧米ではなくフィリピンであったこと、田中が狙撃されたのはフィリピンからの帰途だったことなどである。

重要なことに日本公使館の抗議文は、王正廷外交部長や李錦綸《きんりん》外交部政務次長、張我華外交部常任次長に閲覧されている。そのことを筆者は、台北に所蔵されている中国外交部档案の原文書で確認した。国民政府外交部の首脳は、遅くともこの時点で「田中上奏文」が偽書であると知ったことになる。(53)

『中央日報』国際面

中国は単に「田中上奏文」が偽書と知っただけでなく、「田中上奏文」が誤りであることを中国国民党機関紙『中央日報』に公表した。つまり中国は、取り締まりに少なからず協力したのである。

というのも重光代理公使は、公文で照会した二日後の一九三〇年四月九日に、その英訳を念のため王正廷外交部長に手交した。王は英訳を熟読すると、重光にこう示唆した。

王正廷「日本側公文の趣旨はよく分かった。できるだけ取り締まりたい。ただし、冊子の発禁といったことは事実上なかなか徹底しないであろう。むしろ公文の内容を適宜発表することで一般の誤解を解くようにしてはどうかと思うのだが、差し支えないであろうか」

重　光「誤解を解くために公文を用いることは問題ない」

すなわち、王正廷外交部長は、「田中上奏文」の取り締まりに応じるため日本の公文を活用したいと述べ、重光から了承を得たのである。[54] 中国の対外関係を代表する王といえども、「田中上奏文」を偽書と認める以外になかったのだろう。

王正廷の行動は、直ちに形となって表れた。地味ながら注目すべき記事が、四月一二日の『中央日報』国際面に掲載されたのである。「田中上奏文の真偽問題」と題された記事には、「中日親善提唱者の談話」といった副題が付されており、内容的には「田中上奏文」の誤りを説くものであった。

適宜、段落を改めながら『中央日報』を全訳すると、次のようになる。

田中上奏文の真偽問題

小冊子の形で中国各地に流布

日本の陰謀を詳論、震撼の内容

中日親善提唱者の談話

去年の八、九月ごろから、いわゆる田中上奏文が小冊子の形式で中国各地に流布されている。日本の陰謀を詳論するものであり、我々を震撼させるに十分である。しかし、最近中日親善を提唱している者の談話によれば、田中上奏文は偽物であり、そのことは上奏文の矛盾を列挙することで実証できるという。

すなわち、田中上奏文によれば、ワシントン会議の九カ国条約締結後に、大正天皇が山県有朋を呼んで密議をこらし、田中を密かに欧米へ派遣したとされる。だが実際には、ワシントン会議の九カ国条約は一九二二年二月六日に調印されたが、山県は一九二二年二月一日に逝去していた。要するに山県の死は、九カ国条約の締結以前であった。大正天皇が密議をこらしたという説は、すでに破綻したといえる。

また、田中が欧米に赴いたのは生涯を通じて三回ある。一回目は一八九七年から一九〇二年でロシアに滞在した。二回目は一九一三年から一九一四年で欧米を遊歴した。三回目は一九二二年二月にフィリピンを訪問して、フィリピン総督の来日に返礼した。田中が九カ国条約の締結後に欧米を訪れた形跡はない。

さらに、この上奏文では、田中が密かに欧米を訪れた帰途、上海で中国人に狙撃されたとされる。しかし、これも大きな誤りである。田中が狙撃されたのは、フィリピンからの帰路であった。それを欧米としているのは事実に合致しない。

このように小冊子の記述は矛盾に満ちている。その流布を放置するならば、中日交流に悪影響をおよぼすであろう。このことを危惧して対処せざるをえない。

駐華日本公使館の申し入れと『中央日報』の報道

駐華日本公使館が申し入れた「田中上奏文」の誤り　(1930年4月7日)	『中央日報』が報じた「田中上奏文」の誤り　(1930年4月12日)
九国条約ノ調印ハ大正十一年二月六日批准ハ同年八月五日ニシテ大正天皇ハ其前年即大正十年十一月以来已ニ摂政ヲ置カセラレ居リ山県公ハ同年十月頃ヨリ引続キ病床ニ在リテ右調印前即十一年二月一日薨去シ居リ，時日ニ於テ何等符合スル所ナク	山県有朋は九カ国条約の調印前に死去しており，九カ国条約締結後に大正天皇が山県と密議をこらしたという説は破綻している.
田中男ノ海外出張ハ前後三回ニシテ明治三十年乃至三十五年ニハ露国ニ滞在シ大正二，三年ニハ欧米各国ニ出張シ更ニ大正十一年二月比律賓総督本邦来訪ニ対スル答礼トシテ比律賓ニ出張シタルモノニシテ九国条約成立後欧米ニ出張セルノ事実ナク，之等ノ記述ハ全然虚妄ニ属シ候.	田中の海外出張は3回あるものの，田中が九カ国条約の締結後に欧米を訪れた形跡はない.
更ニ同序説中「至臣義一向欧米各国密商発展満蒙之事帰経上海，在上海波止場被支那人用炸弾暗殺未遂誤傷美国婦人」ノ一節アル処，右狙撃事件ハ田中男比律賓出張帰途ノ出来事ニテ，斯ル明白ナル虚偽ヲ上奏文ニ記載スル如キハ固ヨリ想像シ得サル所ニ有之候.	田中が狙撃されたのは，欧米ではなく，フィリピンからの帰路であった.

出典：筆者作成

つまり国民党機関紙『中央日報』は、山県の死去や田中の外遊先など「田中上奏文」の根本的な誤りを指摘し、「中日親善提唱者」の憂慮を伝えた。一読して明らかなように、重光の抗議文に酷似している。抗議文を反映したものであることは、上の対照表が示すとおりである。

とするなら「中日親善提唱者」とは、ほかならぬ日本公使館と推定できる。「田中上奏文」が怪文書として致命的な誤りを含むことは、『中央日報』によって公表された。日本の要請は活かされたのである。

筆者が台北郊外の外交部档案庫で閲覧したファイルには、

この『中央日報』記事を筆写したものが残されていた。そこには一九三二年一一月二六日付けで、徐謨《じょぼ》外交部政務次長が閲覧済みと記されていた。一九三二年一一月といえば、満州事変後に満州国などをめぐって国際連盟で松岡洋右と顧維鈞が激論を戦わせていたときである。「田中上奏文」が偽書であることは、満州事変後の外交部でも再確認されたことになる。[55]

四　中国東北の排日運動

蔡智堪・王家楨と遼寧省政府

このように国民政府は、駐華日本公使館からの取り締まり要請に応じようとした。しかしながら、その成果は疑わしいといわねばならない。とりわけ中国東北では、「田中上奏文」が流通し続けたのである。

それではなぜ、「田中上奏文」は広まっていったのか。言い換えるなら、「田中上奏文」を反日運動に用いた主体は誰なのか。そこでまず、「田中上奏文」の起点とも目されてきた蔡智堪と王家楨の足跡を追ってみたい。

東京在住の蔡智堪は一九三一年三月、木村鋭市満鉄理事による張学良との交渉に関連して、浜口首相や幣原外相の動向について情報を中国に流していた。その情報は、胡俊らを介して張のもとに達した。蔡は自ら朝鮮や中国東北を訪れ、さらなる宣伝材料を求めてもいる。

同年七月に長春郊外で中国人農民と朝鮮人農民が衝突した万宝山《まんぽうざん》事件に際しても、蔡は若槻内閣の対応を外交秘書辦公室辦事員の趙凌勛《ちょうりょうくん》に報告した。その内容は、張にも届いていた。[56]ただし、少なくとも「田中上奏文」の流布に関する限り、蔡が主役ではない。

一方の王家楨はどうだろうか。張学良外交秘書の王は一九三〇年四月一四日、国民政府外交部の常任次長に任ぜられた。就任は五月八日である(57)。それでも王と張は、満鉄による撫順《ぶじゅん》炭田での採掘について連絡を取り合うなど関係を保っていた(58)。王は譚延闓《たんえんがい》や胡漢民《こかんみん》に東北の近況を報告してもいた(59)。

また、王家楨は一九三〇年一二月に南京で上村伸一領事と会見している。そこで王は、張学良と蔣介石が排日を共謀しているとの風説を否定して、対日関係を良好に保とうとした(60)。重光も王に緊張緩和の推進を期待した。そのほかにも王は張の指示により、閻錫山《えんしゃくざん》の大連脱出を取り締まるよう日本側に要請してもいる(61)。王が「田中上奏文」を流布したようにはみえない。

中国東北の地方政府はどうだろうか。奉天では林総領事が「田中上奏文」の頒布に抗議していた。これを受けた遼寧交渉署は一九三〇年三月に、遼寧省政府が「田中上奏文」を発禁にしたと回答している(62)。遼寧省政府が取り締まりを訓令したことは、関東庁警務局にも伝わっていた(63)。

他方で遼寧省政務委員会には、「田中上奏文」の情報が、日本への留学生から一九三一年八月に寄せられた。しかし遼寧省政府は、これを宣伝に利用していない(64)。ただし、地方政府が反日宣伝を自制したといっても、「田中上奏文」に限ってのことである。それ以外では教育面を含めて、遼寧省政府や吉林省政府の反日宣伝は払拭されなかった(65)。

以上を要するに、蔡智堪、王家楨、遼寧省政府など中国東北の地方政府は、「田中上奏文」の流布で中心的な役割を果たさなかったといえよう。

だとしても、大規模な組織的関与がなければ、「田中上奏文」が広まるはずもない。本章二で論じた新東北学会や東北学会、『時事月報』、そして学生団体のほかに、「田中上奏文」を頒布したのは誰なのか。遼寧省国民外交協会と中国東北の新聞に注目したい。

遼寧省国民外交協会と新聞

中国東北で反日運動の中心となっていたのは、民間の遼寧省国民外交協会であった。この協会は一九二九年七月に奉天で設立され、日本に対する国権回収を進めようとしていた。新東北学会による「田中上奏文」の流布にも、協会は関与したようである(66)。協会の前身であった奉天全省商工拒日臨江設領外交後援会は一九二七年八月に組織され、駐臨江日本領事館の設置を阻止するなどしていた(67)。

国民政府と遼寧省国民外交協会は、どのような関係にあっただろうか。外交部の駐遼寧特派員辦事処は、遼寧省国民外交協会に対日関係の経緯を伝えていた(68)。国民政府は交渉員制度を廃止し、各地に特派員を設置していたのである(69)。だが遼寧省国民外交協会は、辦事処の対日姿勢を物足りなく感じており、そのことを辦事処や遼寧省政府、張学良に訴えた(70)。さらに遼寧省国民外交協会は、南京滞在中の張と遼寧省国民会議代表に、関東州や安奉線の即時回収を提議するよう求めた(71)。

遼寧省国民外交協会は、設立当初から宣伝活動にも努めていた。協会の宣伝部は、国産品の使用をスローガンとして小冊子を発行していた。協会の組織大綱には、宣伝活動を筆頭に「経済侵略」への抵抗、外交的勝利を当局に督促すること、売国的漢奸の阻止、国民的外交教育の促進の五項目が掲げられた。各地には分会が成立している(72)。

このような遼寧省国民外交協会の排日運動については、林駐奉天総領事のほか、田代重徳駐長春領事や荒川充雄駐牛荘領事からも幣原外相に伝わっていた(73)。林は、「外交協会等ノ反日言動」を取り締まるよう張学良に要請している。[74]

にもかかわらず、遼寧省国民外交協会は「田中上奏文」に目をつけてきた。関東庁警務局によると、協会は「田中首相ノ上奏文ト称スルモノヲ巧ニ利用シ新聞ニ雑誌ニ誇大ニ報道シ」ているばかりか、「之等ヲ材料トシテ東北省ニ於ケル日本ノ罪悪史ナルモノヲ編纂シテ密カニ頒布宣伝シツツアリ」という。協会が「田中上奏文」を利用しつつ、新聞などで反日宣伝しているというのである。[75]

実際のところ中国東北の新聞は、満蒙問題を論じる際に「田中上奏文」を援用していた。その新聞とは、遼寧で刊行されていた『東三省民報』『東北民衆報』『醒時報』『新民晩報』などである。林総領事が辦事処に「田中上奏文」の取り締まりを要請したことも、記事として掲載された。各紙は、遼寧省国民外交協会の活動についても積極的に報道した。

また、奉天東北建新与地学社も「田中上奏文」を刊行した。そのほか、「田中上奏文」を題材とした排日宣伝ポスターまで販売されている。そのような新聞記事などについても、関東庁警務局が丹念に調査していた。[76]

それでは、新聞社と遼寧省国民外交協会はいかなる関係にあったのか。新聞社と遼寧省国民外交協会の関係についても、関東庁警務局の極秘調書が手掛かりとなる。調書によると、協会の前身である奉天全省商工拒日臨江設領外交後援会の中心は奉天総商会であった。一九三一年五月の段階で遼寧省国民外交協会の委員は二一人いた。このなかには東三省民報社長や東北民衆報社長が含まれている。[77]つまり、新聞社と協会はきわめて密接といってよい。

遼寧省国民外交協会の規模はどうだろうか。同年四月に奉天で開催された大会では、省下三九県から分会各代表として三百余名が集まっていた。その大会講演では「田中上奏文」について、「田中ハ常ニ支那ヲ征服セントセハ先ツ満蒙ヲ征服セサルヘカラス、世界ヲ征服セントセハ須ク支那ヲ征服スヘシト云ヒ」と論じられた。[78] 協会は、密接な関係にあった新聞社を用いながら、「田中上奏文」を反日宣伝に使っていたのである。

満州事変前

以上で、中国東北を軸に「田中上奏文」の流通経路をたどってきたが、その流布はもちろん東北に限られない。例えば、広州の滬粤《こえつ》愛国社が一九三一年一月に『日本侵呑満蒙毒計之大披露』として「田中上奏文」を出版している。[79]

一〇月には国民革命軍第一集団軍軍事政治学校が『田中密摺』を刊行しており、そこには巻頭言をはじめ、数種類の序文が付されていた。[80] 中国で「田中上奏文」が行き渡っていることは、日本の総合雑誌『中央公論』でも話題になった。[81]

そこで駐華日本公使館は同年九月八日、あらためて外交部に取り締まりを要請した。その全文は、次のとおりである。

外第五八号

拝啓。陳者、昭和四年八九月以来所謂田中内閣ノ満蒙積極政策ニ関スル上奏文ナルモノ「節訳田中内閣対満蒙積極政策奏章」及 Memorials of Premier Tanaka ナル漢英両文ノ冊子トシテ各地ニ流布セラレタル件ニ関シテハ、客年四月七日付公文ヲ以テ本文書カ全然虚構ニ属シ田中前総理大臣ニ於テ斯ル上奏ヲ為シタル事実ナキハ勿論斯ル上奏ノ有リ得ヘカラサル所以ヲ明白ニ指摘スルト共ニ本文書ノ刊行頒布転載ノ厳禁方並其出所取調方申進置キタル次第有之候。然ルニ其後モ本文書ノ重印転載頒布ヲ継続シ居ルモノアリ其流布ハ各地ニ於テ依然トシテ止マス、就中英文冊子ハ最近奉天 Mukden Club ノ会員間ニ頒布セラレ、其他前記所謂上奏文ヲ基礎トシテ作成セリト称スル「日本侵略我国満蒙積極政策解剖」ナル伝単《でんたん》流布セラレ居ルカ如キ実状ニ有之候。事態依然斯クノ如キモノアルニ於テハ日華両国々論ノ甚タ機微ナル状態ニ在ル今日貴国人ニ対シテハ勿論我国人ニ対シテモ無益ニ其感情ヲ刺戟《しげき》シ結果貴我国交ニ累ヲ及ホスコト少ナカラサルヘキヲ惧《おそ》ルル次第ニ有之候。就テハ公然タルト秘密タルトヲ問ハス此種文書ノ流布ハ之ヲ絶滅セシムル様厳重取締方御措置相成様致度、此段重テ照会得貴意候。敬具。

昭和六年九月八日

日本帝国公使館

国民政府　外　交　部　御中

昭和六年、つまり一九三一年九月八日といえば、満州事変の契機となる柳条湖事件の一〇日前である。日本公使館が重ねて取り締まりを求めたことからも明らかなように、一九三〇年四月以来の申し入れは奏功していなかった。それでも国民政府外交部は、日本側の要請に対応すべく準備していた[82]。

満州事変さえ起こらなければ、「田中上奏文」は当時無数に存在した反日文書の一つに終わっていたかもしれない[83]。しかし現実には、満州事変が事態を一変させた。それ以降に国民政府は、ジュネーブの国際連盟会議などで「田中上奏文」を宣伝に活用する。満州事変後の宣伝外交については、第二章で掘り下げたい。

本章では、昭和初期の「田中上奏文」をめぐる日中関係を論じてきた。冒頭の分析視角と対応させながら、その経緯を振り返っておこう。

第一に、「田中上奏文」の発端である。

蔡智堪は回顧談で自ら皇居で「田中上奏文」を筆写したと語ったものの、その主張は外交部にも信用されていない。蔡の談話とは裏腹に、床次竹二郎や牧野伸顕が本件には直接関与したとは考えにくい。牧野文書に残された備忘録から判断しても、牧野は「田中上奏文」が偽造であると知っていただろう。たしかに蔡智堪は、日本の情報を中国東北に伝え続けていたとはいえ、それほど機密性の高い情報ではないように思える。王家禎へのインタビューが暗示するように、どうやら王は蔡の創作に立腹していたようである。そもそも「田中上奏文」は、東方会議の内容と大きく離反している。吉敦線の記述などを勘案するなら、「田中上奏文」は一九二九年夏に中国東北で作成されたといえよう。

それでは、真の作成者は誰なのか。おそらくは王家楨か、新東北学会ないし東北学会のいずれかであろう。王のような日本留学組が作成したとすれば、あまりにも不出来といわねばならない。蔡智堪が「田中上奏文」を筆写して送ってきたという王の回想は疑問であり、東京からの情報に依拠したのであれば、東方会議と「田中上奏文」に大きな不整合は生じなかっただろう。国民政府外交部が流通を抑制したことからしても、王の主導とは考えにくい。

他方、関東庁警務局の調査は、新東北学会や東北学会が「田中上奏文」を流布させたと伝えている。重光による申し入れを加味するなら、新東北学会によって作成された可能性が最も高いと思われる。

第二に、「田中上奏文」の流通経路である。

これについても、太平洋問題調査会の中国側代表や遼寧省国民外交協会などに加えて、新東北学会に注目すべきだろう。「田中上奏文」の流布に際して新東北学会は、遼寧省国民外交協会の関与を受けていたようである。新東北学会や遼寧省国民外交協会は、国権回収を進める一環として「田中上奏文」で危機感を煽《あお》り、国産品の使用によって「経済侵略」に抵抗するとともに、外交的勝利を当局に促そうとした。「田中上奏文」の発端はともかく、その流通は明らかに民間主導である。

アメリカには、太平洋問題調査会の京都会議から「田中メモリアル」が流入していた。国務省知日派のバランタインやドゥーマンは、「田中メモリアル」に否定的であった。しかし、日本外務省顧問まで務めたモアーは、なぜか本物と見なしていた。このことから推察して、欧米でも広く本物と信じられていたのであろう。

第三に、日本外務省の対応である。

外務省は手をこまぬいていたのではない。まずは太平洋問題調査会の京都会議に向けた対策であった。ここでは外務省の亜細亜局と情報部が、中国側代表による「田中上奏文」の朗読を封じ込めた。駐華日本公使館や各総領事館も「田中上奏文」の取り締まりを中国に要請しており、「田中上奏文」の根本的な誤りを十分に主張していた。外務省記録の消失などにより、先行研究では無策とされがちな点である。

第四に、国民政府、とりわけ外交部の立場である。

遅くとも一九三〇年四月に重光から抗議を受けた時点で、外交部は「田中上奏文」を偽書と知った。取り締まりの要請を受けた国民政府は、「田中上奏文」の誤りを『中央日報』に公表している。満州事変までの国民政府は、取り締まり要請に応じていたのである。そのほか、遼寧交渉署も林総領事に協力的であった。

もっとも、外交部によって中国外交が一元化されていたわけではない。複雑な中央―地方関係に加えて、地方の内部では政策的に分裂していた側面もあった。遼寧省政府が「田中上奏文」の取り締まりを訓令したにもかかわらず、遼寧省国民外交協会や地方紙は「田中上奏文」を存分に利用したのである。そのような中国外交の多層構造が日本を翻弄し続けた末に、やがて満州事変を迎えてしまう(84)。幣原や重光からすれば、痛恨の極みに違いない。

この満州事変こそは日中関係の大きな転機であり、ここから「田中上奏文」は国際政治の表舞台に登場し始める。日中両国が互いを批判する宣伝外交を繰り広げるなかで、国民政府も「田中上奏文」を利用することになる。日中宣伝外交という新たな国際政治の次元が切り開かれ、国際連盟などで「田中上奏文」の論争に発展していくのである。第二章では、そのことを明らかにしたい。

注

(1) 本章は、拙稿「『田中上奏文』と日中関係」(中央大学人文科学研究所編『民国後期中国国民党政権の研究』中央大学出版部、二〇〇五年)四五五―四九三頁を下敷きとする。

(2) 稲生典太郎「『田中上奏文』をめぐる二三の問題」(『国際政治』第二六号、一九六四年)七二―八七頁、山口一郎『近代中国対日観の研究』(アジア経済研究所、一九七〇年)一二三―一二六頁、江口圭一『日本帝国主義史論』(青木書店、一九七五年)二九六―三〇五頁、秦郁彦『昭和史の謎を追う』上巻(文藝春秋、一九九三年)九―二四頁、王家楨「日本両機密文件中訳本的来歴」(『文史資料選輯』第一一輯、一九六〇年)一二七―一三一頁。

稲生典太郎「『田中上奏文』をめぐる二三の問題」は、同『日本外交思想史論考 第二』(小峯書店、一九六七年)三五九―三八三頁、同『條約改正論の歴史的展開』(小峯書店、一九七六年)六八九―七一三頁、同『東アジアにおける不平等条約体制と近代日本』(岩田書院、一九九五年)一八五―二〇九頁にも収録されている。また、稲生典太郎「『田中上奏文』その後」が、同『東アジアにおける不平等条約体制と近代日本』二一一―二一六頁に掲載されている。

王家楨「日本両機密文件中訳本的来歴」は、高殿芳主編『愛国人士王家楨——田中奏摺的歴史見証人』（北京：団結出版社、一九九七年）三一—三六頁に転載された。

（3）高殿芳「王家楨与《田中奏摺》」（高殿芳主編『愛国人士王家楨』）六七—八八頁。

（4）遼寧省档案館編『電稿奉系軍閥密電』全六巻（北京：中華書局、一九八五年）、同編『奉系軍閥档案史料彙編』全一二巻（南京：江蘇古籍出版社、一九九〇年）、同編『「九・一八」事変档案史料精編』（瀋陽：遼寧人民出版社、一九九一年）、同編『日本侵華罪行档案新輯』全一五巻（桂林：広西師範大学出版社、一九九九年）、同編『遼寧省档案館珍蔵張学良档案』全六巻（桂林：広西師範大学出版社、一九九九年）、後藤総一郎監修『関東庁警務局資料』全八〇リール（日本図書センター、二〇〇一年）。遼寧省国民外交協会については、尾形洋一「瀋陽における国権回収運動——遼寧省国民外交協会ノート」（『社会科学討究』第二五巻第二号、一九八〇年）二一—五四頁が詳しい。

（5）Reminiscences of Joseph W. Ballantine, 1961, Oral History Research Office, Columbia University; reminiscences of Eugene H. Dooman, 1962, Oral History Research Office, Columbia University.

（6）「排日関係 田中内閣満蒙積極政策上奏文関係」A.1.1.0, 消失記録（外務省外交史料館編『外交史料館所蔵 外務省記録総目録〔戦前期〕別巻』原書房、一九九三年）八三頁。

（7）筒井潔「いわゆる『田中上奏文』（一）（二）（三）（四）（五）」（『霞関会会報』第二九九—三〇三号、一九七一年）一六—一九、一四—一六、五—八、一二—一四、一三—一五頁。

太平洋問題調査会については、西村成雄『張学良——日中の覇権と「満洲」』（岩波書店、一九九六年）六六頁、山岡道男『「太平洋問題調査会」研究』（龍溪書舎、一九九七年）一八六—一九一、二一〇頁、片桐庸夫『太平洋問題調査会の研究——戦間期日本ＩＰＲの活動を中心として』（慶應義塾大学出版会、二〇〇三年）一六四—一六五頁のほか、原覺天『現代アジア研究成立史論——満鉄調査部・東亜研究所・ＩＰＲの研究』（勁草書房、一九八四年）一七五—三三三頁、Tomoko Akami, *Internationalizing the Pacific: The United States, Japan and the Institute of Pacific Relations in War and Peace, 1919-45* (London: Routledge, 2002)；堀内暢行「一九二九年第三回太平洋会議に関する一考察——満洲問題討議の準備過程における日本ＩＰＲを中心に」（『東アジア近代史』第一一号、二〇〇八年）八八—一〇三頁などを参照。

（8）国民政府外交部档案としては、「日相田中対満蒙政策之奏章」（外交部档案、亜東太平洋司、档号011/2, 原編档号351/131, 中華民国外交部档案庫所蔵）を中心に考察する。全五三頁から成る外交部档案のうち、一頁は表紙で、「日相田中対満蒙政策之奏章」と題される。二頁の「巻名」には「田中内閣対満蒙積極政策奏章」と記され、期間は民国一九年四月から二一年一一月までとなっている。

東方会議前後の北京政府外交部档案には、外交部档案、03.33.7.8.7, 03.46.22.22.7, 03.45.22.22.8, 中央研究院近代史研究所所蔵、がある。しかし、東方会議や「田中上奏文」に関する記録は、あまり残されていない。
(9)『中央日報』一九二八年二月八日、二月一二日、三月一四日。
(10) 蔡智堪「我怎様取得田中奏摺?」(『自由人』一九五四年八月二八日)。
(11) 程玉鳳「蔡智堪与『田中奏摺』——再論奏摺的真偽」(『世界新聞伝播学院学報』第六号、一九九六年)二九〇頁。
(12)「日相田中対満蒙政策之奏章」。
(13) 秦郁彦『昭和史の謎を追う』上巻、二〇頁、沈予「関于『田中奏摺』若干問題的再探討」(『歴史研究』一九九五年第二期)九三頁。
(14) 胡俊「代表張学良赴日連絡日本政友本党総裁床次竹二郎的経過」(『文史資料選輯』第五二輯、一九七八年)一〇一—一〇六頁。楊宇霆暗殺や床次訪中については、王家楨「一塊銀元和一張収据——張学良槍斃楊宇霆、常蔭槐和収買日本政友本党的内幕」(『文史資料選輯』第三輯、一九六〇年)五八—七一頁も参照。
なお、一九三五年一月二三日の第六七回衆議院本会議にて、逓信大臣となっていた床次は、張学良から五〇万元をもらったとして政友会幹事長の山口義一議員に追及されている。『官報』号外、一九三五年一月二四日、三三—三六頁、前田蓮山編『床次竹二郎伝』(床次竹二郎伝記刊行会、一九三九年)一〇七六—一一〇四頁、原田熊雄『西園寺公と政局』第四巻(岩波書店、一九五一年)一七二、一八四—一八五、一九一、一九四頁。
(15) 岡義武・林茂編『大正デモクラシー期の政治——松本剛吉政治日誌』(岩波書店、一九五九年)四七一、六〇二—六〇四、六〇九、六一一—六一二、六二二、六二七頁。
また、前田蓮山編『床次竹二郎伝』九〇七—一〇〇四頁も、離党の一因は対中政策であり、民政党の不干渉主義に不満を抱いたとする。すなわち、床次の立場は、張学良に圧力をかけていた田中外交に近く、外交問題を政争の具とすることにも批判的であったというのである。

森島守人『陰謀・暗殺・軍刀』(岩波新書、一九五〇年)二二頁によると、「床次の脱党は田中首相と一脈通ずるものがあり、内地では一般に床次脱党の理由は、民政党の対華政策に対する不満だと見られていたから、学良が床次一行の中国旅行を重視していたことは当然だった」という。
(16) 伊藤隆・広瀬順晧編『牧野伸顕日記』(中央公論社、一九九〇年)三二九、三三八―三三九、三四七頁。
(17) Chang Hsueh-liang Oral History Project, vol. 4 Oral History Research Office, Columbia University; ＮＨＫ取材班・臼井勝美『張学良の昭和史最後の証言』(角川文庫、一九九五年)三八、九一―九五頁。
(18) 伊藤隆・広瀬順晧編『牧野伸顕日記』二七二頁。
(19) 「牧野伸顕関係文書」(書類の部、リール五八、国立国会図書館憲政資料室所蔵)、伊藤隆・広瀬順晧編『牧野伸顕日記』三六五頁。上村伸一『日本外交史 第一七巻 中国ナショナリズムと日華関係の展開』(鹿島平和研究所、一九七一年)二七〇―二七三頁も参照。
(20) 遼寧省档案館編『奉系軍閥档案史料彙編』第六巻、四七四頁。
(21) 東方会議の議事録については、外務省編『日本外交文書』昭和期Ⅰ、第一部、第一巻(外務省、一九八九年)一―六七頁。以下、ここからの引用には注を付さない。そのほか、兪辛焞「中国における日本外交史研究」(『愛知大学国際問題研究所紀要』第七三号、一九八三年)一七七頁、佐藤元英『昭和初期対中国政策の研究――田中内閣の対満蒙政策』(原書房、一九九二年)七七―一六四頁も参照した。
(22) 馬里千・陸逸志・王開済編『中国鉄路建築編年簡史(一八八一～一九八一)』(北京：中国鉄道出版社、一九八三年)四七頁。
(23) 外務省編『日本外交文書』昭和期Ⅰ、第一部、第一巻、三九頁、同編『外務省公表集』第八、九、一〇輯(一九二七―一九二九年)。
(24) 森島守人『陰謀・暗殺・軍刀』八頁。
(25) 『東京朝日新聞』一九二七年六月一四、一五、一八、一九、二〇、二三、二七、二八日、七月一、二、八日ほか。
(26) 王家楨の経歴については、高殿芳「王家楨簡歴」(高殿芳主編『愛国人士王家楨』)二―一二頁が参考になる。ただし、「田中上奏文」や床次の関与について、同稿は王家楨の回想録をそのままに受け入れており、本書とは見解を異にしている。
(27) 「日本外交の過誤」に関する林久治郎談話、一九五一年五月三〇日(『外交史料館報』第一七号、二〇〇三年)七八頁。
(28) 王家楨「日本鼓動張学良搞独立王国的一段陰謀」(『文史資料選輯』第六輯、一九六〇年)一二五―一三三頁。
(29) 奉天機関から岡本連一郎参謀次長、一九二九年一月一一日(「満蒙政況関係雑纂 楊宇霆、常蔭槐射殺問題」A.6.1.2.1-5.

外務省外交史料館所蔵）、奉天機関から阿部信行陸軍次官、一月一一日（同前）。王家楨「一塊銀元和一張収据」五八—七一頁も参照。

(30) 王家楨「日本両機密文件中訳本的来歴」（『文史資料選輯』第一一輯、一九六〇年）一二七—一三一頁。

(31) 高殿芳「王家楨与《田中奏摺》」（高殿芳主編『愛国人士王家楨』）七五頁。なお、高殿芳は程玉鳳の研究などを参照して、蔡智堪は自ら瀋陽に赴いて「田中上奏文」を王家楨に手交したとする（同前、七六—七七頁）。

(32) 龔德柏『日本人謀殺張作霖案』（瀋陽：長城書局、一九二九年）、遼寧省档案館編『奉系軍閥档案史料彙編』第八巻、四六三、六八一頁、第一〇巻、一二七頁。

(33) 堀内から幣原、一九二九年九月一六日着（「太平洋問題調査会関係一件」第一巻、B.10.1.0.3, 外務省外交史料館所蔵）、筒井潔「いわゆる『田中上奏文』（二）」一六頁。余日章と張学良の関係については、NHK取材班・臼井勝美『張学良の昭和史最後の証言』三八頁。

(34) 英文の冊子は、日本太平洋問題調査会理事であった高木八尺の文庫などに収められている。東京帝国大学教授の高木はアメリカ研究の第一人者であり、その文庫は東京大学教養学部に所蔵された。*Memorials of Premier Tanaka*, translated by L. T. Chen, printed for private circulation among Chinese and other members of the Institute of Pacific Relations, 1929（「高木八尺文庫」三六—七、東京大学教養学部アメリカ太平洋地域研究センター所蔵）。英文冊子は、「大窪愿二コレクション」（Nd-A923 (2), 一橋大学附属図書館所蔵）にも収録されている。

京都会議での高木については、松本重治『上海時代』上巻（中公新書、一九七四年）二三—二五頁が参考になる。松本の証言としては、伊藤武雄・岡崎嘉平太・松本重治述／阪谷芳直・戴國煇編『われらの生涯のなかの中国——六〇年の回顧』（みすず書房、一九八三年）九九—一〇六頁もある。

(35) 佐上信一京都府知事から安達謙蔵内務大臣、幣原外相、一九二九年一〇月二九日（外務省編『日本外交文書』昭和期I、第二部、第四巻、外務省、一九九一年）四五四—四五八頁。前後の議事については、「大窪愿二コレクション」Nd-A880, も参照。

(36) 京都会議直前の外務省内における打ち合わせについては、「太平洋問題調査会々議討議事項ニ関シ省内打合セ会」一九二九年一〇月七日（「太平洋問題調査会関係一件」第二巻）を参照。

(37) 堀内から幣原、一九二九年一〇月三日（同前）。

(38) 筒井潔「いわゆる『田中上奏文』（一）」一七頁、同「いわゆる『田中上奏文』（三）」五、七頁。外務省の方策については、森島守人『陰謀・暗殺・軍刀』七―九頁、山岡道男『「太平洋問題調査会」研究』一三四―一四〇頁も参照。
　小村俊三郎に関しては、Shunzaburo Komura, "The Abolition of Extraterritoriality in China and Japan's Hopes," idem, "The New Pacific and Mediterranean Treaties as a Means of Furthering the Peace of the World," idem, "On a Mutual Non-Aggression and Inviolability Treaty between China and Japan"（「鶴見祐輔関係文書」一一四七、一一四八、一一四九、国立国会図書館憲政資料室所蔵）も参照。

　渋沢栄一主催で一九二九年一一月一二日に開催された晩餐会については、渋沢青淵記念財団竜門社編『渋沢栄一伝記資料』第三七巻（渋沢栄一伝記資料刊行会、一九六一年）六四一―六四七頁に記録がある。

(39) 中谷政一関東庁警務局長心得から小村欣一拓務次官ほか、一九二九年一一月二九日（後藤総一郎監修『関東庁警務局資料』リール三五）、中谷から小村ほか、一二月一〇日（同前）。

(40) 末光高義警部「排日運動状況視察報告書」一九三〇年二月二七日（後藤総一郎監修『関東庁警務局資料』リール三七）。

(41) 特件「驚心動魄之日本満蒙積極政策――田中義一上日皇之奏章」（『時事月報』第一巻第二号、一九二九年）一―二〇頁、金丸裕一編『抗日・排日関係史料――上海商工会議所「金曜会パンフレット」』第二巻（ゆまに書房、二〇〇五年）五七頁、筒井潔「いわゆる『田中上奏文』（四）」一二頁。
　一例として、一九三〇年一二月一六日付の『河北日報』に「田中上奏文」が掲載されたことについては、鈴木貞一駐北平陸軍武官補佐官から岡本連一郎参謀次長、一九三〇年一二月一七日（「帝国ノ対支外交政策関係一件」第二巻、A.1.1.0.10、外務省外交史料館所蔵）を参照。

(42) 坂西利八郎「日華倶楽部の使命」（吉見正任編『隣邦を語る――坂西将軍講演集』坂西将軍講演集刊行会、一九三三年）七九―八八頁。坂西将軍講演集刊行会は、銀座の日華倶楽部内に置かれた。坂西の講演も、多くは日華倶楽部でなされている。日華倶楽部については、橋川文三「田中上奏文の周辺」（『中国』第一五号、一九六五年）一四頁も参照。

(43) 林賢治編『日華要覧』昭和六年版（日華倶楽部、一九三一年）序文。吉見正任編『隣邦を語る』とともに、拓殖大学八王子図書館で閲覧した。

(44) 大野勝巳『霞が関外交――その伝統と人々』（日本経済新聞社、一九七八年）一七頁。

(45) Reminiscences of Joseph W. Ballantine.

(46) Ballantine to Hornbeck, October 29, 1929, Stanley K. Hornbeck Papers, Box 251, Hoover Institution, Stanford University.

(47) Reminiscences of Eugene H. Dooman.

(48) 内田外相から井上勝之助式部長官、一九二二年一一月三日（「本邦雇傭外国人関係雑件 本省ノ部」K.4.2.0.1-5, 外務省外交史料館所蔵）。モアーについては、拙著『幣原喜重郎と二十世紀の日本――外交と民主主義』（有斐閣、二〇〇六年）五九―六〇、二一五頁。

(49) Frederick Moore, *With Japan's Leaders: An Intimate Record of Fourteen Years as Counsellor to the Japanese Government, Ending December 7, 1941* (New York: Charles Scribner's Sons, 1942), pp. 1, 19-24. 邦訳は、フレデリック・モアー／寺田喜治郎・南井慶二訳『日米外交秘史――日本の指導者と共に』（法政大学出版局、一九五一年）。

(50) その一例として、カリフォルニア大学バークレー校所蔵のE・T・ウィリアムズ（Edward Thomas Williams）文書に「田中メモリアル」が収められている。*Tanaka Memorial*, published by the China Critic, Shanghai, China, 1931, Edward Thomas Williams Papers, Carton 5, Bancroft Library, University of California at Berkeley を参照。

(51) 石射から幣原、一九三〇年一月一八日着（外務省編『日本外交文書』昭和期I、第一部、第四巻、外務省、一九九四年）九三四頁。

(52) 上村から幣原、一九三〇年一月二一日着（同前）九三四―九三五頁、筒井潔「いわゆる『田中上奏文』（四）」一二一―一三頁、上村伸一『外交五十年』（時事通信社、一九六〇年）九〇頁、上村伸一『日本外交史 第一七巻 中国ナショナリズムと日華関係の展開』二七〇―二七三頁。

(53) 駐華日本公使館から国民政府外交部、一九三〇年四月七日（「日相田中対満蒙政策之奏章」）。なお、田中とフィリピン総督ウッド（Leonard Wood）の会談については、田中に同行した来栖三郎が回顧録に記している。来栖三郎『泡沫の三十五年』（中公文庫、一九八六年）二一九―二二二頁。

(54) 重光から幣原、一九三〇年四月一一日（外務省編『日本外交文書 満州事変』第三巻、外務省、一九八一年）一〇九―一一〇頁。引用は現代表記に改めた。

(55) 「日相田中対満蒙政策之奏章」。

(56) 遼寧省档案館編『電稿奉系軍閥密電』第四巻、一四五―一四六、一六二―一六三頁、同編『奉系軍閥档案史料彙編』第一一巻、四八六―四八八頁、同編『奉系軍閥档案史料彙編』第一二巻、六三一―六四頁、同編『「九・一八」事変档案史料精編』一〇〇―一〇七、一九六―一九八頁、同編『遼寧省档案館珍蔵張学良档案』第五巻、一二二一―一二二六、一四〇、二一九―二二四頁。

木村鋭市満鉄理事による鉄道交渉については、満鉄交渉部資料課「昭和五年度綜合資料（木村理事用）」一九三一年六月六日（Kimura Eiichi Papers, Box 1, Hoover Institution, Stanford University）、同「昭和六年度綜合資料（木村理事用）」年月日不明（Kimura Papers, Box 1）が比較的まとまった史料である。

林から幣原、一九三一年一月二三日（外務省編『日本外交文書』昭和期Ⅰ、第一部、第五巻、外務省、一九九五年）二八―二九頁、林から幣原、二月一一日（同前）五五―五六頁、林から幣原、二月二八日（同前）六九頁、林から幣原、二月二八日（同前）六九―七一頁、林から幣原（同前）七一頁を参照。

(57) 張朋園・沈懐玉編『国民政府職官年表（一九二五～一九四九）』第一巻（台北：中央研究院近代史研究所、一九八七年）九四頁。

(58) 遼寧省档案館編『奉系軍閥档案史料彙編』第一一巻、二一六、二一八―二二〇、三九四頁、同編『「九・一八」事変档案史料精編』八九―九八、九九頁、同編『遼寧省档案館珍蔵張学良档案』第五巻、九二―九四、九七―九九頁、畢万聞主編『張学良文集』第一巻（北京：新華出版社、一九九二年）二九六頁。

(59) 林駐奉天総領事から幣原、一九三〇年六月二三日着（外務省編『日本外交文書』昭和期Ⅰ、第一部、第四巻）七三九―七四〇頁、上村から幣原、八月二六日（同前）六七五頁。

(60) 上村から幣原、一九三〇年一二月二八日着（同前）九五六頁。

(61) 重光から幣原、一九三一年一月九日（外務省編『日本外交文書』昭和期Ⅰ、第一部、第五巻）九―一〇頁、重光から幣原、二月二一日（同前）六一―六二頁、重光から幣原、三月一六日（同前）七六―七七頁、林から幣原、八月一〇日（同前）九一七―九一八頁。

(62) 遼寧省档案館編『奉系軍閥档案史料彙編』第九巻、六八七頁。

(63) 中谷政一関東庁警務局長心得から吉田茂外務次官ほか、一九三〇年九月九日（外務省編『日本外交文書』昭和期Ⅰ、第一部、第四巻）六七五―六七七頁。

(64) 遼寧省档案館編『「九・一八」事変档案史料精編』二一四―二一四八頁。

(65) 森島守人駐奉天総領事代理から幣原、一九三〇年九月一八日（外務省編『日本外交文書』昭和期Ⅰ、第一部、第四巻）六七八―六八一頁、石塚邦器駐鉄嶺領事館事務代理から幣原、一二月二日（同前）七一四―七一五頁。

(66) 中谷から小村欣一拓務次官ほか、一九二九年一二月一〇日（後藤総一郎監修『関東庁警務局資料』リール三五）。遼寧省国民外交協会の概要については、外務省亜細亜局第一課「遼寧省国民外交協会ノ活動」一九三〇年一月（「支那国民外交協会関係雑纂」第一巻、A.6.1.1.7、外務省外交史料館所蔵）、関東庁警務局高等警察課「国民外交協会排日運動大要」一九三一年五月（「支那国民外交協会関係雑纂」第二巻）を参照。

(67) 遼寧省档案館編『奉系軍閥档案史料彙編』第六巻、四七八、四九〇、四九六―四九七、五三一―五三三、五五四、五七二―五七三頁。

(68) 同前、第一一巻、五二三―五二六頁、遼寧省档案館編『日本侵華罪行档案新輯』第七巻、一三五―一四八頁。

(69) 石射駐吉林総領事は、「新制ハ単ニ其名称ヲ変更シテ旧制ヲ継続シタルモノニ過キス」と冷ややかにみていた。石射から幣原、一九三〇年八月一六日（外務省編『日本外交文書』昭和期Ⅰ、第一部、第四巻）九八三―九八五頁。また、特派員との交渉については、林から幣原、一九三一年一月一〇日（外務省編『日本外交文書』昭和期Ⅰ、第一部、第五巻）一〇―一一頁、林から幣原、一月一五日（同前）一四頁参照。

(70) 遼寧省档案館編『奉系軍閥档案史料彙編』第九巻、一九四―一九五頁、一一巻、四三九―四四〇頁、同編『「九・一八」事変档案史料精編』八二―八三頁、同編『日本侵華罪行檔案新輯』第七巻、四三〇―四三二頁、同編『遼寧省档案館珍蔵張学良档案』第五巻、一〇〇―一〇二頁。

(71) 林から幣原、一九三一年五月一一日（外務省編『日本外交文書』昭和期Ⅰ、第一部、第五巻）一〇一―一〇二頁。

(72) 遼寧省档案館編『奉系軍閥档案史料彙編』第九巻、三四―三八、一四九―一五〇、二〇四―二〇五、三六三―三六四頁、中谷政一関東庁警務局長から永井松三外務次官、一九三一年一月一〇日（外務省編『日本外交文書』昭和期Ⅰ、第一部、第五巻）八四〇―八四一頁、林から幣原、四月八日（同前）八七一―八七二頁、林から幣原、四月一三日（同前）八七二頁。

(73) 田代から幣原、一九三〇年六月三日（外務省編『日本外交文書』昭和期Ⅰ、第一部、第四巻）六四一―六四二頁、荒川から幣原、一二月一二日（同前）七二一頁。

(74) 林から幣原、一九三一年四月一七日着（外務省編『日本外交文書』昭和期Ⅰ、第一部、第五巻）八六―八八頁。

(75) 関東庁警務局「警察概要」一九三一年六月（後藤総一郎監修『関東庁警務局資料』リール四五）。

(76) 関東庁警務局高等警察課「漢字新聞排日的記事月報」第一号、一九三一年一月（「各国ニ於ケル排日、排貨関係雑纂 中国ノ部 関東庁報告ノ部」E.3.3.0.J/X1-C1-2, 外務省外交史料館所蔵）、同「漢字新聞排日的記事月報」第四号、一九三一年四月（後藤総一郎監修『関東庁警務局資料』リール四四）。

(77) 関東庁警務局高等警察課「国民外交協会排日運動大要」一九三一年五月（後藤総一郎監修『関東庁警務局資料』リール四六）。

(78) 関東庁警務局高等警察課「国民外交協会排日運動大要」一九三一年一月から六月（同前、リール四五）。

(79) 吉林省図書館偽満洲国史料編委会編『偽満洲国史料』第二四巻（北京：全国図書館文献縮微複製中心、二〇〇二年）五七七―六三九頁所収。

(80) 同前、第一巻、二〇三―三三六頁所収。

(81) 深尾嘉一「支那排日史」（『中央公論』一九三一年一〇月号）一一七頁。

(82) 駐華日本公使館から国民政府外交部、一九三一年九月八日（「日相田中対満蒙政策之奏章」）。

(83) そのほかの代表的な反日文書として、中華民国律師協会抗日救国宣伝団「日本併呑満蒙之秘密計画」一九三一年一〇月八日がある。その内容は、一九三〇年一二月七日付の「拓務省会議録」である（後藤総一郎監修『関東庁警務局資料』リール五三）。

(84) 中国外交の多層構造については以前に論じたことがある。拙著『東アジア国際環境の変動と日本外交 一九一八―一九三一』（有斐閣、二〇〇一年）四六、六二、二六二頁を参照されたい。

第二章　満州事変後の日中宣伝外交——一九三一—一九三七

一　満州事変

宣伝外交とメディア——二つの視角

一九三一（昭和六）年九月一八日の深夜、満鉄の線路が奉天郊外の柳条湖で爆破された(1)。事件の首謀者は、関東軍の板垣征四郎大佐と石原莞爾中佐である。柳条湖事件を契機に出動した関東軍は、二一日には吉林まで兵を進めた。

朝鮮軍が林銑十郎《せんじゅうろう》司令官の独断で満州に越境すると、民政党の若槻礼次郎内閣は翌二二日に閣議で朝鮮軍への経費支出を承認した。さらに関東軍は、一〇月八日に満鉄線から離れた錦州を爆撃し、中国東北での占領地を広げていく。

満州事変を調査するため、国際連盟理事会は一二月に調査団の派遣を決定した。その団長がイギリスのリットン伯爵（2nd Earl of Lytton）であり、リットン調査団の委員は、フランス、ドイツ、イタリア、アメリカからも派遣される。一九三二年三月に満州国が誕生すると、九月には斎藤実《まこと》内閣が日満議定書を締結して満州国を承認した。

その間、同年二月に訪日したリットン調査団は、上海、南京、北平、満州各地などでも調査を続けた。リットン調査団の報告書は一〇月、日本、中国、国際連盟に交付される。

リットン報告書は、関東軍の行動を容認していなかったものの、中国東北における地方自治政府の創設を提案するなど日本にも配慮されており、宥和的な内容となっていた。それでも日本は、リットン報告書を批判した。とりわけ、国際連盟における松岡洋右と顧維鈞の論争は著名である。結局のところ日本は、一九三三年三月に国際連盟を脱退した。

このような経緯については研究の蓄積があり、本章もそれらに多くを負っている(2)。とはいえ従来の研究では、宣伝をめぐる経緯が軽視されがちであった。宣伝外交の研究は緒に就いたばかりのため(3)、疑問点も残されている。

そもそもリットン報告書は、なぜ日本に宥和的なのだろうか。この点を解明するには、いかに日中両国がリットン調査団に働きかけたかを論ぜねばならない。日本と中国は、宣伝文書を用いて相手国の不法性を訴えた。日中の宣伝は、国際連盟に対する要請であるのみならず、自国民の対外観を形成し、ひいては戦争に動員するものでもあった。国際連盟での日中対立については、中国側の政策過程を論じる必要もあろう。

このため第二章と第三章では、主として二つの視角から満州事変後の日中宣伝外交を分析してみたい。

第一に、宣伝外交の一面として怪文書の「田中上奏文」に注目する。「田中上奏文」は中国側の主要な宣伝材料として用いられており、日本はそれを批判していたからである。松岡洋右と顧維鈞は、「田中上奏文」についても国際連盟で論争していた。

中国側に関しては、国民政府外交部や中国国民党のほか、地方政府や新聞社、出版社、そして中華国民拒毒会（National Anti-Opium Association of China）などの各種団体も対象としたい。一方の日本側は、「田中上奏文」を事実無根と批判していただけでなく、中国の「革命外交」によって日本は条約的根拠のある権利を蹂躙《じゅうりん》されているという宣伝を繰り返した(4)。やがて日中戦争が勃発すると、中国は再び「田中上奏文」を利用するようになり、「田中上奏文」は海外向けのラジオ放送にも使われた。蔣介石らの要人も「田中上奏文」を用いた。

第二に、宣伝文書の流通過程である。この点についても「田中上奏文」を中心として、新聞やラジオなどメディアが果たした役割を検討したい。

「田中上奏文」は、アメリカなど第三国を巻き込んで流通していった。日中戦争が深まるなかで、『ニューヨーク・タイムズ』紙や『ワシントン・ポスト』紙に代表されるアメリカの新聞はもとより、ソ連から亡命していた革命家トロツキーが「田中上奏文」の流布に果たした役割も大きい。太平洋戦争ではアメリカ政府も「田中上奏文」を宣伝に活用しているため、戦時下のラジオ放送やプロパガンダ映画も分析する。アメリカでは「田中上奏文」に対して、国務省と陸軍省が異なる反応を示したのである。

このように第二章と第三章では、「田中上奏文」を軸に宣伝外交の実態や怪文書の流通を跡づけたい。第二章は一九三〇年代半ばまでとし、日中戦争期については第三章で扱う。その際には「田中上奏文」だけでなく、「本庄上奏文」などの偽書についても論及する。日本や中国、アメリカは、どのように宣伝を繰り広げ、いかなる相互認識のなかで戦争に向かったのであろうか。

『チャイナ・クリティク』誌

奉天北郊の柳条湖で満鉄線が爆破されたのは、一九三一年九月一八日のことであった。

柳条湖事件は関東軍の板垣征四郎大佐や石原莞爾中佐による謀略であり、とりわけ石原は一九二九年七月の段階で「関東軍満蒙領有計画」を起案し、「最モ簡明ナル軍政ヲ布《し》キ確実ニ治安ヲ維持スル以外努メテ干渉ヲ避ケ日鮮支三民族ノ自由競争ニヨル発達ヲ期ス」と記していた。すなわち、石原の満蒙領有論である。板垣や石原の率いる関東軍は、柳条湖事件を契機に出動して占領地を広げていった。それでも石原の満蒙領有論は、すぐに傀儡《かいらい》国家構想へと後退し、一九三二年三月には満州国が誕生した(5)。

このような事態の進展に中国は、どのような宣伝で対応したのか。そして「田中上奏文」は、いかに用いられたのか。

柳条湖事件の直後から中国国民党の中央宣伝部は、「九月一八日は我が国の有史以来で最大の国辱《こくじょく》記念日である」といった抗日宣伝の標語を作成し、各省各特別市の党部などに伝えた(6)。中央宣伝部は、中央広播《こうは》無線電台や中央通訊《つうしん》社にも宣伝工作を要請して抗日宣伝に動員する(7)。

柳条湖事件から約一週間には、注目すべき記事が上海の英語雑誌『チャイナ・クリティク（*China Critic*）』に発表された。一九三一年九月二四日の同誌に、「田中メモリアル」が掲載されたのである。「田中メモリアル」とは、英語版の「田中上奏文」であった(8)。そこから「田中メモリアル」は、中国で小冊子などに転載されただけでなく、諸外国にも浸透していった。

英語版「田中メモリアル」の出現はこれが最初ではなく、一九二九年秋に「田中メモリアル」がアメリカへ流入していたことは、第一章二で論じたとおりである(9)。それでも、『チャイナ・クリティク』誌の影響は大きかった。

上海からアメリカ国務省極東部には、「田中メモリアル」を掲載した『チャイナ・クリティク』誌が郵送された。発送されたのは、掲載の翌日、つまり九月二五日であった。送付された『チャイナ・クリ

OFFICIAL DOCUMENTS

TANAKA MEMORIAL

Memorial Presented to the Emperor of Japan on July 25, 1927, by Premier Tanaka, Outlining the positive policy in Manchuria.

Since the European War, Japan's political as well as economic interests have been in an unsettled condition. This is due to the fact that we have failed to take advantage of our special privileges in Manchuria and Mongolia and fully to realize our acquired rights. But upon my appointment as premier, I was instructed specially to guard our interests in this region and watch for opportunities for further expansion. Such injunctions one cannot take lightly. Ever since I advocated a positive policy towards Manchuria and Mongolia as a common citizen, I have longed for its realization. So in order that we may lay plans for the colonization of the Far East and the development of our new continental empire, a special conference was held from June 27th to July 7th lasting in all eleven days. It was attended by all the civil and military officers connected with Manchuria and Mongolia, whose discussions result in the following resolutions. These we respectfully submit to Your Majesty for consideration.

General Considerations

The term Manchuria and Mongolia includes the provinces Fengtien, Kirin, Heilungkiang and Outer and Inner Mongolia. It extends an area of 74,000 square miles, having a population of 28,-000,000 people. The territory is more than three times as large as our own empire not Counting Korea and Formosa, but it is inhabited by only one-third as many people. The attractiveness of the land does not arise from the scarcity of population alone: its wealth of forestry, minerals and agricultural products is also unrivalled elsewhere in the world. In order to exploit these resources for the perpetuation of our national glory, we created especially the South Manchuria Railway Company. The total investment involved in our undertakings in railway, shipping, mining, forestry, steel manufacture, agriculture, and cattle raising, as schemes pretending to be mutually beneficial to China and Japan amount to no less than Yen 440,000,000. It is veritably the largest single investment and the strongest organization of our country. Although nominally the enterprise is under the joint ownership of the government and the people, in reality the government has complete power and authority. In so far as the South Manchuria Railway Company is empowered to undertake diplomatic, police, and ordinary administrative functions so that it may carry out our imperialistic policies, the Company forms a peculiar organization which has exactly the same powers as the Governor-General of Korea. This fact alone is sufficient to indicate the immense interests we have in Manchuria and Mongolia. Consequently the policies towards this country of successive administrations since Meiji are all based on his injunctions, elaborating and continuously completing the development of the new continental empire in order to further the advance of our national glory and prosperity for countless generations to come.

Unfortunately, since the European War there have been constant changes in diplomatic as well domestic affairs. The authorities of the Three Eastern Provinces are also awakened and gradually work toward reconstruction and industrial development following our example. Their progress is astonishing. It has affected the spread of our influence in a most serious way, and has put us to so many disadvantages that the dealings with Manchuria and Mongolia of successive governments have resulted in failure. Futhermore, the restriction of the Nine Power Treaty signed at the Washington Conference have reduced our special rights and privileges in Manchuria and Mongolia to such an extent that there is no freedom left for us. The very existence of our country is endangered. Unless these obstacles are removed, our national existence will be insecure and our national strength will not develop. Moreover, the resources of wealth are congregated in North Manchuria. If we do not have the right of way here, it is obvious that we shall not be able to tap the riches of this country. Even the resources of South Manchuria which we won by the Russo-Japanese War will also be greatly restricted by the Nine Power Treaty. The result is that while our people cannot migrate into Manchuria as they please, the Chinese are flowing in as a flood. Hordes of them move into the Three Eastern Provinces every year, numbering in the neighbourhood of several millions. They have jeopardized our acquired rights in Manchuria and Mongolia to such an extent that our annual surplus poplation of eight hundred thousand have no place to seek refuge. In view of this we have to admit our failure in trying to effect a balance between our population and food supply. If we do not devise plans to check the influx of Chinese immigrants immediately, in five years' time the number of Chinese will exceed 6,000,0000. Then we shall be confronted with greater difficulties in Manchuria and Mongolia.

It will be recalled that when the Nine Power Treaty was signed which restricted our movements in Manchuria and Mongolia, public opinion was greatly aroused. The late Emperor Taisho called a conference of Yamagata and other high officers of the army and the navy to find a way to counteract this new engagement. I was sent to Europe and America to ascertain secretly the attitude of the important statesmen toward it. They were all agreed that the Nine Power Treaty was initiated by the United States. The other Powers which signed it were willing to see our influence increase in Manchuria and Mongolia in order that we may protect the interests of international trade and investment. This attitude I found out personally from the political leaders of England, France and Italy. The sincerity of these expressions could be depended upon. Unfortunately just as we were ready to carry out our policy and declare void the Nine Power Treaty with the approval of those whom I met on my trip, the Seiyukai cabinet suddenly fell and our policy failed of fruition. It was indeed a great pity. After I had secretly exchanged views with the Powers regarding the development of Manchuria and Mongolia, I returned by way of Shanghai. At the wharf there a Chinese attempted to take my life. An American woman was hurt, but I escaped by the divine protection of my emperors of the past. It seems that it was by divine will that I should assist Your Majesty to open a new era in the Far East and to develop the new continental empire.

The Three Eastern Provinces are politically the imperfect spot in the Far East. For the sake of self-protection as well as the protection of others, Japan cannot remove the difficulties in Eastern Asia unless she adopts a policy of "Blood and Iron". But in carrying out this policy we have to face the United States which has been turned against us by China's policy of fighting poison with poison. In the future if we want to control China, we must first crush the United States just as in the past we had to fight in the Russo-Japanese War. But in order to conquer China we must first conquer Manchuria and Mongolia. In order to conquer the world, we must first conquer China. If we succeed in conquering China, the rest of the Asiatic countries and the South Sea countries will fear us and surrender to us. Then the world will realize that Eastern Asia is ours and will not dare to violate our rights. This is the plan left to us by Emperor Meiji, the success of which is essential to our national existence.

"Tanaka Memorial," *China Critic*, vol. 4, no. 39, September 24, 1931, p. 923

ティク』には、C. H. Kaoという名義で書簡が付された。この人物については不詳だが、極東部宛て書簡には、1027 Kiaochow Road, Shanghai, China と住所が印字されていた。掲載の翌日に発送されていることも勘案するなら、同誌に関係した人物であろうか。その国務省極東部宛て書簡によると、「田中メモリアル」は「日本の侵略的な満蒙政策を露骨に公言したもの」であるという[10]。

英語版「田中メモリアル」は、『チャイナ・クリティク』誌から大量に複製されて世界中に流布していった。複製された小冊子の多くは四二頁から成るものであり、*Tanaka Memorial*, published by the China Critic, Shanghai, China, 1931 と表紙に記されている。

その頒布に一役買ったのが、中華国民拒毒会である。この中華国民拒毒会は上海に置かれた団体であり、唐紹儀《とうしょうぎ》や施肇基《しちょうき》、蔡元培《さいげんばい》、伍朝枢《ごちょうすう》などの政府要人が名誉職に就いていた。YMCAなどとも関係する中華国民拒毒会は、日本の麻薬密輸を告発する書簡に「田中メモリアル」を同封している。中華国民拒毒会の書簡は、「田中メモリアル」を「比類なき日本の帝国主義構想」と訴えた。中華国民拒毒会は、その書簡とともに「田中メモリアル」をアメリカなどの海外にも発送した[11]。

次に、英文小冊子『一一月一六日以前の満州（*Manchuria Before November 16*）』をみておきたい。この二〇頁の小冊子は、ニューヨークに本部を置く中国学生クリスチャン協会（Chinese Student Christian Association）の機関誌を補うものとして、一九三一年一一月に発行された。小冊子では、満州事変や対華二十一カ条要求についての記事が掲載された後に、『チャイナ・クリティク』誌の「田中メモリアル」が抜粋されていた[12]。

このようにして「田中メモリアル」は、アメリカに広まったのである。ただし、ホーンベック国務省極東部長が覚書に記したように、国務省極東部は数年前から「田中メモリアル」を「巧妙に偽造された文書」と見なしていた。[13] ホーンベックがバランタインに偽書だと知らされていたことは、第一章二で論じたとおりである。

意外なところで、『チャイナ・クリティク』誌から複製された「田中メモリアル」に出くわすこともある。一例として、アメリカ人のE・T・ウィリアムズ（Edward Thomas Williams）を挙げたい。

第一次大戦期にアメリカ国務省極東部長を務めたこともある外交官のウィリアムズは、一九一八（大正七）年に国務省を離れて、カリフォルニア大学バークレー校の教授になっていた。ウィリアムズは、パリ講和会議やワシントン会議でアメリカ側の顧問を務めており、その姿勢が中国寄りであったため、日本はウィリアムズを警戒していた。

ウィリアムズは一九二七（昭和二）年に大学を退職したものの、個人文書がカリフォルニア大学バークレー校に残された。ウィリアムズの個人文書には、英文小冊子「田中メモリアル」が収められている。その表紙には、*Tanaka Memorial*, published by the China Critic, Shanghai, China, 1931 と記されており、やはり『チャイナ・クリティク』誌からの複製である。[14] 影響力の一端を示すものといえよう。

Japan and the Next World War

『チャイナ・クリティク』誌から複製された「田中メモリアル」は、アメリカだけでなく日本にも流れ込んだ。ここでは、東京大学教養学部所蔵の高木八尺文庫をみておきたい。東京帝国大学教授の高木は、アメリカ研究の第一人者として知られていた。

高木文庫には、英語や中国語で刊行された「田中上奏文」が残されている。その一つに、『日本と次の世界戦争（*Japan and the Next World War*）』と題された英文小冊子がある。その内容は、『チャイナ・

クリティク』誌から複製された「田中メモリアル」であった。

表紙には、Published by the China Critic, 50 Peking Road, Shanghai, China と印字されており、中国語で「田中併合満蒙奏摺　上海北京路五十号　中国評論週報社印行」とも記されている。つまり、『チャイナ・クリティク』誌を刊行していた中国評論週報社が、自ら「田中メモリアル」を複製したことになる。表紙をめくると、8th Edition 5,000（23-11-31）と書かれており、一九三一年一一月二三日に第八刷として五〇〇〇部ほど増刷されたのであろう(15)。

それにしても、なぜ高木文庫に「田中メモリアル」が含まれているのか。上海では一九三一年一〇月下旬から一一月上旬にかけて、第四回の太平洋問題調査会が開催されていた。第一章二で述べたように太平洋問題調査会は、ＩＰＲとも称される民間の国際学術団体であり、第三回の京都会議が一九二九年秋に開かれた。日本太平洋問題調査会で高木は、研究会幹事を務めていた。

関東軍が占領地を拡大するさなかに、上海で開催された第四回太平洋問題調査会では、満州事変について日中間で激しい応酬が交わされた。このため高木は、「田中メモリアル」やその中国語版パンフレット『日本田中内閣侵略満蒙之積極政策』を収集していたのである。この中国語版は、上海の新声通信社が刊行したものだった(16)。

その後も『チャイナ・クリティク』誌は「田中メモリアル」を何度も報じ、「田中メモリアル」を掲載することで「世界中にセンセーションを起こした」と自賛している。同誌によると、「田中メモリアル」の真偽について質問も寄せられたが、日本人は「自らの行為によってこの文書に署名した」という。つまり(17)、過去数年に及ぶ日本の侵略に鑑みて、「田中メモリアル」が本物であることは明らかだというのである。同誌は、一九三二年七月までに一〇万部の「田中メモリアル」をパンフレットで発行したともいう[18]。

なお、上海の英字誌『チャイニーズ・ネーション』にも、「田中メモリアル」は引用された[19]。

二　中国国民党と反日宣伝

上海日本商工会議所

ここまでは、「田中メモリアル」が英字誌『チャイナ・クリティク』から複製され、いかに流通したかを追ってきた。中国からアメリカなどに「田中上奏文」の英語版が発信されたことは、中国側宣伝の大きな特徴であろう。とするなら、中国国民党は「田中上奏文」の流布に関与したのだろうか。中国の宣伝や新聞をさらに掘り下げたい。

中国の新聞としては、上海の新聞『申報《しんぽう》』などが「田中上奏文」に論及していた。すなわち、一九三一年九月二一日付け『申報』の時評「迫害世界之日軍暴行」は、「支那を征服せんと欲せば、先づ満蒙を征せざるべからず。世界を征服せんと欲せば、必ず先づ支那を征服せざるべからず」というくだりを「田中上奏文」から引用して警鐘を鳴らした。一一月八日付け『申報』の時評「田中奏摺的真実性」も、数年来の日本の行動に照らして「田中上奏文」が本物であることは自明だと主張した[20]。

反日宣伝に注視していた日本の在華団体として、上海日本商工会議所がある。第一章二で触れたように、上海日本商工会議所を中心とする在華団体は、機関紙『金曜会パンフレット』を発行していた。『金曜会パンフレット』によると、「満州事変以来、抗日仇日《きゆうにち》を教育し宣伝するために出版播布《はんぷ》せられた書籍は、殆《ほとん》ど挙げて数ふべからざるほど多い」のであり、「書店の店頭に仰々《ぎようぎよう》しい広告をもつて陳列されて居る」という。なかでも中国語版「田中上奏文」の『日本田中内閣侵略満蒙積極政策』は、「反日仇日宣伝として最も辛辣《しんらつ》で、而も理論的で、且《か》つ効果的」と見なされた。

『金曜会パンフレット』は、『日本田中内閣侵略満蒙積極政策』についてこう記す。

満州事変起るや、上海市党部では直ちに本書十万冊を印刷し、支那全土に頒布し、各団体亦数千数万を印刷して播布し、各書店ではこれを無料で配布して居る。加之本書は支那側の手で欧米各国に配布され、去る十月七日には倫敦《ロンドン》モーニング、ポストにも掲げられた。（中略）斯かる空々《そらぞら》しい偽物も今日の時節柄支那上下を通して真物視せられ、もつとも有効な仇日教育の資料となつて居る。もつとも本書の刊行頒布については、わが外務省でも夙《つと》にその悪影響を憂慮し、已《すで》に昨昭和五年四月頃、その厳禁方を国民政府に抗議した趣であるが、抗議などは糟《ママ》に釘で、いまや全国津々浦々に播布されて、国民的反感を煽つて居る。

つまり上海日本商工会議所は、中国国民党の上海市党部が「田中上奏文」の頒布に果たした役割などを分析したのである。

『金曜会パンフレット』は、ほかにも反日宣伝文書として『日本帝国主義侵略中国史』を挙げ、次のように論じた。

曾《かつ》て各軍所属政府訓練部主任であり且つ総司令部の部宣伝処長であつた蔣堅忍著すところの本書は、日清戦争以後の日支関係を、総《すべ》てが帝国主義的侵略行《ママ》であるとの予見と目的意識の下に論述している。本書に関し奇怪なことは、国民政府教育部が全国学校に本書を課外読本として採用すへく通達して居ることである。

また、『金曜会パンフレット』によると、宣伝文書の『日本対華陰謀及暴行』は「上海市第三区党部が反日宣伝のため編輯せるもの」であり、『抗日救国歌集』と『日本対支侵略簡明表』は、それぞれ「市党部の編纂せる歌集」と「南京市党部の出版せるもの」だという。

さらに『金曜会パンフレット』によれば、「本荘《ママ》中将の満蒙侵略建議書」が反日宣伝の実例として新聞などに掲載されたという。「本荘《ママ》中将の満蒙侵略建議書」とは、「本庄上奏文」と呼ばれる怪文書であり、本庄繁関東軍司令官が全アジアとアメリカを侵略する計画について南次郎陸相に詳述したとされる(21)。

多様な怪文書

この「本庄上奏文」の流布については、外務省も気づいていた。山崎誠一郎駐満洲里《まんしゅうり》領事が芳沢謙吉外相に宛てた電文によると、一九三二年一月ごろから「本庄上奏文」は哈爾浜や満洲里で配布されるようになっており、「出所ニ付テハ判明セサルモ右ハ支那新聞紙(新聞名不明)ニ折込ミ配布セラレタルモノナリトノコトニ付哈爾賓方面ヨリ出テタルモノニ非ラスヤト思料セラル」という(22)。実際のところ、東北民衆救国会という団体が、「本庄上奏文」を上海や南京、北平、天津などにも送っていた(23)。

加えて厦門《アモイ》などの中国南方では、「日本併呑《へいどん》満蒙秘密会議」という怪文書が広まっていた。この「日本併呑満蒙秘密会議」は、上海民新書店が出版した小冊子であり、各地の書店において販売された。その中身は、松田源治《げんじ》拓務大臣や仙石貢《みつぐ》満鉄総裁、木村鋭市満鉄理事、「吉田永井二次官」らが一九三〇年一二月七日に拓務省で秘密会議を開催し、既得権益の擁護を口実として満蒙の浸食を図ったというものであった。

「日本併呑満蒙秘密会議」に記された「吉田永井二次官」とは、吉田茂外務事務次官と永井柳太郎外務政務次官のことだろう。しかし吉田は、同年一二月六日に外務事務次官を退いており、幣原外相の人事によって永井松三《まつぞう》がその後任となっていた。したがって、「日本併呑満蒙秘密会議」が開催されたという一二月七日の時点において、事務次官は永井であり、吉田ではない。明らかに偽造文書である。(24)

にもかかわらず、これらの怪文書は流布していった。なかでも宣伝文書として最大のものは、やはり「田中上奏文」であった。なにしろ「田中上奏文」の筋書きは、満州事変の経緯に近かった。「支那を征服せんと欲せば、先づ満蒙を征せざるべからず。世界を征服せんと欲せば、必ず先づ支那を征服せざるべからず」という「田中上奏文」の一節は、あたかも満州事変を予告したかのようである。

しかしながら、満州事変と酷似しただけで「田中上奏文」が知れ渡るものではない。とするなら、『金曜会パンフレット』にも記されたように、中国国民党が「田中上奏文」を利用したのか。国民党に焦点を絞ってみたい。

中国国民党

国民党の宣伝については、筒井潔の証言がある。外交官の筒井は、満州国において一九三三年から一九三七年まで、駐満州国大使館書記官、満州国外交部宣化司長兼通商司長、満州国外務局政務処長を歴任した。

筒井によると、満州事変の直後から「田中上奏文」は、「中国到る処で小冊子として売出され、文字の読める中国人は悉《ことごと》く読み、読めない者は他人に読んで貰《もら》った」。「田中上奏文」の小冊子には、『田中内閣侵略満蒙之積極政策』『倭奴侵佔中国之毒計』『日本併呑満蒙毒計』『日本田中内閣密奏日皇謀呑中国之奏章』『日本田中内閣奏請施行対中国及満蒙積極政策之密摺』『対満蒙侵掠積極政策奏章』など数種類があったという。

さらに筒井によると、「私の同僚や部下の中国人から聞いた話によれば、当時幼児以外の中国人は、皆『田中密奏』を読んだり聞いたりして」いた。満州国成立後の中国東北でも、「田中上奏文」の影響力は根強く残っていたのである。

「『田中奏章』は中国内のみならず、世界中の華僑在住地方にも汎濫《はんらん》した。これ等地方毎《ごと》に設けられていた国民党支部や、商総会等々の諸団体は中国文や欧文の小冊子を印刷して所在地方にバラ撒《ま》き日貨不買、経済断交運動を益々盛大にした」と筒井はいう。英語版については、「上海の中国人発行の英文雑誌『チャイナ・クリティク』に掲載されて初めて公然と世上に姿を現はし、これ亦忽《たちま》ちハワイ、米本国、東南アジア諸国等で各地毎に印刷されてバラまかれた」[25]。

このように筒井は、国民党支部などによる「バラ撒き」によって、「田中上奏文」が「中国内のみならず、世界中の華僑在住地方にも汎濫した」と指摘する。実際のところ国民党は、筒井が観察したように、「田中上奏文」を宣伝材料としたのであろうか。柳条湖事件直後における中国側の対応を再検討したい。

柳条湖事件が一九三一年九月一八日に勃発したとき、北平の張学良は、関東軍に不穏な動きがあることを多少なりとも察知していたが、詳細な計画までは知らずにいた[26]。南京の国民党中央宣伝部は、翌一九日に各省や特別市の党部、『民国日報』『華北日報』『武漢日報』『中央日報』に通電を発した。中央宣伝部によると、日本軍の行動については真相が不明であるため、過度に扇動的な論調を慎むべきだという。

ここでの国民党は、まだ宣伝に抑制的であった。それでも国民党中央執行委員会は、九月二二日になると各省や特別市の党部に対して、各地の反日団体が一律に反日救国の名義を用いるように通達した(27)。

南京の中央党部では一〇月一日に、国民党第三届《かい》中央執行委員会の第一六二次常務会議が開催された。出席者は、第三届中央執行委員の葉楚傖《ようそそう》、陳果夫、于右任《うゆうじん》、戴伝賢《たいでんけん》らであった。ここでは国民党中央宣伝部の発議によって、一〇万元を国際宣伝の活動費にすると決議された。中央宣伝部は、国内の各紙にも宣伝を要請した(28)。

すると国民党の機関紙『中央日報』は、一一月七日に「英美蘇俄各報　発表田中奏摺」と題して「田中上奏文」を報じた。それによると、英米ソで「田中上奏文」が同時に発表されており、日本の当局は慌てて言い逃れをしているという。同日に上海の新聞『時報』も、「田中上奏文」について報じた。その内容は、『中央日報』と大差ない(29)。

国民政府と地方の間で、「田中上奏文」はどう扱われたのか。網羅的に示す史料は見当たらないため、一例として青島を挙げたい。一二月一二日に国民党青島特別市執行委員会は、南京の国民党中央執行委員会に「田中上奏文」五〇〇部の頒布を要請した。これを受けた中央執行委員会は二一日、国民党中央宣伝部に五〇〇部を求めた。これに対して中央宣伝部出版科は二三日、青島特別市執行委員会に在庫切れと回答した。国民党による組織的頒布の一端を伝えるものである(30)。国民党は、「田中上奏文」を宣伝に用いたといわねばならない。

「田中上奏文」は、教育の現場でも利用された。ここでは熱河省教育庁の文書をみておこう。その文書からは、南京と各省のやりとりが示唆される。それによると熱河省には、『日本田中内閣侵略満蒙之積極政策』という小冊子が、少なからず国民政府から送られてきていたようである。これを受けた熱河省教育庁は一一月五日に、日本の陰謀を知らしめるよう熱河省立師範学校に訓令した。その際には、『日本田中内閣侵略満蒙之積極政策』も配布された。同様のことは、ほかの省でも行われたであろう。(31)

三　上海事変と「田中上奏文」の流布

日中宣伝外交とアメリカ

一九三二年になると、「田中上奏文」をさらに広める契機となる事件が起こった。上海事変である。上海共同租界で一月一八日、田中隆吉《りゅうきち》陸軍少佐の謀略によって、数名の日本人僧侶が中国人に襲撃された。これを発端に上海の日本海軍陸戦隊は、一月二八日に中国の一九路軍と衝突した。(32) そこで政友会の犬養毅内閣は二月、日本陸軍を上海に派遣した。この第一次上海事変に際して、三月下旬から停戦会議が上海のイギリス総領事館において行われ、五月五日に停戦協定が調印された。

この間の二月中旬に日本陸軍の第九師団が上海に踏み入ると、国民政府のスポークスマンは、「中国侵略に始まる日本の世界制覇計画は、すでに『田中上奏文』において暴露されている」と上海で発表した。そのことは、『ニューヨーク・タイムズ』紙でも報じられた。(33)

同じころニューヨークでは、英字誌『チャイナ・レビュー』が創刊された。同誌は在米中国人留学生による月刊誌であり、創刊号は顔恵慶《がんけいけい》駐米公使の寄稿から始まった。また、同誌の編集者は、駐米中国公使館の法律顧問ラインバーガー（Paul M. W. Linebarger）と連絡していた。したがって、公的な性格の強い雑誌だろう。[34] 同誌でも「田中メモリアル」が、「満州における日本の野望」という論文に引用されている。[35]

「田中上奏文」が中国のみならずアメリカにも流布されるなか、ワシントンにいた報知新聞記者の河上清が著書『日本は中日紛争に声明する（*Japan Speaks on the Sino-Japanese Crisis*）』を一九三二年三月にニューヨークで刊行した。日本を擁護する内容である。そこに序文を寄せたのが、犬養首相その人にほかならない。

序文で犬養は、「田中メモリアル」を明らかな偽書と批判している。犬養は、政友会総裁を田中義一から引き継いだ政治家であっただけに、「前任者の記憶が不当に冒瀆《ぼうとく》されているため、道徳と名誉の精神が私を駆り立てるのであり、この件については抗弁せざるをえない」と記す。著者の河上も、形式と内容の両面から「田中メモリアル」の誤りを説いた。犬養が五・一五事件で暗殺される直前であった。[36]

それでも「田中メモリアル」は、アメリカ西海岸にも広まっていく。佐藤敏人《としと》駐ロサンゼルス領事や内山清駐シアトル領事によると、一九三二年二月中旬ごろ西海岸の新聞社に「田中メモリアル」が組織的に送付されたものの、各紙は偽造文書と見なしたようである。[37]

三月になってもシアトルでは、「田中メモリアル」などの宣伝文書を含む小冊子が無料で配布されており、「支那側ノ潜行的対米宣伝ハ益々盛ナラントスルヤノ傾向アリ」という状態であった。[38]

そこで堀内謙介ニューヨーク総領事は、「田中メモリアル」が偽書であることをアメリカの世論に訴えようとした。堀内は四月中旬、『ニューヨーク・タイムズ』紙に投書を載せている。

ある外国の機関を通じて『田中メモリアル』がアメリカに出回っているものの、これはまったくの偽物であり、明らかに世論に偏見を与えて反日に導こうというものである。その偽文書は中国語と英語で用意されているが、日本語版は存在していない。(39)

だが、日本の政治家は、諸外国の厳しい視線に敏感ではなかったようである。その典型が、衆議院議員の久原房之助《くはらふさのすけ》だろう。

久原は、一九三二年四月号の『文藝春秋』に掲載された座談会で、「要するに満蒙の事はあの時即ち昭和三年に出来ておつてよい訳であつたのです。(中略)日本としては東亜の大勢に向つては一種の使命がある訳で、丁度その使命を果たす経路の段階に過ぎんのだろう」と語った。つまり久原は、満州事変後の対中国政策が、田中内閣期の延長線上にあるかのように論じたのであった。(40)

かつて田中内閣逓信《ていしん》大臣だった久原は政友会の幹部であり、『文藝春秋』の座談会はアメリカでも報じられた。このため、出淵勝次《でぶちかつじ》駐米大使や堀内駐ニューヨーク総領事が危惧したように、久原の談話は、「田中メモリアル」を否定した堀内の投書を相殺しかねなかった。久原の談話が、「所謂田中上奏文ナルモノノ存在ヲ裏書スルカ如キ印象ヲ与ヘ相当各方面ノ注意ヲ惹キ居レリ」と堀内はいう。(41)

やむなく堀内は、「田中メモリアル」が偽書だと『ニューヨーク・タイムズ』紙にあらためて表明した。(42)このとき堀内は、偽書であることを立証する材料を本省から取り寄せている。(43)

東南アジアとヨーロッパ

「田中メモリアル」が蔓延《まんえん》したのは、なにも中国やアメリカに限られない。いまや世界的となった怪文書は、東南アジアやヨーロッパにも知れ渡っていた。

東南アジアについては、駐バタヴィア日本総領事館が調査していた。バタヴィアとはオランダ統治時代の名称であり、現在ではインドネシアの首都ジャカルタとなっている。駐バタヴィア総領事は三宅哲一郎であった。その調査によると、中国総領事館が「田中メモリアル」のパンフレットをバタヴィアとバンドンの市内や学校に広めており、パンフレットには中国総領事の書簡まで付されているという。おそらくは国民党支部や華僑も、「田中メモリアル」の流通に協力したであろう。

このため日本総領事館は、反宣伝のために覚書を作成して、アメリカの駐バタヴィア総領事館などに通知した。その覚書で日本総領事館は「田中メモリアル」の誤りを指摘し、「中国人は中国で行ったことをジャワでもやろうとしている」と批判した。中国が、中国国内だけでなく、ジャワ島でも「田中メモリアル」を流布したというのである。日本の反宣伝は、アメリカのスティムソン（Henry L. Stimson）国務長官やホーンベック国務省極東部長にも伝えられた(44)。

ヨーロッパではどうだろうか。ここでは、ベルギーを例に挙げてみたい。ベルギーでは二四〇名ほどの中国人留学生が、講演会や新聞への投書を通じて排日宣伝に努めていた。また、ベルギーの中国人協会は、対華二十一カ条要求と「田中上奏文」をフランス語に翻訳し、宣伝用に冊子で広く配布した。

大久保利隆駐ベルギー臨時代理大使は、その模様を東京にこう伝えている。

所謂田中上奏文ノ全然捏造ナルコトモ夙ニ新聞紙ヲ通シ周知方取計ヒ置キタル次第ナルモ支那側ノ宣伝頗ル執拗《しつよう》且ツ巧妙ニシテ今尚ホ当国一部ニハ所謂田中内閣上奏文ナルモノ、存在ヲ信シ居ル者尠カラサル趣ナリ。

日本の反宣伝にもかかわらず「田中上奏文」は、中国の「執拗且ツ巧妙」な宣伝によって、ベルギーでも信じられていたのである(45)。

四　リットン調査団と日中論戦

五人の委員

このように中国は、「田中上奏文」を反日宣伝に用いた。軍事的に劣勢なだけに、国民政府は内外への宣伝に努めたといえよう。もっとも、宣伝外交は中国に限られたことではなく、日本も宣伝文書を作成していた。日中ともにリットン調査団への働きかけを重視し、リットン調査団を介した論戦が始まったのである。

まずは、リットン調査団の顔ぶれをみておきたい。調査団はイギリス人のリットン団長を筆頭に、アメリカのマッコイ（Frank Ross McCoy）、フランスのクローデル（Henri Claudel）、イタリアのアルドロバンディ（Luigi Aldorovandi-Marescotti）、ドイツのシュネー（Albert Heinrich von Schnee）という五人の委員から成っていた。

リットン団長の父エドワード・ロバート・ブルワー＝リットン（Edward Robert Bulwer-Lytton）は、一八七〇年代後半のインド総督であった。その息子としてインドに生まれたリットン団長は、インド省事務次官やインドのベンガル州知事を歴任し、一九二五（大正一四）年には一年間だけインド総督代理も務めた。国際連盟とも関係が深く、一九二七、八（昭和二、三）年の第七、八回連盟総会でインド首席全権であり、一九三一年の第一二回連盟総会でもイギリス第二全権となった[46]。

アメリカからはスティムソン国務長官の推薦で、マッコイ陸軍少将がリットン調査団の委員となった。かつてマッコイは、フィリピン総督幕僚長として赴任途上の一九二三(大正一二)年、関東大震災を支援するため上海から横浜に引き返して救援の指揮をとった。出淵駐米大使によると、スティムソンは「軍人ト言フヨリモ卓越シタル手腕ヲ有スル政治家」とマッコイを推薦していた[47]。

陸軍軍人のマッコイは、一九二〇年代にウッド(Leonard Wood)総督のもとでフィリピン統治に携わっていた。田中義一が一九二二年三月にマニラへ出張してウッドと会談したとき、マッコイも田中と会っている。フィリピンからの帰路に田中は上海で襲撃されたのだが、「田中上奏文」では田中が欧米からの帰途に上海で襲撃されたことになっていた。このためマッコイは、「田中上奏文」を偽書と知っていただろう[48]。

フランスのクローデルは、植民地防御委員会議長や軍事参事官の職にある陸軍中将であった。かつて中国に駐屯軍参謀長として滞在していたが、むしろ日本に好意的とみられた。フランス領インドシナ軍司令官として現地に服務したこともあり、アジア体験に富む半面で国際連盟に親しみはなく、英語を解さなかった。

イタリアのアルドロバンディは唯一の外交官で、パリ講和会議でイタリア代表部事務総長を務めるなど事務的能力に優れていた。中国について知識は少ないものの、日本人外交官と親しいことから調整役を期待された[49]。

ドイツのシュネーは国民党の代議士で、かつてドイツ領東アフリカ総督の座にあり、植民省や外務省で勤務したこともあった。植民政策に通じたシュネーだが、官僚的なところがあり、妥協的ではない人物とみられた。学究肌のシュネーは、英語とフランス語を操ったものの、中国や日本に足を踏み入れたことはなかった[50]。

リットン調査団を補佐する参与としては、吉田伊三郎《いさぶろう》駐トルコ大使と顧維鈞前外交部長が任命された。国際的に著名な顧維鈞と比べても、吉田の評判は悪くはなかった。アメリカのマッコイは、吉田の印象を「古くからの知人」のようだと書簡に記している。マッコイに吉田を紹介したのが、同じく駐トルコ大使だったアメリカ人のグルー（Joseph C. Grew）だった。やがて駐日大使となるグルーは、「思いやりがあって、物分かりのよい同僚」として吉田をマッコイに引き合わせていたのである[51]。

日本の抗弁

リットン調査団は、まず日本を訪れた。リットンたちが一九三二（昭和七）年二月二九日に訪日すると、すぐに一行は芳沢謙吉外相と会談した。

リットンに向かって芳沢は、「過去数ヶ年間国民政府カ所謂革命外交ナルモノヲ振廻シ暴力ニ依リ外国ニ当リ一方的行為ニ依リ条約ヲ変動スルカ如キ態度ニ出テタ」と語った。思慮深い性格の芳沢は、言葉を慎重に選びながらも、中国の「革命外交」を批判したのである。上海事変についても芳沢は、「十九路軍ナルモノカ一月二十八日我軍ニ向テ発砲挑発シ日支兵ノ衝突トナリタル次第ナル」と説いた[52]。

のみならず日本外務省は、参与の吉田を介して各種パンフレットをリットン調査団に手交し、宣伝に努めた[53]。その宣伝用パンフレットの一つに、重光葵駐華公使による編集の『中国革命外交（*Revolutionary Foreign Policy of China*）』がある。英文で一五一頁に及ぶ冊子『中国革命外交』の内容は、日本の正当な権益が中国の「革命外交」によって蹂躙されているというものであった。『中国革命外交』は、リットン調査団に提出された[54]。

哈爾浜の日本総領事館は一九三二年三月に、英文で『中日関係――北満州における旧軍閥の不正と腐敗（*Sino-Japanese Relations: Improbity and Corruption practiced by former Military Cliques in North Manchuria*）』と題する宣伝用のパンフレットを作成した。哈爾浜日本総領事館のパンフレットは、中国を「世界で最も抜け目のない宣伝者（propagandist）」と位置づけて、中国の教育と教科書を反日的と批判していた。このパンフレットも、リットン調査団に伝えられた[55]。

これらの宣伝文書を、帝国主義的なるものとして批判するのは容易である。たしかに重光編『中国革命外交』などのパンフレットは、満州事変の原因を一方的に中国に帰しており、そのまま首肯できるものではない。その半面で外交官の責務とは、自らの置かれた状況下で、国益を主張して擁護することにある。現状打破の道を進んだ日本は、満州事変や上海事変の正当化を試みたのである。

このころ日本外務省は、朝日新聞社とも連携しながら、リットン調査団への抗弁を行っていた。すなわち、朝日新聞社は、満州についての記事を抜粋して英文の小冊子を作成した。小冊子は、『「今日の日本」――満州地区、一九三二年（*The Manchurian Section of "Present-Day Japan" 1932*）』として発行され、リットン調査団に送りつけられた。その小冊子は、村山龍平社長の巻頭言や、芳沢外相による所信の披《ひ》瀝《れき》で始まっており、日本の行為を自衛のためと弁明していた[56]。

上海の松岡洋右

リットン調査団は一九三二年三月一四日、上海に降り立った[57]。上海ではイギリスの仲介によって、上海事変の停戦協議が進められようとしていた。そこで芳沢外相は、上海のリットン調査団に対して松岡

The Manchurian Section

of

"Present-Day Japan"

1932 Edition

CONTENTS

—

The Manchurian Section of "Present-Day Japan" 1932, Vladimir D. Pastuhov Papers, Box 27, Hoover Institute, Stanford University

洋右を特派する。もともと外交官の松岡は、このとき政友会の衆議院議員であり、かつては満鉄副社長でもあった。

三月二二日に松岡がリットンを訪れると、リットンは、「日本軍が撤退しても、満州国政府は維持されると思うか」とただした。すると松岡は、リットンに向かって得意の長舌を振るい始めた。

張作霖ですら、日本の支援なしには統治を維持できなかった。日本の影響力によって、満州は内乱とならずに済んでいる。日本が満州から撤退するなら、すぐにロシアが踏み込んでこよう。過去の数年間に中国は、日本を駆逐しようと何度も試みてきた。しかし、それが成功しても、ロシア側から新たに侵略を招くだけであり、第二の日露戦争となりかねない。中国は建設に向かっているのか、それとも崩壊に向かっているのか。私見では後者であり、前者を示すものは何もない。

そう息巻く松岡に対して、リットンは、「日本軍が撤退したらどうなるであろうか」と問い返した。すかさず松岡は、こう断じた。

まったくの無秩序となろう。日本は平和を維持する鍵である。日本が撤退したら、東アジア全体の混乱を誘発しかねない。実のところ多くの日本人は、国際連盟からの脱退もやむなしと考えており、東アジアにおいて日本単独による確固とした秩序を目指している。連盟が立場をわきまえて行動するように望みたい。

連盟脱退すらほのめかし、松岡はリットンにくぎを刺したのである。

そこでリットンが、「中国が秩序を維持してロシアの侵害を防ぐなら、日本の経済的利益は満たされるのか」と尋ねると、松岡は、「中国人が秩序を保ったことはない。満州は実質的に独立した国家であり、多少なりとも日本に助けられている」と反論した。

つまり松岡によるなら、満州の秩序は日本によってのみ保たれるのであり、日本が撤退するなら満州はロシアの影響下になるという。松岡の強引な論理にリットンが説得されたかは疑問である。それでも松岡は、連盟脱退までも示唆してリットンに不介入を求めた(58)。

三月二五日にリットン調査団は顧維鈞とも会談し、とりわけ上海事変について聴取した。ここで顧は、「(一月——引用者注)二八日夜に開始された(上海における日本の——引用者注)攻撃は、それ以前に決められていたものであり、日本はその責任を負わねばならない」とリットンらに主張した。すなわち顧は、一月二八日の上海における日本の攻撃を計画的なものと見なし、上海事変の経緯を論じたのである(59)。

リットンと汪兆銘

上海を離れたリットン調査団は、一九三二年三月二七日に首都南京へ到着した。南京でリットン調査団は、三月二九日から四月一日まで中国要人と四日連続で会談を重ねている。

第一回会談は三月二九日に南京の行政院長公邸で行われ、リットン調査団の全委員と国民政府首脳が一堂に会した。中国側の出席者は、蔣介石軍事委員会主席、汪兆銘《おうちょうめい》行政院長、宋子文《そうしぶん》財政部長、陳公《ちんこう》博《はく》実業部長、朱家驊《しゅかか》教育部長、陳銘枢《ちんめいすう》交通部長、羅文幹《らぶんかん》外交部長、顧維鈞参与らであった。蔣介石はリットン調査団と中国側要人の会談にすべて出席し、個人的にもリットンに理解を求めた(60)。リットン調査団と中国側要人の会談ではリットンが質問し、主に蔣介石ではなく汪兆銘が答えている。

会談で特に問題となったのは、満州に関して一九〇五（明治三八）年一二月に締結された日清条約の有効性であった。日本の主張を踏まえたリットンは、「日本側によると、一九〇五年の条約（Treaty）によって満鉄と並行ないし競合するような鉄道を中国は建設できないことになっているものの、中国はこれを遵守していないという」と切り出した。これに対して汪兆銘は、「言及された一九〇五年一二月二二日の議定書（Protocol）とは、日本が主張するようなものではないのであり、中国政府は説得的な根拠を提出できる」と回答した。

リットンが、「そのような条約は存在しないということか」と問い掛けると、汪兆銘はこう力説した。

並行線に関する日本の主張は議事録（minutes of conversation）のみに基づくものであり、条約には盛り込まれていない。また、（二十一カ条要求によって締結された――引用者注）一九一五年の諸条約は、日本が最後通牒によって中国に押し付けたものである。その効力について中国政府は、パリ会議やワシントン会議で一貫して異議を唱えてきた。新たな条約を調整するのが最善であろう。

すなわち、リットンが「一九〇五年の条約」と発言したところを、汪兆銘は「議事録」と言い換えたのである。

リットンが述べた「一九〇五年の条約」とは、満州に関する日清条約のことであり、ポーツマス条約でロシアから日本に譲渡された租借地や鉄道権益を中国に承認させたものであった。その附属協定は、中朝国境に位置する安東から奉天に至る鉄道の改築と経営を日本に認めており、鴨緑江《おうりょくこう》右岸の森林伐採についても日清共同経営にすると規定していた。さらにその「附属取極《とりきめ》」には、中国による満鉄並行線を禁止するという条項が明記されていた。

汪兆銘が「議事録」にすぎないと語気を強めたのは、「附属取極」の満鉄並行線禁止条項であった。のみならず汪は、一九一五（大正四）年の二十一カ条要求に関連した諸条約についても効力を否認した。日本側からすれば、そのような姿勢こそが条約無視ということになる。このころの汪に、後年の対日協力者という面影はない。

満州に関する日清条約附属取極（1905 年 12 月 22 日）

三、清国政府ハ南満洲鉄道ノ利益ヲ保護スルノ目的ヲ以テ該鉄道ヲ未タ回収セサル以前ニ於テハ該鉄道附近ニ之ト併行スル幹線又ハ該鉄道ノ利益ヲ害スヘキ枝線ヲ敷設セサルコトヲ承諾ス

出典：外務省編『日本外交年表竝主要文書』上巻（原書房，1965 年）256 頁

行政院長公邸における議論は、中国の「反日教科書」や「反日団体」にまで及んだ。リットンは、「日本側によると、外国人、とりわけ日本人に対する敵意を煽るような政策が、組織的になされているという。日本は学校の教科書や反日団体を問題視している」と発言した。

これについて教育部長の朱家驊は、「日本の教科書にこそ反中国や排外の記述が多く含まれており、中国の教科書は中国の主権に対する歴史的な侵害のみに言及している」と切り返した。中国側は、むしろ日本の教科書を批判したのである。[61]

不可侵条約の模索

南京における第二回の会談は、一九三二（昭和七）年三月二〇日に行われた。出席者は、第一回会談とほぼ同じである。この第二回会談も、リットンと汪兆銘を中心に進められた。二人は再び二十一カ条要求について意見を交わし、満

州問題の核心に踏み込んだ。

まずはリットンが、「(二十一カ条要求によって締結された――引用者注) 一九一五年の諸条約に関連して質問したい。当時の中国憲法は、どのようなものであったのか」と発言した。

これに対して汪兆銘は、「一九一五年の諸条約は、たしかに袁世凱によって署名されているものの、これは不法な統治下のことである。当時の状況については、法的側面よりも政治的側面に目を向けていただきたい」と強調した。汪によると、二十一カ条要求に関連した諸条約は、憲法の定める議会によって批准されていないので無効だというのである。

ついでリットンは、「日本側によると満州政権の非力ゆえに、その地域が無秩序となった場合には、ロシアの介入によって新たな日露戦争となりかねないという」と述べた。リットンが「新たな日露戦争」について問い掛けたのは、松岡の発言を念頭に置いたものであろう。

これに汪兆銘は、「日本が撤退するなら、統治を回復するために憲兵隊の特派によって民政を確立する。それについては、連盟から助言を得られないだろうか」とリットンに意見を求めた。

そこでリットンが、「一例としてスイスでは、中立が国際協定によって保障されている。中国政府は、満州の安全をこのような中立協定で確保するという可能性を検討されたであろうか」と口にした。汪兆銘は、「検討したことはないが、考慮に値するかもしれない」とリットンの見解を受け止めた。

さらにリットンが、「国境警備については、多くの国を協定に参入させることによって保障されるであろう」と語ると、汪は、「中国政府は原則として反対しない」と答えた。中国側から会議を主導した汪は、満州をめぐる中立協定の可能性を含めて、連盟と協力する姿勢を示したのである。(62)

リットン調査団は、翌三月三一日にも国民政府首脳と第三回の会談を行った。ここでも議論の中心となったのは、リットンと汪兆銘であった。リットンは、「主要な問題が十分に解決されたなら、軍事的にはもとより経済的にも、あらゆる形態の攻撃を行わないという条約の締結について、中国政府は検討するであろうか」と問うた。

これに汪は、「原則として賛成であり、『不可侵』とは経済面での不可侵を含むものと理解している」と答えた。つまり汪は、不可侵条約の締結に向けて踏み込んだのである。(63)

翌四月一日にも第四回の会談が開催され、リットン調査団は汪から対日ボイコットなどについて聴取した。(64)

北平から満州へ

南京を離れたリットン調査団は一九三二年四月九日、漢口などを経て北平にたどり着いた。リットン調査団は翌一〇日に、吉田伊三郎と顧維鈞を同時に呼び寄せて質疑を行った。

ここでリットンが「一九〇五年の条約の問題」を提起すると、吉田と顧維鈞は激しく応酬した。

吉　田「第二条の南満州における将来の鉄道について、双方は議論したうえで、条約に挿入するのではなく、議定書（protocol）におけるその後の宣言で……」
《ママ》

顧維鈞「中国語の原本に『議定書』という表記はない。中国語の文書では、『記録要旨』ないし『会談録』にすぎない」

吉　田「日本では常に『議定書』と訳されている」

顧維鈞「中国では常に要旨ないし摘要と訳されている」

吉田が一九〇五年の日清条約第二条に関連した「議定書」について論じかけると、顧は吉田の言葉を遮《さえぎ》り、「議定書」ではないと反論したのである。

このような談判にもかかわらず、「一九〇五年の条約の問題」について結論は出なかった。リットン調査団委員のクローデルは、会談で何度か発言しているものの、フランス語でしか話せないため意思の疎通に支障をきたした(65)。

このとき同じく北平には、張学良が滞在していた。そこでリットン調査団は、四月一二日から一五日まで連続して四回にわたり張学良と会談する。会談には顧維鈞も同席しており、それ以前から張学良は、南京の羅文幹外交部長らとも連絡していた(66)。リットンは、日本の中国批判を念頭に置きつつ、満州における馬賊の活動や麻薬の密輸、地方税、鉄道、国民政府との関係、張作霖爆殺事件などについて張学良から情報を得ようとした(67)。

張学良の主張は、リットン調査団に宛てた「日本の積極政策に関する経験についての声明（A Brief Statement of My Experiences with Japan's Positive Policy）」に集約されている。この声明書は一〇頁の英文であり、張作霖爆殺事件から満州事変に至る経緯が記されていた。「田中上奏文」への言及こそないが、日本による侵略の一貫性を強調するものといえよう。

張学良の声明書で注目すべきは、日本が九カ国条約や国際連盟規約、不戦条約といった国際法に違反しているという論理である。不戦条約は一九二八年にパリで締結されており、国家間の戦争を違法とする条約だった。従来こうした論法は、日本が中国の不当性を欧米に訴える際に用いられたものであった。

さらに張は、リットン調査団歓迎会の演説で日本を批判しており、その演説は、国民政府の『外交部公報』に掲載された。満州を失った張は、国際連盟に頼らざるをえなくなっていた[68]。

同じころに民間団体の中国国際聯盟同志会は、『中日之衝突』という冊子を北平で刊行した。この冊子は、中国語で四一頁から成っていた。そのなかで中国国際聯盟同志会は、「田中上奏文」のみならず、「金谷参謀部長《ママ》之国防計画」や「拓務省秘密会議録」などの怪文書を援用しながら日本を非難した。この冊子も、リットン調査団に送り届けられている[69]。

リットン調査団は四月二一日に奉天入りし、さらに六月上旬まで長春や哈爾浜、大連などを視察した。これに同行した顧維鈞らの一行は、日本によって行動を牽制された。満鉄刊行の『満洲日報』紙は、顧らの言動について、満州国の治安を乱しかねない「顧維鈞問題」として批判的に報じている[70]。同紙に反論の手紙を送った顧は、その手紙の写しをリットンにも寄せて、日本側報道の不当性を訴えた[71]。

五　リットン報告書と日中「協力」

顧維鈞と満州国外交部

リットン調査団は一九三二年六月五日、北平に戻って報告書の作成に着手した。ここでも顧維鈞が、対華二十一カ条要求などの関連資料をリットン調査団に提出している[72]。

リットンらは六月一九日、汪兆銘行政院長、宋子文財政部長、羅文幹外交部長、そして顧維鈞と再会した。舞台は北平の旧外交部である。

リットン「南京での会談をご記憶であろう。そのとき我々は、中日間の問題が解決した場合に、まったく新しい政権が満州に設置されねばならないと提案した。その政権とは、少なからず自立的な性格の民政であり、特殊な憲兵によって国の秩序を維持するというものであった」

汪兆銘「将来の東三省政権について中国政府は、最善を尽くしてある種の自治政府を形成するであろう。ただし、自治政府とは独立を意味するものではない」

リットン「それは四つの省について述べているのか」

顧維鈞「満州とは三つの省であり、四つの省であったことはない」

汪兆銘「熱河省は東三省とまったく異なる」

リットン「我々の印象では、相当な自立を求める感情が満州の中国人に根強いようである」

汪兆銘「中国政府は満州のみならず、ほかの省についても自治政府の可能性を真剣に研究してきた。国民党と国民政府の願いは、自治政府という手段が中国全体に講じられるべきだというものである」

文中に出てくる東三省とは、遼寧省、吉林省、黒竜江省のことである。北平を訪れた汪兆銘らは、東三省に自治政府を新たに設けることに賛同しつつも、そこに熱河省が含まれることに強く抵抗している。汪は、共産主義者を抑制するという蔣介石の意向についても伝えた[73]。

同様な会議は六月二〇日にも開催された。ここで汪兆銘は、満州の原状回復という一九三一年九月三〇日の連盟決議に論及しながら、日本軍を満鉄沿線に撤兵させることについて議題にしようとした。しかし、リットンやマッコイは、それを現実的とみなかった[74]。

このため顧維鈞は、一九三二年六月二八日に「満州問題解決の原則に関する概略の草案（A Draft Outline of the Principles for the Solution of the Manchurian Question）」をリットンに提出した。顧のリットン宛て書簡によると、この「草案」は国民政府の作成したものであり、試案的な性格だという。「草案」に盛り込まれた内容は、中国が国境警備のために軍隊を国境に駐屯させるか、もしくは東三省を国際管理のもとで中立化して、場合によっては中日ソ三国が不可侵条約を締結するというものであった。

国民政府と東三省政権の関係について「草案」では、東三省政権の法律は国民政府によって定められ、国民政府が対外関係、国防、鉄道などを管轄して、東三省政権とは財政を共有するものの、条約的根拠のある日本の既得権益については認めると記されていた。国民政府は、東三省における潜在的主権の回復に目標を定めて、リットン調査団の意向を容れつつあったといえよう[75]。

他方で満州国の外交部も、リットン調査団に働きかけていた。満州国の謝介石《しゃかいせき》外交部総長は七月四日、リットンに宛てて『満州国の概観（*A General Outline of Manchoukuo*）』などのパンフレットを送付した。満州国のパンフレットによると、「満州国は満州事変による偶然の結果ではなく」、満州国の誕生は必然的であり、満蒙には固有の歴史と民族的誇りがあると強調された。もちろんそこには、大橋忠一満州国外交部次長などを通じて、日本側の意向が反映されていたであろう[76]。

このような満州国と日本の宣伝活動に対して、顧維鈞は北平で反論した。顧は八月一九日に、日本のパンフレットを批判する文書をリットン調査団に提出した。それによると、歴史的にも中国東北は常に中国の支配下にあり、地理的にも人種的にも孤立していないが、現在の満州は日本軍によって支配されているという[77]。また、宋子文財政部長が「中国財政の改善に関する報告（Report on Progress in Chinese Finances）」を作成したのを受けて、顧はこれをリットンに送った[78]。

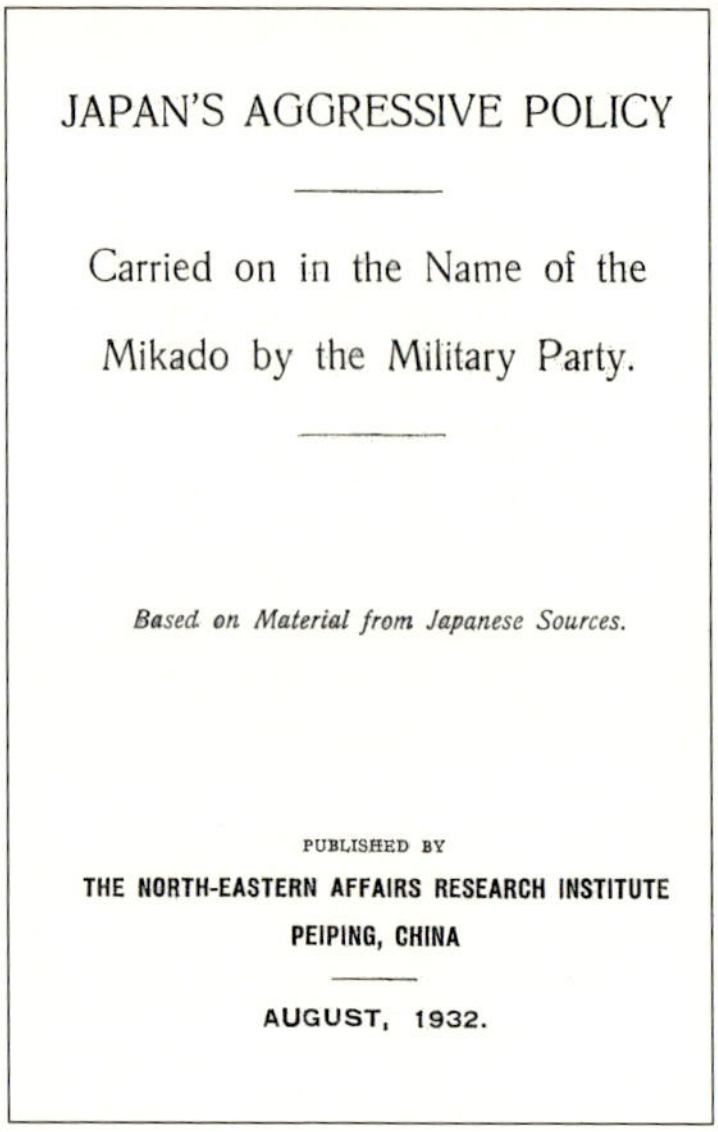
JAPAN'S AGGRESSIVE POLICY

Carried on in the Name of the Mikado by the Military Party.

Based on Material from Japanese Sources.

PUBLISHED BY
THE NORTH-EASTERN AFFAIRS RESEARCH INSTITUTE
PEIPING, CHINA

AUGUST, 1932.

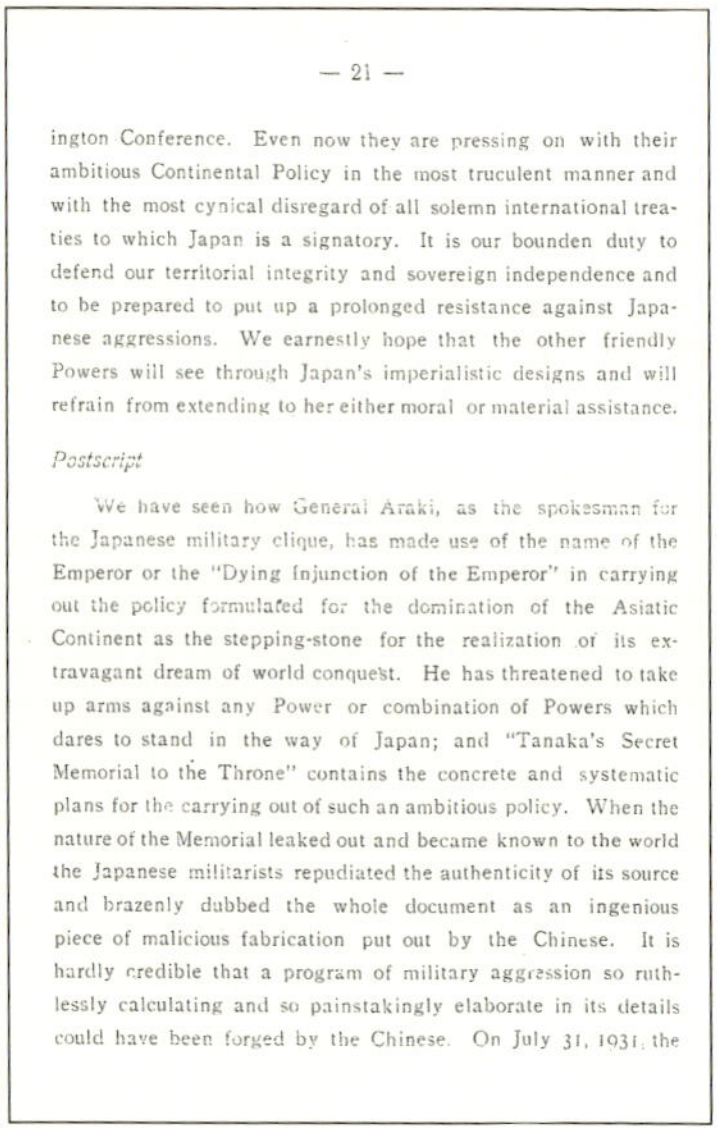
— 21 —

ington Conference. Even now they are pressing on with their ambitious Continental Policy in the most truculent manner and with the most cynical disregard of all solemn international treaties to which Japan is a signatory. It is our bounden duty to defend our territorial integrity and sovereign independence and to be prepared to put up a prolonged resistance against Japanese aggressions. We earnestly hope that the other friendly Powers will see through Japan's imperialistic designs and will refrain from extending to her either moral or material assistance.

Postscript

We have seen how General Araki, as the spokesman for the Japanese military clique, has made use of the name of the Emperor or the "Dying Injunction of the Emperor" in carrying out the policy formulated for the domination of the Asiatic Continent as the stepping-stone for the realization of its extravagant dream of world conquest. He has threatened to take up arms against any Power or combination of Powers which dares to stand in the way of Japan; and "Tanaka's Secret Memorial to the Throne" contains the concrete and systematic plans for the carrying out of such an ambitious policy. When the nature of the Memorial leaked out and became known to the world the Japanese militarists repudiated the authenticity of its source and brazenly dubbed the whole document as an ingenious piece of malicious fabrication put out by the Chinese. It is hardly credible that a program of military aggression so ruthlessly calculating and so painstakingly elaborate in its details could have been forged by the Chinese. On July 31, 1931, the

Japan's Aggressive Policy: Carried on in the Name of the Mikado by the Military Party, published by the North-Eastern Affairs Research Institute, August 1932（外交部档案, 0631. 20/6077. 12-02, 国史館所蔵のほか, Wellington Koo Papers, Box 7, Rare Book and Manuscript Library, Columbia University にも所収）

そのほかにも顧維鈞は、東北問題研究会編『日本の侵略政策（*Japan's Aggressive Policy*）』をリットン調査団に三〇部ほど届けている。英文二二頁から成る小冊子『日本の侵略政策』の巻末では、「野心的な政策を実践するうえでの具体的かつ体系的な計画を含む」ものとして「田中上奏文」が引用された。北平の東北問題研究会は、外交部と密接な関係にあった[79]。東北問題研究会は、国際連盟を扱う本章六にも登場する。

リットン報告書

日本、中国、満州国が宣伝外交を繰り広げるなかで、一九三二年九月四日にリットン調査団は北平で報告書をまとめ上げた。

すると斎藤内閣は、九月一五日に

日満議定書を新京で締結し、満州国を正式に承認した。斎藤内閣が満州国を承認したのは、リットン調査団が報告書をジュネーブに運ぶさなかのことであった。

つまり斎藤内閣は、リットン報告書が連盟に提出されることを予期し、リットン報告書が公表される前に既成事実となるように満州国を承認したのである。日満議定書が調印された新京は、かつての長春であり、満州国では首都とされていた。

リットン報告書は一〇月一日付けで、日中両国と連盟加盟国に交付された。報告書は英文で一四八頁あり、外務省の邦訳では二八一頁にもなる。その邦訳によると、全一〇章の構成は次のとおりである。

緒　言
第一章　支那ニ於ケル近時ノ発展ノ概要
第二章　満洲
第三章　支那及日本間ノ満洲ニ関スル諸問題
第四章　千九百三十一年九月十八日及其ノ後満洲ニ於テ発生セル事件ノ叙述
第五章　上海
第六章　「満洲国」
第七章　日本ノ経済的利益及支那ノ「ボイコット」
第八章　満洲ニ於ケル経済的利益
第九章　解決ノ原則及条件
第十章　考察及理事会ヘノ提議

このようにリットン報告書では、全一〇章のうち八章までがアヘン戦争以来の歴史に当てられた。なかでも、満州事変や満州国に多くの記述が割かれたことはいうまでもない。

リットン報告書は、満州事変における日本の軍事行動を合法的な自衛措置とは認めなかったし、満州の独立運動は日本軍によってのみ可能となったものであり、満州の政権は自発的な独立運動で出現したものではないと結論づけた。その半面でリットン報告書は、中国のボイコットが合法的に行われたという中国側の主張を支持しなかった。のみならず、日本が満州に多数の権利を有し、満州とは特殊な関係であることにも配慮しており、原状回復および満州国の存置をいずれも不適切と退けた。

報告書で解決の原則として掲げられたのは、日中双方の利益の両立、満州における日本の利益の承認、日中間における新条約関係の設定、将来の紛争解決に有効な措置の検討、満州の自治、地方的憲兵隊と不可侵条約による安全保障、日中間における経済的接近の促進、中国の改革に関する国際協力などであった。

具体的に報告書で提起されたのは、東三省に自治政府を設置して特別憲兵隊を外国人教官の協力下で組織し、自治政府には外国人顧問を任命することであった。さらに、居住権や鉄道など日本の利益にかかわる日中条約、調停や不可侵に関する日中条約、組織的なボイコットの禁止を含む日中通商条約の締結についても発案されていた。(80)

このようにリットン報告書は、日本側の利益にかなり腐心していた。対日宥和の産物といってよく、日中の和解を求めたものといえよう。

ではなぜリットン報告書は、そこまで日本に宥和的なのか。理由は二つ考えられる。

第一に、中国の「革命外交」を批判するなどした日本側宣伝の効果である。もちろん、日本が満州を占領するなかでの宣伝であり、満州事変を引き起こしたのが日本である以上、日本の宣伝には限界があった。それでも、少なくとも結果からみれば、日本側宣伝が無意味ではなかったといえよう。

第二に、リットン調査団の内部対立である。五人の委員のうち、最も日本に理解を示したのがフランスのクローデルであった。国際連盟にそれほど愛着のないクローデルは、日本との無用な摩擦を避けようとした。他方、団長のリットンは中国寄りであり、連盟の役割についても重視した。アメリカのマッコイも日本に批判的だが必ずしも中国に同情的ではなく、報告書の作成についてはリットンとクローデルの調停に当たった。

イタリアのアルドロバンディは中立的で、マッコイによる調停を支えつつ、孤立しがちなクローデルとフランス語で意思の疎通を図った。ドイツのシュネーは中国に同情を示したが、数多くの著作を持つ学者肌であった。委員の多くが植民地行政を経験していたことも、日本に不利ではなかっただろう。

とりわけクローデルは、日本の満州国承認にも理解を示しており、国民政府との交渉内容を北平の矢野真参事官に内談していた。これと対照的にリットンは、日本の満州国承認を九カ国条約違反と見なした。マッコイの立場は、この点でリットンに近かった。日本の満州国承認については、アルドロバンディもリットンの面目を損ねると考えた(81)。

もともとリットン調査団は、欧米の大国から選ばれた雑多な集団である。大国に中国の現状を知らしめるという日本側の意向により、調査団から小国は排除されていた。リットンは、報告書が日本に宥和的であることに不満をもらしており、団長でありながら少数意見を出そうとすらした。それでも最終的には全員一致で報告書を提出することになったため、五人の委員が報告書に署名したものの、総じて対日批判は抑えられたのである。

日中「協力」

リットン報告書に込められた意図については、ブレークスリ（G. H. Blakeslee）の声に耳を傾けておきたい。ブレークスリはクラーク大学の教授であり、リットン調査団でアメリカ側委員を務めたマッコイの顧問だった。

リットン報告書の作成にも携わったブレークスリは、ワシントンの陸軍大学で次のように講演している。

リットン報告書の動機と主旨は、日中が協力すべきだということにある。つまり、戦うよりも協力すべきなのである。中国では、強力な政府を確立するには大きな国内問題を抱えており、日本はこの点で中国を支えるべきだ。日本は、比較的に多い人口を養うという大きな経済的問題を背負っていて、すべての中国市場に参入を求めている。調査団が指摘するように、これらを両立するには曲がりなりにも協力と親善を要するものの、満州問題が公平に解決されなければ協力も親善もありえないだろう。

リットン報告書が日中「協力」による和解を求めた提案であったことを、ブレークスリは強調したのである。

もちろんリットン報告書は、満州事変を日本による自衛権の行使と見なさなかったし、満州国が中国人によって自発的に建国されたとも認めなかった。それでも、解決策として報告書は、「現状維持でも満州国承認でもなく」、中国主権のもとで「アメリカにおける州のような自治政府」を創設するように推奨したのであり、「中国の統一を維持しつつも、日本には満州事変前に主張していたものをすべて与える」という意図だったとブレークスリは述べる。

リットン報告書は日本に必ずしも不利な内容ではなく、調査団の一員としてブレークスリは、交流のあった日本人に好印象を示すところすらあった。そのことは、リットン報告書が日本に宥和的であったことと無関係ではなかろう。だとすれば、日本側の宣伝外交は徒労でなかったことになる。

にもかかわらず、ブレークスリが語るように、「中国代表団はリットン報告書を交渉の基礎として受理する意向を示したものの、日本は報告書を非難している」のであった[82]。報告書に不満な日本は国際連盟から脱退していくのだが、その前に連盟で審議が行われた。連盟での審議は、「田中上奏文」論争の頂点となる。

六　国際連盟——松岡洋右・顧維鈞論争

松岡・顧維鈞論争

リットン報告書が日本に宥和的だったにもかかわらず、斎藤内閣はリットン報告書に不満であり、とりわけ満州事変と満州国について誤認が多いと結論づけた。そこで日本は一九三二年一一月一九日、リットン報告書を批判する意見書を国際連盟に提出した[83]。

中国の国内にも、リットン報告書への不満はあった。一例として、参謀次長の賀耀組《がようそ》による意見書がある。賀によると、報告書では日中紛争の原因が誤解されており、「日本の朝野では、中国の分裂による漁夫の利を望まない者はなく、そのことは枚挙にいとまがないのであり、『田中上奏文』からも自明である」という(84)。

リットン報告書は一一月二一日、国際連盟理事会において審議された。日本の首席代表は、元外交官の松岡洋右衆議院議員である。中国は顔恵慶を首席代表として、顧維鈞と郭泰祺《かくたいき》も代表を務めた。それ以前から顔は、ニューヨークで刊行された『中国は中日紛争に声明する（*China Speaks on the Conflict between China and Japan*）』という本の序文で、「歴史的にも感情的にも、数世紀にわたって満州は数百万もの中国人の故郷であった」とアメリカの世論に訴えていた(85)。

一一月二一日の国際連盟では、松岡と顧維鈞が激論を戦わせる。得意の英語で松岡は、満州事変を自衛権の行使と主張し、満州国の建国は日本の手引きによるものではないものの、日本の政策が極東に安定をもたらしてきたと強調した。つまり松岡は、リットン報告書の見解を批判したのである。

かつて参与としてリットン調査団を補佐した顧維鈞はこれに反論し、日本軍の行動は自衛権の行使として正当化できないと言い立てた。さらに顧は、「東三省支配は世界征服の第一歩にすぎない」と論じて、「田中上奏文」の一節をこう引用した。

In the future, if we want to control China, we must first crush the United States just as in the past we had to fight in the Russo-Japanese war. But, in order to conquer China, we must first conquer Manchuria and Mongolia. In order to conquer the world, we must first conquer China. If we succeed in conquering China, the rest of the Asiatic countries and the South Sea countries will fear us and surrender to us. Then the world will realize that Eastern Asia is ours and will not dare to violate our rights. This is the plan left to us by Emperor Meiji, the success of which is essential to our national existence.

顧維鈞が読み上げたのは、「田中上奏文」の著名なくだりである[86]。「田中上奏文」を偽書と確信していた松岡は、一一月二三日の国際連盟理事会で顧に反駁した。

松　岡「そのような文書が、天皇に上奏されたことはない。一九三〇年四月、当時の王正廷南京国民政府外交部長は、偽造文書の流通によって生じる悪影響を防ぐために、しかるべき措置を講じると駐華日本公使に約束しているではないか」

顧維鈞「偽書であるかはともかく、『田中上奏文』に記された政策は、満蒙の支配や華北と東アジアにおける覇権の追求を説くものであり、数十年来に日本が進めてきた現実の政策そのものである」

松　岡「中国代表は、『田中上奏文』の信憑性を確信されているようである。中国代表が文書の存在を次の会議で立証されることに期待したい[87]」

このように顧維鈞は、「偽書であるかはともかく」と松岡の追及を巧みにかわしながら、「田中上奏文」の内容は日本の政策そのものだと国際連盟理事会に訴えた。これに対して松岡は、「田中上奏文」

の証拠を次回に提示するよう求めたのである。

「田中上奏文」をめぐる松岡と顧維鈞の論争は、一九三二年一一月二四日の連盟理事会でも続けられた。まず発言したのは顧であった。

顧維鈞「この問題について最善の証明は、今日の満州における全局である。仮にこれが偽書であるとしても、日本人によって偽造されたものである。その点については松岡氏も、近著『動く満蒙』のなかで同意されている」

松　岡「中国代表は、証拠を提出せずに拙著に論及された。拙著は日本語で書かれたものだが、おおよそ正確に引用されたようである。したがって、『田中上奏文』を偽書と見なす拙著の記述に、中国代表は賛意を表したといわねばならない(88)」

このように顧維鈞は、「田中上奏文」の真偽を断言することなく、「最善の証明は、今日の満州における全局である」と切り抜けた。これに松岡は、顧が事実上「田中上奏文」を偽書と認めたものと判断し、議論を打ち切ったのである。

「田中上奏文」の真偽論争としては顧に分が悪いものの、松岡がこの問題に固執したため、かえって「田中上奏文」は国際世論に印象づけられたであろう。

顧維鈞と国民政府外交部

それにしても顧維鈞は内心で、松岡との「田中上奏文」論争をどう感じていたのか。実のところ、顧などジュネーブの中国代表団は、国民政府外交部とのやりとりで混乱していた。顧らと南京の国民政府外交部で交わされた往復電文を検討してみたい。

顧維鈞などジュネーブの中国代表団は一一月二三日、松岡の演説について南京の外交部にこう打電していた。

21 11 23 21 50
Geneva 21 11 24 10 10
Waichiaopu Nanking.
Nov. 23rd. No. 476. -Regarding Tanaka Memorial Matsuoka referred to Dr. C. T. Wang's Note of 19th April, 1930, promising prevent its circulation and called for evidence prove authenticity. Please telegraph at once text of Wang's Note and evidence of authenticity if any.

顧維鈞らが南京に照会したのは、松岡が連盟理事会で一九三〇年四月一九日付けの王正廷「覚書」に論及し、王が「田中上奏文」の流通抑制を約束したと述べたことに関してであった。顧は「覚書」について情報を得ておらず、「田中上奏文」が本物であることの証拠を慌てて南京に求めたのである[89]。

これに対して南京の外交部は亜洲司、つまりアジア局の調査に基づいて、外交部が「田中上奏文」を偽造と認めたことはないと中国代表団に打電した[90]。さらに外交部は、松岡の主張する王正廷「覚書」についてこう回答した。

Sinodelegate　Geneva

Date and number　Nov. 24th　774

Note referred to can not be found if file (stop)《ママ》 Only found Memorandum from Japanese Legation dated April 7th 1930 saying document was forgery and requesting of prohibition circulation and investigation of source (stop)《ママ》 It is doubtful whether Dr. Wang did not give assurance verbally ot《ママ》 by letter (stop)《ママ》 Wang arriving here tomorrow will ask him (stop)《ママ》 Unable to provide evidence of authenticity.

この電文で南京の外交部は、三つのことをジュネーブに伝えている。

第一に、松岡の主張する王正廷「覚書」は見当たらず、一九三〇年四月七日に日本公使館から送られた抗議文のみが存在した。第二に、王正廷が口頭ないし文書で「田中上奏文」の取り締まりを約束しなかったかは疑わしいため、王に確かめる。第三に、「田中上奏文」が本物であるという証拠は提出できない。外交部からの電文には、そう記されていた。[91]

そこで外交部は南京で、「田中上奏文」について王正廷に問いただした。すると王は、松岡が力説するような「覚書」を発していないと強調した。それでも外交部は、王の言葉をうのみにしなかった。ジュネーブの中国代表団に宛てた外交部の電報によると、おそらく「覚書」とは、王によって指示された一九三〇年四月一二日付けの『中央日報』記事を意味するという。[92]

第一章三で論じたように、その記事は「田中上奏文の真偽問題」と題されており、同年四月七日に重光駐華臨時代理公使が抗議文を寄せたのに応じて、「田中上奏文」に誤りが含まれることを公表したものである。

このようにジュネーブの中国代表団は、「田中上奏文」が本物とは証明できないと知らされた。したがって顧維鈞らは、松岡が主張するように、「田中上奏文」を偽書だと再認識せざるをえなかったはずである。

「田中上奏文」について顧維鈞は、張学良とも急いで電報を交わしている。ジュネーブの中国代表団が一九三二年一一月二三日に外交部へ照会したのとほぼ同時に、顧は北平の張にも「田中上奏文」を問い合わせたのである。張に宛てて顧は、国際連盟での議論をこう知らせた。

日本の大陸政策を批判して「田中上奏文」を援用したところ、日本の代表団はこれを否認し、証拠の提出を要求してきた。そちらでは、証明の方法や本件の経緯を把握しているであろうか。すぐに打電されたい。明日の会議で回答せねばならない[93]。

つまり顧維鈞は大至急、反論の材料を張学良から取り寄せようとした。顧は、松岡がここまで詰め寄ってくると予期できなかったのだろう。準備不足の感は否めない。

顧維鈞が「田中上奏文」を立証する方法を求めたところ、張学良は簡潔に回答した。

「田中上奏文」とは、日本に滞在する某中国人が、田中に反対する日本人から秘密裏に獲得したものである。その上奏文が発覚してから、日本人が中国で実践している侵略政策は、上奏文の計画とほぼ一致している[94]。

張学良から顧維鈞に送られたこの電報は、わずか四行にすぎなかった。顧は張からの来電に目を走らせ、そして大いに落胆したに違いない。張の電報は、松岡に異を唱える論拠として、まったく不十分だからである。

したがって、少なくとも「田中上奏文」に関する限り、ジュネーブの中国代表団と南京の外交部、北平の張学良の間では齟齬《そご》をきたしていた。他方で内田康哉《やすや》外相は、ジュネーブの沢田節蔵《せつぞう》連盟事務局長に、かつて王正廷が重光葵駐華臨時代理公使との会談で「田中上奏文」の取り締まりを約束したと伝えていた(95)。

このような状況では、ジュネーブの中国代表団が浮き足だってもおかしくない。にもかかわらず、中国代表団が日本と互角の論戦を演じたのは、顧維鈞の個人的な判断と力量によるところが大きかったと思われる。南京からの電報によって「田中上奏文」が偽書と再確認されるなかで、顧は松岡との真偽論争を巧みにすり抜け、諸外国への宣伝に戦術を切り替えたといえよう。

宣伝と報道

「田中上奏文」の真贋《しんがん》論争に限っていうなら、国際連盟の討議は顧維鈞に旗色《はたいろ》が悪い。もともとが偽書なのだから、顧に分が悪くて当然だろう。だが、これを対外宣伝としてみるなら、評価はおのずと異なってくる。宣伝としての効果は、アメリカの新聞に表れ始めた。アメリカの新聞は、松岡と顧の論争を両論併記で伝えていたのである。

『ニューヨーク・タイムズ』紙によると、松岡が「田中メモリアル」を否認したのに対して顧維鈞は、

「田中メモリアル」が実存するか否かはともかく、その発想はたしかに存在しており、満蒙で実践されつつあると主張したという。松岡が「田中メモリアル」に固執したため、顧には反論の機会が与えられ、かえって「田中メモリアル」は国際世論に印象づけられた。

日本の大陸侵攻が深まるにつれて、『ニューヨーク・タイムズ』紙や『ワシントン・ポスト』紙には、「田中メモリアル」を本物と解する記事が増えていった(96)。後の回想録でも顧維鈞は、日本の野心を象徴するものとして「田中上奏文」に何度も論及している(97)。顧の回顧録が中国の内外で広く読まれ、外交史の基礎文献となったこともあり、その影響力は大きかったに違いない。

このように「田中上奏文」は、中国だけでなく、松岡・顧維鈞論争後のアメリカなどで世界的に定着していった。その背景には、中国国民党による宣伝があったと思われる。

国民党の中央宣伝委員会は一九三二年一一月、国際連盟開会中の宣伝工作綱要において「日本が連盟と中国を侮辱している」といった宣伝内容を定めたうえで、宣伝の具体策を海外各総支部や海外各直属支部、海外各党報、駐欧美特種宣伝員に向けて個別に指示していた(98)。

中央宣伝委員会は、国内の各省各特別市党部にも連盟開会期間中の宣伝工作綱要を伝え、国内世論を「中国外交の後ろ盾」とするように努めた(99)。この中央宣伝委員会とは、一九三一年一二月に中央宣伝部から改組されたものであり、一九三五年一二月には中央宣伝部に戻っている。

そこで、中国国内の報道に目を転じたい。国内において国民党は、松岡・顧維鈞論争や王正廷の言動をどう報じたのか。

一九三二年一一月二六日の『中央日報』は、「王正廷堅決否認制止田中奏摺流行」という見出しの記事を掲載した。「王正廷は、『田中上奏文』の流通を阻止していないと強く否認した」という意味である。

その記事によれば、同紙の記者が二五日に元外交部長の王正廷を訪れて、次のような問答を行ったという。

記　者「国際連盟の会議では日本代表の松岡が、『田中上奏文』について事実をゆがめて偽造だと見なしており、松岡は、王正廷が一九三〇年に有効な手段を用いてその流通を抑制するように講じたとも発言したという。これは本当のことなのか」

王正廷「私は外交部長のころに『田中上奏文』を読んでおり、そのとき日本の重光公使が私と面会してこれを論じた。私は『田中上奏文』を見たことがあり、本物かどうかは日本にとって歴然としており、私に問うまでもない。その頒布を私が阻止したことはなく、政府が出版物の流布を抑制するはずもない」

記　者「『田中上奏文』は、松岡の言うように偽造なのか」

王正廷「顧代表が松岡に答えたように、この文書が本物であることをなによりも示すのは、今日の満州情勢であろう。『田中上奏文』を現在の日本外交と照合すれば自明だというのが、最善の回答である」

つまり、『中央日報』によると王正廷は、「田中上奏文」の流通を抑制したことはないと記者に語ったという。

このような王の談話は、一二八頁で触れたように、外交部が王に南京で問いただした際の返答と一致している。したがって、『中央日報』の「記者」とは、実質的に外交部のことではなかろうか。このように外交部と王、さらに『中央日報』は、「田中上奏文」の真偽について、顧維鈞と論調を合わせて国内向けに宣伝した(100)。

しかし現実には、第一章三で述べたように、「田中上奏文」の誤りが一九三〇年四月一二日に『中央日報』に公表されていた。王正廷が外交部長だったころの外交部は、「田中上奏文」の取り締まり要請に多少なりとも応じていたのである。

にもかかわらず王は、一九三二年一一月に態度を翻し、「田中上奏文」を用いた外交部の宣伝に協力した。そのことが、前頁で引用したような同年一一月二六日付けの『中央日報』となって表れた。一一月二六日の『中央日報』ついては、有吉明駐華公使が本省に伝えたものの、内田外相らは特段の反応を示していない(101)。

ジュネーブの王芃生

松岡洋右と顧維鈞の「田中上奏文」論争は、一九三二年一二月以降の国際連盟でも尾を引いた。

北平の『チャイナ・ウイークリー・クロニクル』誌によると、国際連盟では松岡の発した文書が回覧された。つまり松岡は、「捏造された『田中メモリアル』」を「中国代表団が公然と配布している」と文書で批判していたというのである(102)。これに対して顧維鈞は文書で反論し、「田中メモリアル」が偽造であるという日本の主張は、元外交部長の王正廷にも受け入れられていないと訴えた(103)。

また、北平の雑誌『外交』には、「田中上奏文」を検証する論文が一九三三年二月と三月に掲載されている。論文は、「『田中密奏』真偽攷《こう》証大要」および「田中内閣時代之『満蒙積極政策秘密上奏文』考証」と題された。どちらも著者名は培棫《ばいよく》であり、内容的には連盟における顧維鈞と松岡の論争を踏まえたものであった。

これらの論文は、日本の書籍や雑誌を参照し、日本の対中国政策が「田中上奏文」と一致することから偽書ではないと唱えた。松岡らが指摘した山県有朋の記述などに関する「田中上奏文」の間違いについても、流通過程における誤訳や改竄《かいざん》によるものであり、本質的な問題ではないと力説されている。『外交』を刊行したのは、北平の外交月報社であった[104]。

それらの論文は、実のところ松岡・顧維鈞論争後のジュネーブで書かれたようである。顔恵慶、顧維鈞、郭泰祺の各代表には、上記の論文「『田中密奏』真偽攷証大要」とほぼ同じ内容の文書が、王芃生という人物から届けられていた。

日本に留学したこともある王芃生は、日本通として知られていた。満州事変後に王芃生は、顧維鈞や徐謨、王家楨などの外交部幹部らとともに、東北外交研究委員会を北平で組織し、リットン調査団に働きかけている。東北外交研究委員会は張学良を委員長とするものであり、主任幹事の王卓然《おうたくぜん》らを介して南京の外交部と連携した。

その王芃生は、北平の外交月報社で雑誌の編集にも携わっていた。さらに王芃生は、中国代表団の委員としてジュネーブに赴く。ジュネーブで顧維鈞の秘書的な立場となった王芃生は、「田中上奏文」を含めて対日関係について助言した。

顔恵慶や顧に宛てられた王芃生の文書は、外交月報社の便箋《びんせん》に記されている。そのことを著者は、コロンビア大学所蔵の顧維鈞文書で確認した。したがって、培械の名義で公表された論文の執筆と掲載について、実質的にこれを進めたのは王芃生ではなかろうか[105]。かつて外交部常務次長だった王家楨も、ジュネーブに渡って松岡・顧論争を支援している[106]。

北平の外交月報社は、『外交』や『外交週報』といった雑誌のほか、東北問題研究会の編集による冊子として『英文田中奏議 Tanaka's Secret Memorial To The Japanese Emperor』や『中文英文張作霖被炸案 The Tragic Death of Chang Tso-Lin』を販売した。

リットン調査団が張学良や顧維鈞と一九三二年四月に会談したときに、リットンは、東北問題研究会編『中文英文張作霖被炸案 The Tragic Death of Chang Tso-Lin』などを中国側から手交されていた。これらのことを勘案するなら、外交部と外交月報社の関係はきわめて緊密といえよう(107)。「田中メモリアル」を引用した英文パンフレットはそれ以外にもあり、一一八頁で述べたように、東北問題研究会編『日本の侵略政策』が顧維鈞によってリットン調査団に届けられていた(108)。

衰えぬ影響力

リットン報告書は日本に必ずしも不利ではなかったが、それでも日本は国際連盟を脱退する。脱退の契機は、一九三三年二月二四日の連盟総会だった。リットン報告書を踏まえた一九人委員会の対日勧告案が、賛成四二、反対一、棄権一で可決されたのである。反対したのは日本だけであり、シャムは棄権した。これを不服とした松岡首席代表は、連盟から退場している。

三月二七日には内田外相が、正式に脱退通告文を連盟に通達した。このころ日本軍は、中国で熱河作戦を進めており、五月末には塘沽《タンクー》停戦協定が日中間で締結された。満州国の国境線が長城線で確定し、長城以南には非武装中立地帯を設けることで合意されたのである。満州事変の余波が日本の国際連盟脱退や塘沽協定締結に帰結したことで、東アジア情勢は落ち着きを取り戻し始めた。日中関係は、つかの間の小康状態を迎える。

ドイツが軍縮問題を理由に同年一〇月に国際連盟から脱退したころ、イギリスでは「田中メモリアル」を用いた日本論が話題となっていた。オ・コンロイ（T. O'Conroy）の著作『日本の脅威（*The Menace of Japan*）』が、ロンドンで刊行されたのである。著者のオ・コンロイは、慶應義塾大学などで英語教師として長らく雇われた経験を活かし、大衆向けの読み物として『日本の脅威』を刊行した。

同書は、「田中メモリアル」を用いながら、日本の侵略が計画的であることを論じた。日本人は神道を盲目的に信仰しており、その国民性は残忍で非道だとオ・コンロイはいう。『日本の脅威』は、当時のイギリスでセンセーショナルとなったようであり、松平恒雄駐英大使がその模様を調査した。(109) オ・コンロイ著『日本の脅威』について『東京朝日新聞』は、「ウソ八百を並べた『日本の脅威』出版 元慶大英語教師オ・コンロイ」という見出しで批判的に報じた。

もっとも、イギリスの学界で「田中メモリアル」は、明らかな偽書と判断されていた。松平駐英大使が伝えたように、イギリスの学界は、「田中覚書ハ偽造ノモノナルコト疑ナシト雖《いえど》モ二十一ヶ条問題当時ニハ少ク共日本ノ一部人士カ支那征服ヲ目論《もくろ》ミ居タルコトハ事実ナルヘシ」と評していた。(110) イギリスの新聞でも、「田中上奏文」を偽物と見なす記事が掲載された。(111)

それでも「田中上奏文」の影響力は、一九三四年に入っても衰えなかった。一例として、インドネシアの森田佐一郎駐バタヴィア総領事が広田弘毅《こうき》外相に宛てた電報をみておきたい。一月一六日付けの電文によると、「蘭人ハ一般ニ田中大将ノ上奏文ヲ信シ荒木陸相其他ノ亜細亜『モンロー』主義カ日本国民ヲ指導シツツアル原理ナリト信シ従ツテ日本ハ蘭領印度ニ対シテモ政治的野心アルモノト信シ居レリ」という。

つまり、オランダ人が「田中上奏文」を信じているばかりか、アジア・モンロー主義的な荒木貞夫陸

ウソ八百を並べた『日本の脅威』出版

元慶大英語教師オ・コンロイ

在倫敦邦人の悲憤

【ロンドン特派員十九日發】二三週間前、前慶應大學教授の肩書で「日本の脅威」と題《だい》してオー・コンロイといふイギリス人が約《やく》二百ページの書物をロンドンの相當著名《さうたうちよめい》な本屋から出版した、内容《ないよう》は日本のあらゆる方面《はうめん》の惡口《わるくち》で全部《ぜんぶ》日本の新聞雜誌《しんぶんざつし》から集《あつ》めた材料を都合《つがふ》のよい樣に

逆用

して日本の惡口を書いたもので相當日本の知識《ちしき》をもつてゐるものならばほとんど信用しない程度のものであるが目下《もくか》の英國の對日感情《たいにちかんじやう》を惡用《あくよう》して書物の宣傳《せんでん》を始《はじ》め十九日のイウニング・スタンダード紙は第一面に同人の寫眞入で

イギリス人教授の妻が日本で毒殺されかけ目下詳細不明である

又同氏は日本から脅迫されて追だされたものである

との記事をのせてゐる、同人《どうにん》は在日本のイギリス人の間にも不信用の行爲をして排斥され妻は日本貴族の出身だと書いてあるが、元は銀座《ぎんざ》の女給で今はその女も見離《みはな》したものださうである

ロンドンの日本人間ではこんな書物は默殺した方がよいとの意見であつたが

有力

な新聞が宣傳するやうになつては本人の素性や本のでたらめさを適當に指摘しなければならぬといひロンドンの我が官憲側でも憤慨してゐる

つまはじき者の 國際インテリゴロ

銀座の女給美人を妻に 渡米して一芝居

このオー・コンロイといふ男は大正六、七年頃日本へ來て、はじめは慶應大學の英語の教師、後は海軍大學校にも同じく英語教師をしたことがあるが、非常な大酒飲みのよた者で何れの大學からも直にお排斥になり、その後は日本に滯在《たいざい》中に得た日本美術や歴史の知識《ちしき》をタネに、帝國ホテルのロッビーを職場として歐米からくる旅客にたかつて不思議な生活《せいくわつ》をして居たので、その頃既に在留外人間《ざいりうがいじんかん》からはひんしゆくされて居た、すると間もなく銀座《ぎんざ》ウーロン喫茶店の美人女給として銀ブラ連の間に知られてゐたお菊《きく》さんといふのと結婚《けつこん》し當時《たうじ》新聞《しんぶん》ダネをつくつたが、この結婚《けつこん》にも來歴があつたもので、彼《かれ》は間《ま》もなく彼女《かのぢよ》をあつぱれな貴婦人《きふじん》風に仕立《した》て、日本のいかもの美術品《びじゆつひん》と共に携行《けいかう》して渡米し、この日本美人細君《さいくん》を擬餌にしてアメリカの新聞《しんぶん》に書き立《た》てさせとうとう時の大統領《だいとうりやう》クーリッヂ氏をホアイト・ハウスに訪問《はうもん》して日本の「ショーグンの使用した枕づけ」を贈呈《ぞうてい》する場面《ばめん》を全米の新聞《しんぶん》に書き立《た》てさせたといふ芝居《しばゐ》まで打《う》つた、彼《かれ》は日本を食《く》ひつめたので日本の「美術品《びじゆつひん》」なるものをかうした芝居《しばゐ》でアメリカ人に賣りつけようとしたのだが、いくらアメリカでもいかものの化の皮は直きにはげたと見え、またすごすご大正十四年頃日本へ歸《かへ》つて來たが、もう日本でも誰も相手《あいて》にせず芝公園あたりで英語の學校を開くの經濟學や國際知識の講義をするのと振れ回つたがこれもダメ、そのうちお菊さんとは捨《す》てたか捨《す》てられたか一人《ひとり》となり、帝國《ていこく》ホテルの廣間やバーで毎日のやうによつぱらつて居る姿が見られたが、いつの間《ま》にか日本からは姿《すがた》を消したものである

彼は英語の他に露、獨、佛語にも長じ、日本がシベリア出兵中はハルビンの郵便局にも働いて居たことあり、國際的インテリ・ゴロであつたことは當時から居る在京英米人等は誰でも知つて居るところである

排日的出版が近來續出

外務當局語る

右《みぎ》について外務當局《ぐわいむたうきよく》は語る

その本の事については、まだ何の通知もないが最近日本と支那とに關する本は各國で盛んに出されるので粗製濫造の本が非常に多くなつてゐる、一例を擧げると先程一寸日本に來て居て歸つたイギリスの某女史の如き「ヤングチヤイナ・エンド・ニュージヤパン」といふ本を書きこれなども出たら目放題なことをいつてゐる、出たら目な中傷的な本は今に始つたことではない、澤山あるので今更問題とする程のことでもない、外國の人々も相當な讀者がいつてゐることが正しいといふことをこの頃認識して來てゐる

『東京朝日新聞』1933年10月21日夕刊

相らの言説と重なり合って、日本がオランダ領インドネシアに野心を有する根拠と見なされているという。アジア・モンロー主義とは、アジアでは欧米の介入を排するという日本側の立場を指している。(112)

コミンテルンと中国共産党

「田中上奏文」の流布にコミンテルンが果たした役割も大きい。コミンテルンとは第三インターナショナルの別称であり、各国の共産党を指導した国際組織のことである。その雑誌『コミュニスト・インターナショナル』は、一九三一年一二月に「田中メモランダム」の全文を紹介し、「ソ連を擁護する全世界の労働者はこの文書を知るべきである」と論じた。『コミュニスト・インターナショナル』は、英語、ロシア語、ドイツ語、フランス語、中国語で刊行されていた。(113)

『コミュニスト・インターナショナル』の記事を和訳したのが、日本共産党であった。日本共産党中央委員会は一九三二年六月、この記事を小冊子『赤旗パンフレット　第二五輯　一切の暴慢をさらけ出した赤裸の日本帝国主義』に訳して配布した。(114)

コミンテルンは、アメリカ共産党を通じて日本語の機関紙『労働新聞』をサンフランシスコで発行してもいた。一九三五年三月一日の『労働新聞』は、日本の対中国政策を「田中大将覚書の中にかゝれてゐる『プラン』と一致するものである」と断じた。そのことは、富井周《とみいしゅう》駐サンフランシスコ総領事から広田外相に伝えられた。(115)

他方で中国共産党は、一九三一年一一月に中華ソビエト共和国臨時中央政府を瑞金《ずいきん》に樹立していた。江西省南部の瑞金が、革命の根拠地と位置づけられたのである。一九三四年一〇月になると中国共産党は、国民党軍によって瑞金を追われて長征を開始した。毛沢東が率いる紅軍第一方面軍は、一九三五年一〇月に陝西《せんせい》省北部に到着して長征を終えた。この間にコミンテルン駐在の中国共産党代表団は、同年八月一日に「抗日救国のため全国同胞に告げる書」を発した。いわゆる八一宣言である。

八一宣言を起草したのは、コミンテルン駐在員としてモスクワに滞在していた王明《おうめい》らであった。八一宣言の冒頭では、「わが国に対する日本帝国主義の進攻は急テンポとなり、南京の売国政府は一歩一歩と投降し、わが北方の各省も東北四省に次いで、事実上滅亡してしまった」と論じられた。このくだりは、日本陸軍による華北分離工作を批判したものであろう。日本陸軍は、梅津《うめづ》・何応欽《かおうきん》協定や土肥原《どひはら》・秦徳純《しんとくじゅん》協定を中国に押し付け、河北省や察哈爾《チャハル》省などの華北で国民政府の影響を排除しようとしたからである。

さらに八一宣言は、「田中メモランダムによって予定された、完全にわが国を滅亡しようという悪辣《あくらつ》な計画は、まさに着々と実行されつつある」と危機感を煽った。つまり中国共産党は、日本の中国滅亡計画として「田中上奏文」を引用したのである[116]。

一九三六年一二月には張学良が、中国共産党に対する討伐を進めていた蔣介石を西安で軟禁した。西安事件である。解放された蔣介石は、共産党との内戦を停止して抗日に転じた。このため中国には、抗日民族統一戦線が築かれようとしていた。日本と中国が盧溝橋で衝突し、そこから全面戦争に拡大していくのは、まさにそのような時期であった。

本章では、満州事変後の日中宣伝外交や宣伝文書の流通経路、メディアの役割を跡づけてきた。冒頭の分析視角と対応させながら、日中戦争前夜までを振り返ってみたい。

第一の論点は、宣伝であった。

中国側宣伝の大きな特徴は、上海の英文雑誌『チャイナ・クリティク』から「田中メモリアル」が複製され、とりわけアメリカに英語版が発信されたことにあった。『チャイナ・クリティク』誌が上海からアメリカ国務省極東部に郵送されるなど、中国は対米宣伝を重視していたのである。

アメリカにおける「田中メモリアル」の頒布については、中華国民拒毒会や中国学生クリスチャン協会などの各種団体も役割を果たした。上海で『チャイナ・クリティク』誌を刊行した中国評論週報社が、「田中メモリアル」を自ら複製しており、中国国民党の上海市党部も「田中上奏文」の印刷と頒布を行っている。

国民党が青島などの地方に「田中上奏文」を組織的に配布したほか、国民政府は学校での教育用にも「田中上奏文」を熱河省などに送りつけていた。国民党機関紙『中央日報』や国民政府のスポークスマンも、「田中上奏文」を引き合いに出して内外の世論に訴えた。

宣伝外交は中国に限られたことではなく、日本も宣伝文書を作成していた。日本外務省はリットン調査団への働きかけを重視し、芳沢外相はリットンとの会談で中国「革命外交」を批判した。重光駐華公使の編集した『中国革命外交』も、リットン調査団に対する宣伝パンフレットとして用いられた。このような宣伝外交には朝日新聞社が協力しており、満州国外交部もリットン調査団にパンフレットを送付するなどしていたものの、日本側宣伝の主体は概して外務省であった。

中国政府とリットン調査団の会談では、汪兆銘行政院長が中心的な役割を担った。リットン調査団とのやりとりには、外交部や国民党および『中央日報』のみならず、張学良や外交月報社、新聞、中国国際聯盟同志会なども動員された。宣伝が外務省に偏りがちな日本よりも、中国のほうが行為者は多様であったといえよう。

「田中上奏文」をめぐる日中の確執は、国際連盟における松岡・顧維鈞論争で頂点に達した。「田中上奏文」の真偽論争としては顧に分が悪いものの、松岡がこの問題に固執したため、「田中上奏文」は国際世論に印象づけられた。南京からの電文で「田中上奏文」が偽書だと再確認されるなかで、顧は松岡との真偽論争をかわしながら、諸外国に対する宣伝に戦術を切り替えたのである。王正廷も、「田中上奏文」を用いた外交部の宣伝に協力した。

第二の論点は、「田中上奏文」が世界的に流通していく過程とメディアの役割であった。中国では、上海の新聞『申報』などが「田中上奏文」を取り上げた。「田中上奏文」はアメリカや東南アジア、ヨーロッパにも広まっており、中国の内外で定着していった背景には、国民党中央宣伝部および中央宣伝委員会による宣伝工作が存在していた。コミンテルンの雑誌も「田中メモランダム」の全文を紹介し、日本共産党がその記事を和訳した。中国共産党の八一宣言は、「田中上奏文」を中国滅亡計画として引用している。

アメリカの新聞が果たした役割は、コミンテルンよりも大きい。アメリカの新聞は、松岡と顧維鈞の「田中上奏文」論争を両論併記で伝えていた。日本の大陸侵攻が深まるにつれて、『ニューヨーク・タイムズ』紙や『ワシントン・ポスト』紙には、「田中メモリアル」を本物と見なす記事が増えていった。アメリカの新聞は、次第に冷静さを失ったのである。

日中間の紛争は全面戦争に向かい、やがて欧米を巻き込んだ太平洋戦争に発展する。それと呼応して「田中上奏文」を用いた宣伝は、文書だけでなく、ラジオや映画も通じて世界規模となる。これには日本も、アメリカでエージェントを雇うなどして反宣伝を行った。第三章では、最高潮に達する情報戦を読み解いていく。

注

（1）本章は、拙稿「満州事変後の日中宣伝外交とアメリカ――『田中上奏文』を中心として」（服部龍二・土田哲夫・後藤春美編『戦間期の東アジア国際政治』中央大学出版部、二〇〇七年）一九九―二三七、二五八―二六九頁を下敷きとする。

（2）代表的なものとしては、Christopher Thorne, *The Limits of Foreign Policy: The West, the League and the Far Eastern Crisis of 1931-1933* (London: Hamish Hamilton Ltd., 1972)；易顕石・張徳良・陳崇橋・李鴻鈞『九・一八事変史』（瀋陽：遼寧人民出版社、一九八二年）、Ian Nish, *Japan's Struggle with Internationalism: Japan, China and the League of Nations, 1931-3* (London: Kegan Paul International, 1993)；Youli Sun, *China and the Origins of the Pacific War, 1931-1941* (New York: St. Martin's Press, 1993)；井上寿一『危機の中の協調外交――日中戦争に至る対外政策の形成と展開』（山川出版社、一九九四年）、臼井勝美『満洲国と国際連盟』（吉川弘文館、一九九五年）、西村成雄『張学良――日中の覇権と「満洲」』（岩波書店、一九九六年）八〇―一一七頁、鹿錫俊『中国国民政府の対日政策 一九三一―一九三三』（東京大学出版会、二〇〇一年）、Stephen G. Craft, *V. K. Wellington Koo and the Emergence of Modern China* (Lexington: University Press of Kentucky, 2004), pp. 94-117 などがある。

（3）先駆的な研究として、松村正義「満洲事変における中国のパブリック・ディプロマシー」（『帝京国際文化』第六号、一九九三年）八九―一五二頁、王凌霄『中国国民党新聞政策之研究（一九二八―一九四五）』（台北：国民党党史会、一九九六年）、熱田見子「日中戦争初期における対外宣伝活動」（『法学政治学論究』第四二号、一九九九年）一三三―一五六頁、土田哲夫「中国抗日戦略と対米『国民外交工作』」（石島紀之・久保亨編『重慶国民政府史の研究』東京大学出版会、二〇〇四年）一二七―一四六頁、Barak Kushner, *The Thought War: Japanese Imperial Propaganda* (Honolulu: University of Hawaiʻi Press, 2006)；松浦正孝「日中情報宣伝戦争――大亜細亜協会と王芃生を中心に」（同編『昭和・アジア主義の実像――帝国日本と台湾・「南洋」・「南支那」』（ミネルヴァ書房、二〇〇七年）三七二―四〇三頁、高橋勝浩「日中開戦後の日本の対米宣伝政策――『正義日本』の宣明から文化事業へ」（服部龍二・土田哲夫・後藤春美編『戦間期の東アジア国際政治』）三九一―四三七頁などがある。

　また、中国国民党の組織と機関誌『中央日報』については、土田哲夫「抗戦期の国民党中央党部」（中央大学人文科学研究所編『民国後期中国国民党政権の研究』中央大学出版部、二〇〇五年）一〇五―一五五頁、中村元哉「国民党政権と南京・重慶『中央日報』」（同前）一五七―一八七頁が参考になる。

（4）拙編著『満州事変と重光駐華公使報告書――外務省記録「支那ノ対外政策関係雑纂『革命外交』」に寄せて』（日本図書センター、二〇〇二年）。

（5）角田順編『石原莞爾資料 国防論策篇』（原書房、一九九四年）四二、八五頁。

（6）中国国民党中央宣伝部から各省各特別市党部各軍隊各鉄路特別党部、一九三一年九月二二日（中4/30、中国国民党文化伝播委員会党史館所蔵）。

（7）中国国民党中央宣伝部から中央通訊社ほか、一九三一年一〇月二七日（中4/38、中国国民党文化伝播委員会党史館所蔵）。

（8）"Tanaka Memorial," *China Critic*, vol. 4, no. 39, September 24, 1931, pp. 923-934.

（9）Ballantine to Hornbeck, October 29, 1929, Stanley K. Hornbeck Papers, Box 251, Hoover Institution, Stanford University; reminiscences of Joseph W. Ballantine, 1961, Oral History Research Office, Columbia University.

（10）C. H. Kao to the Division of Far Eastern Affairs, Department of State, September 25, 1931, Hornbeck Papers, Box 406.

（11）Letter by Garfield Huang（general secretary）, October 24, 1931, Hornbeck Papers, Box 251.

（12）*Manchuria Before November 16*, a supplement to the Chinese Christian Student, November 1931, Paul M. A. Linebarger Papers, Box 27, Hoover Institution, Stanford University. Paul M. A. Linebarger はP. M. W. Linebarger の私設秘書であり、P. M. W. Linebarger は国民政府の法律顧問であった。そのほか、*Japan's Positive Policy in Manchuria*, Paul M. A. Linebarger Papers, Box 27 も内容的には「田中メモリアル」と変わらない。

（13）Memorandum by Hornbeck, November 24, 1931, Hornbeck Papers, Box 406.

（14）*Tanaka Memorial*, published by the China Critic, Shanghai, China, 1931, Edward Thomas Williams Papers, Carton 5, Bancroft Library, University of California at Berkeley; 拙著『幣原喜重郎と二〇世紀の日本――外交と民主主義』（有斐閣、二〇〇六年）五三―五四頁。

（15）*Japan and the Next World War*, November 23, 1931, 8th edition, published by the China Critic（「高木八尺文庫」三六―一六、東京大学教養学部アメリカ太平洋地域研究センター所蔵）。

（16）『日本田中内閣侵略満蒙之積極政策』（上海：新声通信社、一九三一年、「高木八尺文庫」三六―一）、片桐庸夫『太平洋

問題調査会の研究――戦間期日本ＩＰＲの活動を中心として』（慶應義塾大学出版会、二〇〇三年）一六三頁。ただし、上海会議の出席者名簿に高木の名前は含まれていない。List of members and their families, the fourth biennial conference, IPR, Shanghai and Hangchow, October 21–November 2, 1931（「高木八尺文庫」四八―一）を参照。

(17) "Tanaka the Prophet," *China Critic*, vol. 4, no. 46, November 12, 1931, pp. 1098–1101.

(18) "The Tanaka Memorial Again," *China Critic*, vol. 5, no. 27, July 7, 1932, p. 673.

(19) Chinter T. Chang, "Japan's China Policy: An Analysis of Her Double-phased Diplomacy," *Chinese Nation*, vol. 2, no. 23, November 18, 1931, pp. 785–789, 813.

(20) 『申報』一九三一年九月二一日、一一月八日。

(21) 金丸裕一監修・解説『抗日・排日関係史料――上海商工会議所「金曜会パンフレット」』第三巻（ゆまに書房、二〇〇五年）四六六―四六七、五七二―五七九、五八三―五八四、六〇七―六一六頁。

(22) 山崎から芳沢、一九三二年二月二七日（「満洲事変　排日、排貨関係」第二五巻、A. 1. 1. 0. 21-5, 外務省外交史料館所蔵）。

(23) 東北民衆救国会から上海南京北平天津南京国民政府中央党部各部院北平張副指令各省政府各機関各報館、一九三二年一月二二日（中 4/91, 中国国民党文化伝播委員会党史館所蔵）。

(24) 三浦義秋駐厦門領事から幣原、一九三一年一一月二四日（「満洲事変　輿論並新聞論調　支那側ノ逆宣伝関係」第四巻、A. 1. 1. 0. 21-4-4, 外務省外交史料館所蔵）。山口一郎『近代中国対日観の研究』（アジア経済研究所、一九七〇年）一二〇―一二一、一六三頁も参照。

(25) 筒井潔「いわゆる『田中上奏文』（その四）」（『霞関会会報』第三〇二号、一九七一年）一二―一四頁。筒井は「田中上奏文」の作者を陳立廷と論じている。

　満洲国外交部については、中見立夫「満洲国の〝外務省〟――その組織と人事」（江夏由樹・中見立夫・西村成雄・山本有造編『近代中国東北地域史研究の新視角』山川出版社、二〇〇五年）一二一―一五三頁がある。

(26) Chang Hsueh-liang Oral History Project, vol. 15, Oral History Research Office, Columbia University.

(27) 遼寧省档案館編『奉系軍閥档案史料彙編』第一二巻（南京：江蘇古籍出版社、一九九〇年）一九二、二二二頁。

(28) 中国第二歴史档案館編『中国国民党中央執行委員会常務委員会会議録』第一六巻（桂林：広西師範大学出版会、二〇〇〇年）三三四頁。

(29)『中央日報』一九三二年一一月七日、『時報』一九三二年一一月七日。

(30)「青島市執委会呈中執会文」一九三二年一一月（中 4/98, 中国国民党文化伝播委員会党史館所蔵）。

(31)遼寧省档案館編『日本侵華罪行档案新輯』第七巻（桂林：広西師範大学出版社、一九九九年）五六二―五九七頁。国民党に残された全八六頁の『日本田中内閣侵略満蒙積極政策奏章 附日本対満蒙権益擁護秘密会議紀録訳要』には、「陸海空軍総司令部第二剿匪宣伝処印発」と記されていた。陸海空軍総司令部第二剿匪宣伝処印発『日本田中内閣侵略満蒙積極政策奏章 附日本対満蒙権益擁護秘密会議紀録訳要』（473/12, 中国国民党文化伝播委員会党史館所蔵）参照。

(32)田中隆吉「上海事変はこうして起こされた」（『別冊知性 五 秘められた昭和史』一九五六年一二月号）一八二―一八三頁。

(33)*New York Times*, February 15, 1932.

(34)W. W. Yen, "The Crisis in Manchuria," *China Review*, vol. 1, no. 1, February 1932, p. 5; Wilson S. Wei (editor) to Paul M. W. Linebarger, February 26, 1932, Paul M. W. Linebarger Papers, Box 21, Hoover Institution, Stanford University.

(35)Ping Chia Kuo, "Japan's Ambition in Manchuria," *China Review*, vol. 1, no. 1, February 1932, pp. 7-8.

(36)Kiyoshi Karl Kawakami, *Japan Speaks on the Sino-Japanese Crisis* (New York: Macmillan Company, 1932), pp. xi-xii, 30, 145-146。このころの河上清については、高橋勝浩「外交再建策としての対米特使派遣構想――満州事変期を中心に」（『國學院大学日本文化研究所紀要』第九一輯、二〇〇三年）一九〇―一九三頁が論じている。

(37)内山から芳沢、一九三二年二月一六日（「満洲事変 輿論並新聞論調 支那側ノ逆宣伝関係」第四巻）、佐藤から芳沢、二月一七日（同前）。

(38)内山から芳沢、一九三二年三月二三日（「満洲事変 輿論並新聞論調 支那側ノ逆宣伝関係」第二巻）。

(39)*New York Times*, February 22, April 18, 1932.

(40)久原房之助・御手洗辰雄・佐々弘雄・菊池寛・菅忠雄談話「久原房之助氏に物を訊く座談会」（『文藝春秋』一九三二年四月号）一八〇頁。

(41)出淵から芳沢、一九三二年四月六日（「満洲事変 輿論並新聞論調 支那側ノ逆宣伝関係」第四巻）、堀内から芳沢、四月七日（同前）。

（42） *New York Times*, May 15, 1932.

（43） 堀内から芳沢、一九三二年五月六日（「満洲事変　輿論並新聞論調　支那側ノ逆宣伝関係」第四巻）。

（44） John J. Macdonald（American vice consul at Batavia）to Stimson, March 7, 1932, Hornbeck Papers, Box 406.

（45） 大久保から芳沢、一九三二年五月四日（「満洲事変　輿論並新聞論調　支那側ノ逆宣伝関係」第二巻）。

（46） 在パリ沢田連盟事務局長から犬養外相、一九三一年一二月二三日着（外務省編『日本外交文書　満州事変』第二巻第一冊、外務省、一九七九年）六六六―六六七頁、外務省調書、一九三二年二月（同前）六九五―六九八頁。

（47） 出淵から犬養、一九三二年一月六日着（外務省編『日本外交文書　満州事変』第二巻第一冊）六七二頁。マッコイについては、A. J. Bacevich, *Diplomat in Khaki: Major General Frank Ross McCoy and American Foreign Policy, 1898-1949*（Lawrence: University Press of Kansas, 1989）も参照。

（48） Leonard Wood diary, March 6, 7, 15, 1922, Leonard Wood Papers, reel 1, Manuscript Division, Library of Congress; 来栖三郎『泡沫の三十五年』（中公文庫、一九八六年）二一九―二二一頁、伊藤隆・季武嘉也編『鳩山一郎・薫日記』上巻（中央公論新社、一九九九年）四五三頁。

（49） 沢田から犬養、一九三二年一月五日着（外務省編『日本外交文書　満州事変』第二巻第一冊）六七一頁、杉村陽太郎連盟事務局事務次長―連盟中国調査委員会見録、一月二一日（同前）六七七―六八二頁。

（50） 小幡酉吉駐ドイツ大使から幣原外相、一九三一年一二月九日着（外務省編『日本外交文書　満州事変』第一巻第三冊、一九七八年）七七〇―七七一頁、小幡から犬養、一二月一九日着（外務省編『日本外交文書　満州事変』第二巻第一冊）六六四頁、小幡から犬養、一二月二五日着（同前）六六九頁、小幡から芳沢、一月二七日（同前）六八三―六八四頁、Albert Heinrich von Schnee, with introduction by William Harbutt Dawson, *German Colonization, Past and Future: The Truth about the German Colonies*（New York: Knopf, 1926）；ハインリッヒ・シュネー／金森誠也訳『「満州国」見聞記――リットン調査団同行記』（講談社学術文庫、二〇〇二年）。

（51） Grew to McCoy, January 11, 1932, Frank Ross McCoy Papers, Box 28, Manuscript Division, Library of Congress; McCoy to Grew, March 3, McCoy Papers, Box 28.

（52） 芳沢―リットン会談、一九三二年二月二九日（外務省編『日本外交文書　満州事変』第二巻第一冊）六九四―六九五頁、シュネー／金森誠也訳『「満州国」見聞記』二八頁。

(53) 拙編著『満州事変と重光駐華公使報告書』一―二三頁。

(54) *Revolutionary Foreign Policy of China: A Report Submitted to the Japanese Government by Mr. Mamoru Shigemitsu, Japanese minister to China*, December 1931, Vladimir D. Pastuhov Papers, Box 39, Hoover Institution, Stanford University.
　この小冊子は、拙編著『満州事変と重光駐華公使報告書』所収の外務省記録を英訳したものである。ただし、第八章は除かれている。なお、パスチュホフはリットン調査団の随員であり、連盟事務局政治部員のチェコスロバキア人であった。

(55) Consulate General of Japan, Harbin, *Sino-Japanese Relations: Improbity and Corruption practiced by former Military Cliques in North Manchuria*, March 1932, Pastuhov Papers, Box 26.

(56) *The Manchurian Section of "Present-Day Japan" 1932*, Pastuhov Papers, Box 27.

(57) 松岡は、一九三二年二月にも上海でジョンソン（Nelson T. Johnson）駐華アメリカ公使に働きかけるなどしていた。Memorandum of conversation, February 19, 1932, Nelson T. Johnson Papers, Box 52, Manuscript Division, Library of Congress. 中国における調査概要に関する中国側記録として、「国際聯合会調査団招待国聯李頓調査団報告書」（外交部档案、0631. 20/6077. 12-02, 国史館所蔵）。

(58) Second interview of Lytton and Matsuoka, March 22, 1932, Pastuhov Papers, Box 12. 引用は抄訳。重光から芳沢、一九三二年三月二三日（外務省編『日本外交文書 満州事変』第二巻第一冊）七〇四―七一〇頁も参照。

(59) Special meeting of the Commission of Inquiry, League of Nations, March 25, 1932, Wellington Koo Papers, Box 5, Rare Book and Manuscript Library, Columbia University.

(60) Chiang Kai-shek Diary, March 29, 30, 31, April 1, 1932, Chiang Kai-shek Diaries, Box 36, Hoover Institution, Stanford University.

(61) First round table conference between members of the Chinese government and the Commission of Inquiry of the League of Nations, March 29, 1932, Koo Papers, Box 5; 外務省編『日本外交年表竝主要文書』上巻（原書房、一九六五年）二五三―二五七頁。前者の引用は抄訳。
　このころ在満日本人に使用されていた歴史教科書の一端として、一九三一年三版『満洲補充教科書 高等小学第二学年用歴史・地理の部』には、「支那人の中には、大正四年の日支協約を誤解し、これを以て排日宣伝の資料とする者もある。しかし世界の形勢や日支の関係から見て、将来両国は益々共存共栄の精神を以て相提携し、東洋の平和と、世界文化の進歩の為に、大に貢献しなければならぬ。東洋先進国たる日本は、特にその実行に大なる責任を有してゐるのである」などと記されていた（磯田一雄・槻木瑞生・竹中憲一・金美花編『在満日本人用教科書集成 第四巻 満洲地理・歴史』柏書房、二〇〇〇年、八八頁）。

「排日教科書」については、砂山幸雄「『支那排日教科書』批判の系譜」（『中国研究月報』第五九巻第四号、二〇〇五年）一―一九頁も参照。

(62) Record of conversation with members of the Chinese government, March 30, 1932, Pastuhov Papers, Box 28; second round table conference between members of the Chinese government and the Commission of Inquiry of the League of Nations, March 30, 1932, Koo Papers, Box 5. 引用は抄訳。

(63) Record of conversation with members of the Chinese government, March 31, 1932, Pastuhov Papers, Box 28; third round table conference between members of the Chinese government and the Commission of Inquiry of the League of Nations, March 31, 1932, Koo Papers, Box 5. 引用は抄訳。

(64) Fourth round table conference between members of the Chinese government and the Commission of Inquiry of the League of Nations, April 1, 1932, Koo Papers, Box 5.

(65) First meeting of the Commission of Inquiry in Peiping, April 10, 1932, Koo Papers, Box 5.

(66) 張学良から外交部、一九三二年三月二五日（外交部档案、0631. 20/6077. 12-01, 国史館所蔵）。

(67) Meeting of the Commission of Inquiry with Marshal Chang Hsueh-Liang, April 12-15, 1932, Koo Papers, Box 5.

(68) Chang's statement to the Lytton Commission, April 1932, Chang Hsueh-liang Papers, Box 7, Rare Book and Manuscript Library, Columbia University;『外交部公報』（第五巻第二号、一九三二年）一二―一四頁、畢万聞編『張学良文集』第一巻（北京：新華出版社、一九九二年）五八九―五九二頁、竇応泰編『張学良遺稿――幽禁期間自述、日記和信函』（北京：作家出版社、二〇〇五年）八四―八五頁。

(69) 葉景莘『中日之衝突』（北京：中国国際聯盟同志会、一九三二年四月）、Koo Papers, Box 7.

(70) 『満洲日報』一九三二年五月三日、一八日、一九日、二一日、二八日。

(71) V. K. Wellington Koo to Lytton, June 3, 1932, Pastuhov Papers, Box 26.

(72) 顧維鈞から外交部、一九三二年六月一七日（外交部档案、目録統一編号 172-1, 案巻編号 1045, 国史館所蔵）。

(73) Meeting of members of the Chinese government and the Commission of Inquiry, June 19, 1932, Koo Papers, Box 5. 引用は抄訳。

(74) Meeting of members of the Chinese government and the Commission of Inquiry, June 20, 1932, Koo Papers, Box 5.

(75) Koo to Lytton, June 28, 1932, Pastuhov Papers, Box 29.

(76) Xie Jieshi to Lytton, July 4, 1932, Pastuhov Papers, Box 20. 大橋については、森島守人『陰謀・暗殺・軍刀』(岩波新書、一九五〇年)九七頁も参照。

(77) "Brief Comments on the Two Japanese Documents 'A General Outline of Manchuria' and 'Histoire de l'Independance du Manchukuo'," submitted by Koo, August 19, 1932, Pastuhov Papers, Box 12.

(78) Koo to Lytton, August 15, 1932, Pastuhov Papers, Box 12.

(79) The secretary general to the Chinese Assessor's Office to Robert Haas, secretary general to the Commission of Inquiry of the League of Nations, August 11, 1932, Koo Papers, Box 5; *Japan's Aggressive Policy: Carried on in the Name of the Mikado by the Military Party*, published by the North-Eastern Affairs Research Institute, August 1932(外交部档案、0631.20/6077.12-02, 国史館所蔵)、外交部から東北外交研究委員会、一九三二年九月一五日(外交部档案、目録統一編号172-1, 案巻編号1069-(5)、国史館所蔵)。*Japan's Aggressive Policy: Carried on in the Name of the Mikado by the Military Party*, published by the North-Eastern Affairs Research Institute, August 1932は、Koo Papers, Box 7にも所収。

中英文対訳の『参与国際聯合会調査委員会中国代表処説帖 Memoranda Submitted by the Chinese Assessor to the Commission of Enquiry of the League of Nations』(上海：上海商務印書館)一四頁も「田中上奏文」に論及しており、これについては中央研究院近代史研究所図書館所蔵版で閲覧した(328. 2931 961)。そこから英文を削除した簡略版が、沈雲龍主編『近代中国史料叢刊続編 第四九輯 参与国際聯合会調査委員会中国代表処説帖』(台北：文海出版社、一九七八年)として復刻されている。

(80) Report of the Commission of Enquiry, October 1, 1932(外務省編『日本外交文書 満州事変』別巻、外務省、一九八一年), pp. 71, 97, 119, 127-139. 国際聯盟事務局東京支局『国際聯盟理事会並に総会に於ける日支紛争の議事経過詳録(三)国際聯盟日支紛争調査委員会報告書梗概』(国際聯盟事務局東京支局、一九三二年)も参照。

(81) 矢野から斎藤外相、一九三二年六月二一日(外務省編『日本外交文書 満州事変』第二巻第一冊)九二八―九三〇頁、矢野から斎藤、六月二二日（同前）九三四—九三五頁、矢野から斎藤、六月二三日（同前）九三八—九三九頁、矢野から斎藤、六月二七日（同前）九四一—九四三頁、矢野から斎藤、六月二八日（同前）九四三—九四四頁、内田外相から沢田、出淵、七月一六日（同前）九五五—九五九頁、矢野から内田、七月二一日（同前）九六三頁。

（82）"The Lytton Commission" by G. H. Blakeslee, lecture delivered at the Army War College, December 7, 1932, Pastuhov Papers, Box 18.

（83）Observations of the Japanese government on the Report of the Commission of Enquiry, November 19, 1932（外務省編『日本外交文書　満州事変』別巻）, pp. 149–188.

（84）賀耀組意見書、年月日不詳（外交部档案、0631. 20/6077. 12-05, 国史館所蔵）。

（85）Chih Meng（associate director of the China Institute in America）, with an introduction by W. W. Yen, *China Speaks on the Conflict between China and Japan*（New York: Macmillan, 1932）, v. 国際連盟における顔恵慶の活動については、一例として、顔恵慶から外交部、一九三二年六月一七日（外交部档案、0631.20/6077.06-01, 国史館所蔵）。

（86）*League of Nations Official Journal*, 13th year, no. 12（part 1）, December 1932, pp. 1870–1890. 駐ジュネーブ日本連盟代表から内田外相、一九三二年一一月二二日着（外務省編『日本外交文書　満州事変』第三巻）五六一—七三頁、駐ジュネーブ日本連盟代表から内田外相、一一月二二日着（同前）七四—七七頁も参照。

（87）*League of Nations Official Journal*, 13th year, no. 12（part 1）, December 1932, pp. 1891–1901. 引用は抄訳。駐ジュネーブ日本連盟代表から内田外相、一九三二年一一月二四日着（外務省編『日本外交文書　満州事変』第三巻）八三—八六頁も参照。

（88）*League of Nations Official Journal*, 13th year, no. 12（part 1）, December 1932, pp. 1901–1909. 引用は抄訳。駐ジュネーブ日本連盟代表から内田外相、一九三二年一一月二六日着（外務省編『日本外交文書　満州事変』第三巻）九〇—九四頁、松岡洋右『動く満蒙』（先進社、一九三一年）三五—三六頁も参照。

（89）The Chinese delegation to the Chinese Ministry of Foreign Affairs, November 23, 1932（「日相田中対満蒙政策之奏章」外交部档案、亜東太平洋司、档号 011/2, 原編档号 351/131, 中華民国外交部档案庫所蔵）。

（90）The Chinese Ministry of Foreign Affairs to the Chinese delegation, November 25, 1932（同前）。

（91）The Chinese Ministry of Foreign Affairs to the Chinese delegation, November 24, 1932（同前）。

(92) The Chinese Ministry of Foreign Affairs to the Chinese delegation, November 25, 1932（同前）。

(93) 顧維鈞から張学良、一九三二年一一月二三日、Koo Papers, Box 6.

(94) 張学良から顧維鈞、一九三二年一一月二五日、Koo Papers, Box 6.

(95) 内田から沢田、一九三二年一一月二八日（外務省編『日本外交文書 満州事変』第三巻）一〇九―一一〇頁。

(96) *New York Times*, November 24, 25, 1932; *Washington Post*, November 24, 1932, January 4, 1934, December 8, 1935, February 20, 1938, September 14, 1940.

(97) 顧維鈞／中国社会科学院近代史研究所訳『顧維鈞回憶録』第二巻（北京：中華書局、一九八三年）一〇五、二四七、三二〇、四三一、五六七、六七五、六七七頁、第四巻、三一六、三一九頁、第五巻、五三頁。

(98) 中国国民党中央宣伝委員会「国聯開会期中宣伝工作綱要」一九三二年一一月二四日（中4/16、中国国民党文化伝播委員会党史館所蔵）。宣伝工作全般については、「中国国民党第四届中央執行委員会第三次全体会議　中央宣伝委員会工作報告」一九三二年一二月（4. 2/17、中国国民党文化伝播委員会党史館所蔵）がある。

(99) 中国国民党中央宣伝委員会から各省各特別市党部、一九三二年一一月二二日（中4/17、中国国民党文化伝播委員会党史館所蔵）。

(100)『中央日報』一九三二年一一月二六日。和訳に際して会話形式に再構成した。

(101) 外務省亜細亜局第一課「日支事件ニ関スル交渉経過（聯盟及対米関係）第十一巻上（昭和七年十一月廿一日ヨリ同八年一月二十四日迄ノ分）」（「日支事件ニ関スル交渉経過（聯盟及対米関係）」第一一巻上、A. 1. 1. 0. 21-12-1-5、外務省外交史料館所蔵）。

(102) *China Weekly Chronicle*, vol. 1, no. 5, December 4, 1932, p. 8. Japanese Delegation to the League of Nations, *The Manchurian Question: Japan's Case in the Sino-Japanese Dispute as Presented before the League of Nations* (Geneva, 1933) in Peter O'Connor, ed., *Japanese Propaganda: Selected Readings* (Tokyo: Edition Synapse, 2005), ser. 2, vol. 6, p. 154 も参照。

(103) *China Weekly Chronicle*, vol. 1, no. 10, January 8, 1933, p. 18.

(104) 培棫「『田中密奏』真偽攷証大要」（『外交』第二巻第二号、一九三三年）一―八頁、同「田中内閣時代之『満蒙積極政策秘密上奏文』考証」（『外交』第二巻第三号、一九三三年）一―八頁。前者は、培棫「『田中密奏』考証」（中国国民党中央委員会党史史料編纂委員会編『革命文献』第三二輯、台北：中央文物供応社、一九六四年）四四四―四五二頁に転載された。

なお、『外交』は後に『外交月報』と改称される。

(105) 王大楨（王芃生）から顔恵慶、顧維鈞、郭泰祺代表、年月日不明、Koo Papers, Box 25;「東北外交研究委員会組織大綱」（外交部档案、目録統一編号 172-1, 案巻編号 1069-(2), 国史館所蔵）、「東北外交研究委員会工作綱要」（同前）、「東北外交研究委員会工作計画」（同前）、東北外交研究委員会から外交部、一九三二年三月一五日（外交部档案、目録統一編号 172-1, 案巻編号 1069-(5), 国史館所蔵）、沈雲龍主編『近代中国史料叢刊 第九八輯 王芃生先生紀念集』（台北：文海出版社、一九七三年）二六、四一—四二、四九、八二—八三頁、陳爾靖編『王芃生与台湾抗日志士』（台北：海峡学術出版社、二〇〇五年）一八、三五、一五〇、一五三、一九九—二〇〇、二五〇—二五一頁。

王芃生については、朱伝誉主編『王芃生伝記資料』全二巻（台北：天一出版社、一九八五年）、国史館審編処編『国民政府対日情報及意見史料』上巻（新店：国史館、二〇〇二年）三八九—三九二頁、下巻、一五九—一六四頁も参照。

なお、筒井潔「いわゆる『田中上奏文』（その五）」（『霞関会会報』第三〇三号、一九七一年五月）一四頁によれば、余日章もジュネーブで反日宣伝工作に従事したという。

(106) 高殿芳「王家楨簡歴」（高殿芳主編『愛国人士王家楨——田中奏摺的歴史見証人』（北京：団結出版社、一九九七年）八頁。王家楨は「金谷範三国防論」という「秘密文書」についても言及している。王家楨「日本両機密文件中訳本的来歴」（『文史資料選輯』第一一輯、一九六〇年）一二七—一三一頁を参照。

(107) Fourth meeting of the Commission of Inquiry with Marshal Chang Hsueh-Liang, April 15, 1932, Koo Papers, Box 5.

(108) *Japan's Aggressive Policy: Carried on in the Name of the Mikado by the Military Party*, published by the North-Eastern Affairs Research Institute, August 1932, Pastuhov Papers, Box 39.

(109) T. O'Conroy, *The Menace of Japan* (London: Hurst & Blackett, 1933), pp. 77, 193-198, 256; 松平から永井松三駐独大使、一九三三年一二月三〇日（「排日書籍及著者関係雑件（特定事件ニ入ラザリシ一般書籍及著者ヲ含ム）」A. 3. 5. 0. 15, 外務省外交史料館所蔵）。T. O'Conroy, *The Menace of Japan* は、Peter O'Connor, ed. *Critical Readings on Japan, 1906-1948: Countering Japan's Agenda in East Asia* (Tokyo: Edition Synapse, 2008), ser. 1, vol. 7 所収。

(110) 『東京朝日新聞』一九三三年一〇月二一日夕刊、Charles Kingsley Webster, "Japan and China," *Contemporary Review*, no. 822 (1934): pp. 650-656; 松平から広田、一九三四年六月八日（「日支外交関係雑纂 与論並新聞論調」第一巻、A. 1. 1. 0. 9-8, 外務省外交史料館所蔵）。長谷川了「日本を糾弾する怪書——オ・コンロイの『日本の脅威』」（『文藝春秋』一九三四年一月号）二三六―二五八頁も参照。

(111) Captain M. D. Kennedy, "Japan's Policy in Asia," *Daily Telegraph*, January 15, 1935. その写しが、「高木八尺文庫」三六―三に所収となっている。

(112) 森田佐一郎駐バタヴィア総領事から広田外相、一九三四年一月一六日（「外国ニ於ケル排日関係雑件 蘭国ノ部」J.1.1.0.J/X1-N1, 外務省外交史料館所蔵）。

(113) "Japanese Imperialism in All Its Insolent Nakedness: Concerning the Tanaka Memorandum," *Communist International*, vol. 8. no. 22 (1931): pp. 731-748; Leonid Nikolaevich Kutakov, *Istoriya sovetsko-yaponskikh diplomaticheskikh otnosheniy* (Moscow: Izdatel'stvo Instituta mezhdunarodnykh otnosheniy, 1962), p. 79.

「田中上奏文」をめぐるソ連側動向については、以下の研究が原文書を用いて実証的に論じている。富田武「満州事変前後の日ソ漁業交渉――国家統制下の漁区安定化へ」（『歴史学研究』第八三四号、二〇〇七年）五九、六二頁、同「荒木貞夫のソ連観とソ連の対日政策」（『成蹊法学』第六七号、二〇〇八年）四六頁、同「ソ連の対日諜報活動：ゾルゲ工作以前――ロシア国立軍事公文書館史料の紹介を中心に」（『軍事史学』第四四巻第三号、二〇〇八年）七七―七八頁。

(114) 日本共産党中央委員会『赤旗パンフレット 第二五輯 一切の暴慢をさらけ出した赤裸の日本帝国主義』（日本共産党中央委員会、一九三二年六月）。松本清張「昭和史発掘 『満洲某重大事件』② 『田中メモランダム』」（『週刊文春』一九六五年五月一七日）五六頁も参照。

(115) 富井から広田、一九三五年三月一一日（「共産党宣伝関係雑件 対日宣伝関係 労働新聞及雑誌太平洋労働者」第二巻、A. 3. 4. 0. 2-4-2, 外務省外交史料館所蔵）。

(116) 日本国際問題研究所中国部会編『中国共産党史資料集』第七巻（勁草書房、一九七三年）五二一―五二六頁、本庄比佐子編『王明選集』第四巻（汲古書院、一九七四年）一二頁、王明／高田爾郎・浅野雄三訳『王明回想録』（経済往来社、一九七六年）四二頁、中共中央党史研究室『中国共産党歴史』上巻（北京：人民出版社、一九九一年）四〇〇―四〇一頁、安井三吉『盧溝橋事件』（研文出版、一九九三年）七七―八一頁。

第三章　情報戦としての日中戦争、太平洋戦争——一九三七—一九四五

一　日中開戦前後の宣伝

宣伝と流通——二つの視角

ここまで第一、二章では「田中上奏文」を補助線として、日中戦争前までの宣伝外交、偽造文書の広がり、メディアの反応などを追ってきた。

本章では、前章と同じ二つの観点から、日中戦争と太平洋戦争を論じる。(1) すなわち、第一に、「田中上奏文」を用いた宣伝政策であり、第二に、「田中上奏文」を中心とする偽書の流通過程とメディアの報道である。

第一の宣伝に関して、中国は日中戦争下で再び「田中上奏文」に着眼するようになり、「田中上奏文」を海外向けのラジオ放送などに用いた。蔣介石ら要人も、演説などで「田中上奏文」に論及した。これに対して日本外務省は、アメリカでエージェントを雇うなどして反宣伝を行っている。

第二の流通についていうなら、満州事変前後から「田中上奏文」がアメリカなど第三国にも広まったことはすでに論じた。日中戦争が長期化すると、アメリカの『ニューヨーク・タイムズ』紙、『ワシン

トンポスト』紙、『ロサンゼルス・タイムズ』紙などが、「田中上奏文」を本物として多く取り上げるようになる。ソ連から亡命していた革命家トロツキーも、「田中上奏文」の流布に一役買った。

太平洋戦争下ではアメリカのローズヴェルト政権も、プロパガンダ映画などで「田中上奏文」を利用する。ただし、アメリカ政府内では、国務省と陸軍省が「田中上奏文」に対して異なる反応を示した。

以下では、情報戦としての日中戦争と太平洋戦争、そして日本の敗戦をたどっていく。

日中開戦前

まずは日中戦争前の状況を振り返っておきたい。前章でも跡づけたように、中国が満州事変後から「田中上奏文」を宣伝材料として用いたのに対して、日本も反宣伝を行っていた。戦闘そのものが日本に有利であっても、宣伝では中国に圧迫されていると日本側には思えたであろう。

それにしても日本は、中国の宣伝を実態以上に誇大視してはいなかっただろうか。日本における対中認識の一端を示すものとして、日本陸軍省の小冊子「支那と宣伝」がある。

二一頁から成るこの小冊子は、陸軍省調査班によって一九三二(昭和七)年三月に編集されたものであり、「支那国民が何故宣伝に巧みであるか」を探っていた。中国が宣伝に優れている一因として、幼少時からの「排日教育」や「濃密なる宣伝網」などが挙げられた。陸軍省調査班が中国側宣伝の背景として最重視したのは、中国人の国民性であった。

陸軍省調査班の小冊子は、中国人の国民性を描写するのに半ばを費やし、六つの特徴にまとめた。

支那人は雷同性に富む

支那人は面子を重んずる為虚言を弄《ろう》す
支那人は突拍子もないことを好む
支那人は語学に長ず
支那人は大言壮語する
支那人は自ら宣伝の役者となる

日本陸軍の小冊子によると、中国人は最も宣伝にたけており、「宣伝は実に支那国民の習性となつて居る」という。中国の国民性に対してそのような観念があったとすれば、中国側宣伝への警戒心は増幅されたであろう。このため日本は、中国の宣伝をいささか過大に評価しがちだったように思える。(2)それにしても、日本の宣伝が後手に回った感は否めない。日本が「国際世論の上では袋だたきにあっている」(3)なかでは、宣伝外交にも限界があっただろう。この点を日本政府は、どう考えていたのか。

「立憲国」日本のジレンマ

日本で対外宣伝を担当したのは、外務省情報部であった。外務省の本省に情報部が正式に設置されたのは、一九二一（大正一〇）年のことである。日本はパリ講和会議で旧ドイツ権益の継承に成功したものの、宣伝では中国に引けをとったという意識があり、情報部の設置に至っていた。

一九三〇年代の外務省で情報部長を長く務めたのが、中国経験に富む天羽英二《あもうえいじ》である。(4)ワシントン会議随員となった天羽は、広州総領事、哈爾浜総領事、駐華公使館一等書記官、駐ソ大使館参事官などを経て、一九三三（昭和八）年から一九三七年まで情報部長の座にあった。

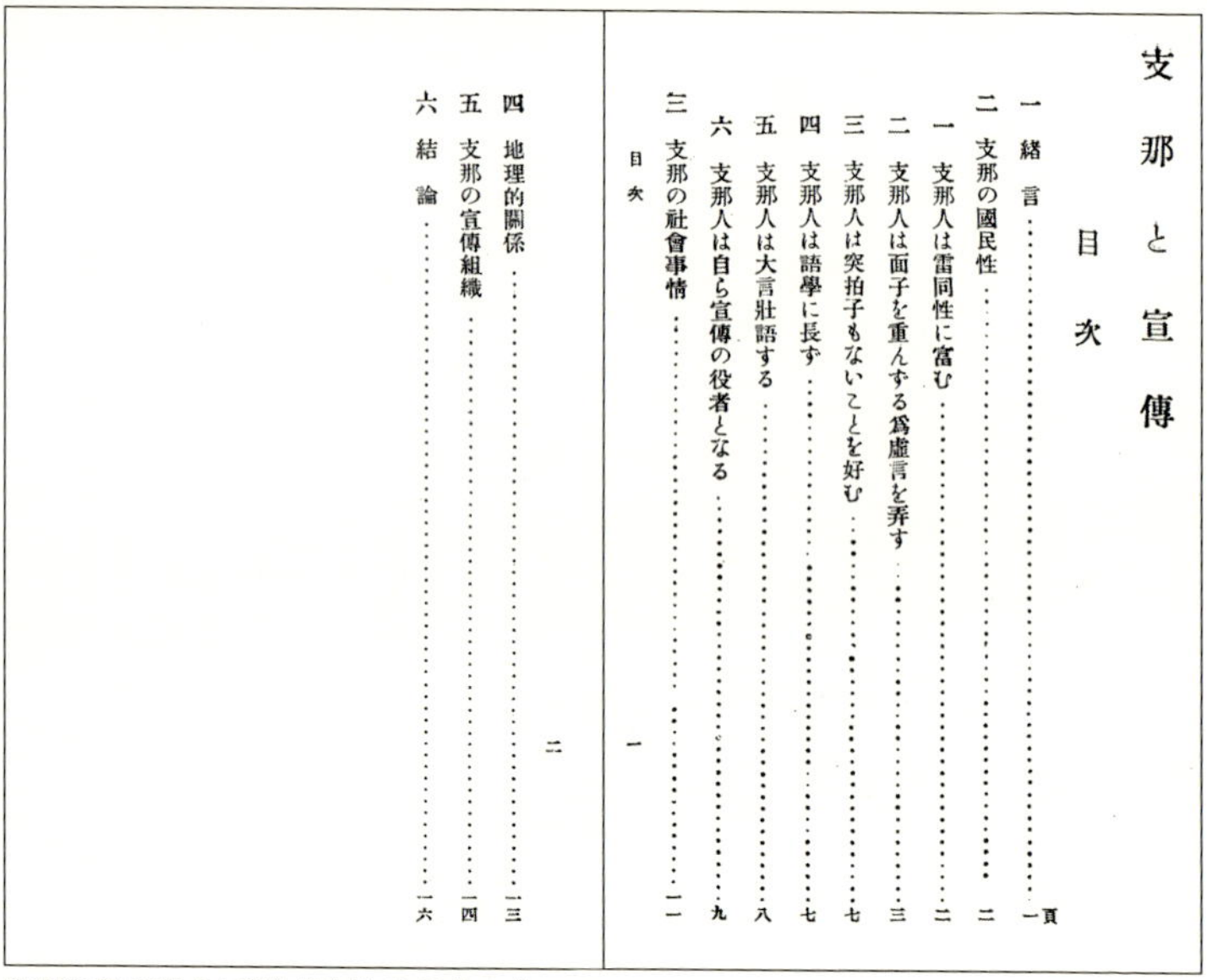
支那と宣傳

目次

目次 一

二

陸軍省調査班「支那と宣伝」1932年3月31日

天羽情報部長は一九三六年に「宣伝省設置問題ニ関スル意見」という内部文書を作成し、宣伝省新設の可否を検討した。

ドイツやイタリアで宣伝省が設置されたこともあり、このころ日本では、情報機関を統一して宣伝省を新設すべきだという論調が強まっていたのである。

だが天羽は、ドイツやイタリアの宣伝省、さらにはコミンテルンの動向を模倣して宣伝省を新設することについて、「有害無益ノ企図」と否定的であった。

なぜなら宣伝省は、ドイツやイタリアのような「独裁専制ノ国」にこそ存在しているものの、「我国ノ如キ立憲国ニ在リテハ平時ニ於テハ原則トシテ言論ノ自由カ尊重セラルル」ためである。

天羽はこう記す。

我国ノ対外啓発ハ英米仏ノ如キ言論ノ

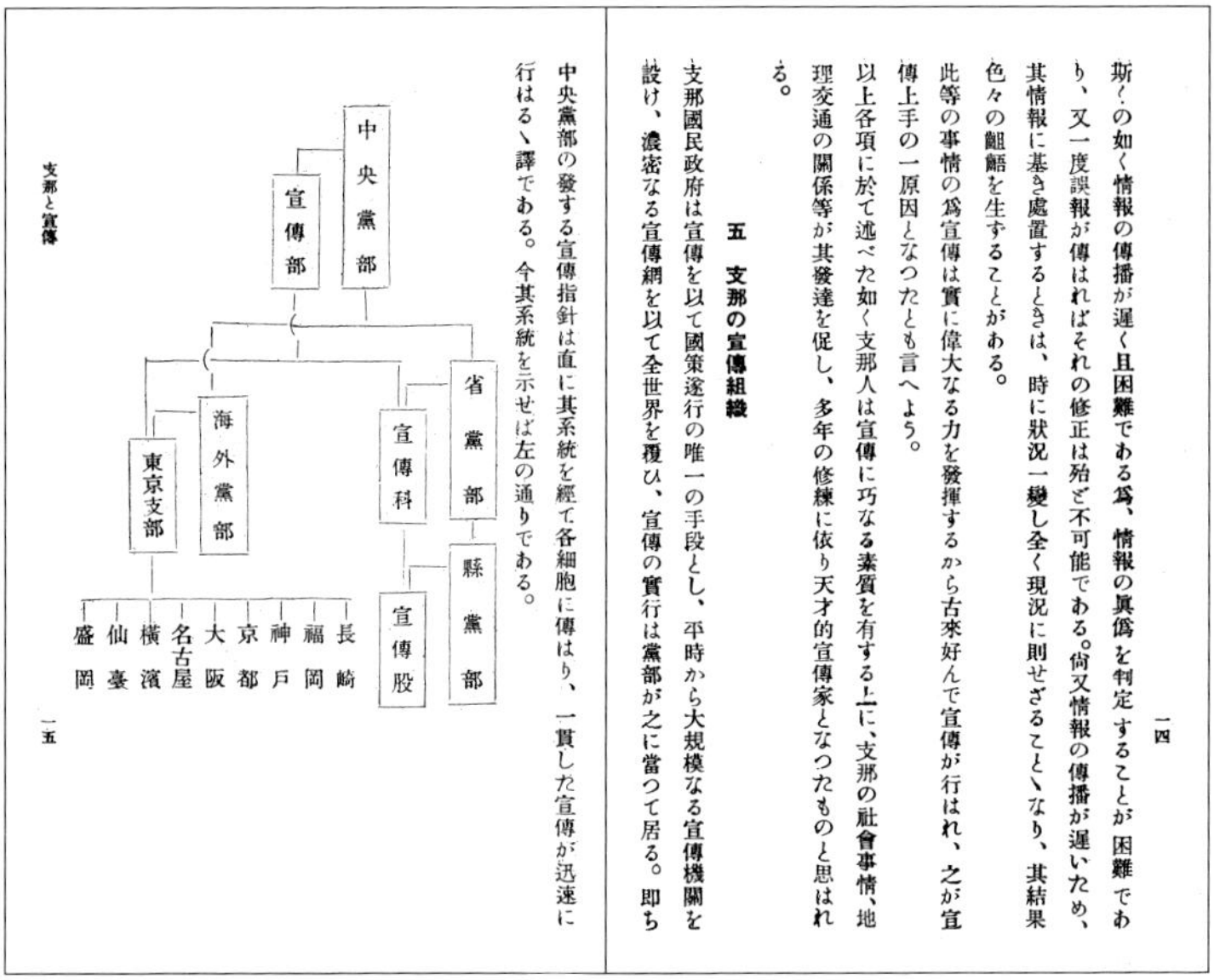

斯くの如く情報の傳播が遲く且困難である爲、情報の眞僞を判定することが困難であり、又一度誤報が傳はればそれの修正は殆ど不可能である。尙又情報の傳播が遲いため、其情報に基き處置するときは、時に狀況一變し全く現況に則せざることゝなり、其結果色々の齟齬を生ずることがある。

此等の事情の爲宣傳は實に偉大なる力を發揮するから古來好んで宣傳が行はれ、之が宣傳上手の一原因となつたとも言へよう。

以上各項に於て述べた如く支那人は宣傳に巧なる素質を有する上に、支那の社會事情、地理交通の關係等が其發達を促し、多年の修練に依り天才的宣傳家となつたものと思はれる。

五　支那の宣傳組織

支那國民政府は宣傳を以て國策遂行の唯一の手段とし、平時から大規模なる宣傳機關を設け、濃密なる宣傳網を以て全世界を覆ひ、宣傳の實行は黨部が之に當つて居る。即ち中央黨部の發する宣傳指針は直に其系統を經て各細胞に傳はり、一貫した宣傳が迅速に行はるゝ譯である。今其系統を示せば左の通りである。

陸軍省調査班「支那と宣伝」1932年3月31日

> 自由ヲ尊重スル国ヲ主タル相手方トナス必要アルカ此等諸国ニ於テハ宣伝省ト云フカ如キ独裁制ノ匂《におい》アル機関ヲ甚シク嫌忌《けんき》スルカ故ニ我国ニ於テ宣伝省ヲ特設スルハ設置ノ事実ノミニテ既ニ対外宣伝ノ効果ヲ喪失セシムルノ結果ニ陥ルヘシ。

イギリスやアメリカ、フランスなどに宣伝を行う「立憲国」日本にとって、「独裁制ノ匂」のある宣伝省を特設することは逆効果である。天羽はそう論じた。

さらに天羽は、「対外国策遂行ノ任ニ当ル外務省トシテハ情報並宣伝ヲ主管スル事無クシテ外交政策ヲ決定遂行シ外交工作ヲ為スカ如キハ絶対ニ不可能ナリ」とも主張した。

宣伝省が新設されるなら、情報宣伝部門を奪われることになるため、外務省としては賛成できないというのである。外務省情報部長という天羽の立場からすれば当然だろう。

だからといって、外務省が十分に宣伝できているわけでもなく、「現在ノ外務省情報部カ小規模ニ過クルハ外交当局トシテモ充分之ヲ認メ居リ」と天羽はいう。外務省だけでは力不足を否めないものの、ナチス・ドイツやファシスト・イタリアを思わせる宣伝省の新設は望ましくない。天羽はそう判断した。情報をめぐる「立憲国」日本のジレンマといってよい(5)。

情報戦は宣伝に限られず、諜報という要素もあった。南京総領事の須磨弥吉郎《すまやきちろう》が広田外相に伝えたように、南京では中国の首都憲兵司令部や首都警察庁が、日本人の行動を監視するなどの目的で特務組を設置し、尾行や偵察、中国人使用人の買収、郵便電信の検閲、電話の盗聴などを行った。同様の活動は、上海日本総領事館などに対してもなされたようである。

他方で、日本陸軍省の新聞班は、中国に対する宣伝方針について、「無気味ナル沈黙ノ威圧ヲ加フルヲ主旨トシ威嚇的宣伝ハ統制ヲ執リ機宜ニ投ズベキコト」と定めていた(6)。

このように情報戦が繰り広げられていたさなか、日中開戦の発端となる事件が中国で起こった。盧溝橋事件である。

日中開戦と対外宣伝

一九三七年七月七日の深夜、日本の支那駐屯軍一個中隊が、北平郊外の盧溝橋で夜間演習を行っていた。支那駐屯軍は実弾射撃を受けたため、集合してみると、一兵士が行方不明と判明した。牟田口廉也《むたぐちれんや》連隊長は大隊に戦闘開始を命令し、宋哲元《そうてつげん》冀察《きさつ》政務委員会委員長の配下にあった第二九軍の部隊と衝突する。それでも現地では、盧溝橋事件の停戦協定が七月一一日に結ばれた。停戦交渉は宋哲元ら地方

政権の主導によるものであり、国民政府はこれを追認している。(7)

だが近衛文麿内閣は、内地三個師団の動員を決定した。日本軍は、七月末に北平と天津を占領し、上海でも日中両軍の交戦が八月一三日に始まった。この第二次上海事変は一一月まで続き、一二月には首都の南京が陥落した。もともと局地的だった紛争は、全面戦争に発展したのである。

それでは、日中戦争下の宣伝とはいかなるものだったのか。日中戦争が深まるにつれて、国民政府は対外宣伝を強めるようになった。

まずは、王正廷駐米大使による一九三七年八月二三日の在米ラジオ演説をみておきたい。かつて外交部長だった王は、このとき駐米大使になっていた。

ラジオ演説で王は、「日本による中国侵略の特徴は、『事件』が意図的につくられることにある」と主張して、満州事変から華北分離工作を経て盧溝橋事件に至る過程を論じた。王によると、「華北を支配するという政策目標を達成するため、日本の軍国主義者は、意図的に七月七日に盧溝橋で『事件』を引き起こした」という。盧溝橋事件について王は、日本の戦争計画に基づくものとアメリカ世論に訴えたのである。(8)

王正廷は八月二五日のラジオ放送でも、日中戦争に適用できる国際法として、国際連盟規約や九カ国条約、不戦条約に注意を喚起した。(9) さらに王正廷は、アメリカの商工会議所などでも演説を重ねた。(10) 対外宣伝の一環として中国国民党は、抗日戦争の映画製作を強化してもいる。(11)

日中開戦後に中国は、国内でもラジオ宣伝によって成果を得つつあった。これについては、日本だけでなく満州国の中央宣撫《せんぶ》小委員会も、「日支事変によつて今や支那は一大危機に逢着《ほうちゃく》してゐるが、このさ中にあつて南京が如何にラヂオ宣伝に依る効果を挙げつゝあるか」に注視しており、「伝統的に以夷《いい》征夷《せいい》外交に頼る支那にとつて、これ等欧米との直通無電が如何に重要な役割を果すかは満洲、上海両事変後の聯盟総会当時の眞茹無電台の活躍を思ひ起せば明瞭であらう」と危機感を募らせた。

日中戦争が長期化するなかで、「日本側の宣伝は支那側に先手を打たれてゐることは否定出来ない」と満州国には思われた(12)。

とりわけ絶大な効果を示したのが、蔣介石夫人の宋美齢《そうびれい》による対米ラジオ放送である。アメリカで教育を受けた宋美齢は、巧みに英語を操った。「蔣介石夫人宋美齢は去る九月十一日夜南京より日支事変に関して対米放送を行ひ全米は勿論全世界に亙《わた》つて異常な宣伝効果を収めた」と日本の内閣情報部は観察していた(13)。内閣情報部とは、内閣直属の情報宣伝機関である。

二　「田中上奏文」をめぐる情報戦

「田中上奏文」の再登場

国際連盟総会は一九三七年九月二八日、日本軍の中国都市爆撃に対する非難決議を全会一致で可決した。アメリカ国務省も、日本の行動が九カ国条約と不戦条約に反すると声明している。

日中戦争が泥沼になると、「田中上奏文」は、中国の内外で再び流通するようになった。とりわけ著名なのが、一〇月に上海で刊行された国難資料編輯社編『国難資料叢刊之一　日本大陸政策的真面目』である。一二九頁から成るその冊子には、怪文書の「田中上奏文」や「日本併呑満蒙秘密会議」に加えて、天羽声明や広田三原則という現実の文書が巧妙に組み込まれていた。

このうち天羽声明とは、天羽英二外務省情報部長が一九三四年四月の記者会見で発表したものである。

そのとき天羽は、列国が中国に対して「共同動作」をとるなら、日本は反対すると述べていた。アメリカなどの諸外国は、天羽声明をアジア・モンロー主義の表明と見なして反発した。また、広田三原則とは、広田弘毅外相が一九三五年一〇月に示した対中方針であり、排日の取り締まりと欧米依存からの脱却、満州国の黙認、そして防共を内容とした。天羽声明や広田三原則という本物の文書と並べられることで、「田中上奏文」は真実味を増したであろう。(14)

一九三七年一一月には、九カ国条約の調印国による国際会議が、ベルギーのブリュッセルにて開催される。九カ国条約の調印国とは、アメリカ、イギリス、フランス、日本、中国、イタリア、ベルギー、オランダ、ポルトガルであった。イギリスは、アメリカのローズヴェルト政権とも協議のうえ、九カ国条約の調印国がブリュッセルで国際会議を開催し、日中戦争について議論することを提起した。民主党のローズヴェルト政権は、スティムソン前国務長官の不承認方針を継承していたのである。

日本はブリュッセル会議への参加を拒み、九カ国条約の調印国ではないソ連が代わりに出席した。中国代表の顧維鈞は、ブリュッセル会議において九カ国条約や不戦条約を引き合いに出し、「条約の神聖」を訴えて日本への制裁を主張した。しかし、列国が対日制裁に同調しなかったため、さしたる成果もないまま会議は閉幕する。それでも、ブリュッセルの中国代表団は、顧の演説や外交部の見解を小冊子にまとめて現地で頒布していた。(15)

ブリュッセル会議に欠席した日本だが、宣伝外交には配慮していた。同じころにワシントンでは斎藤博駐米大使が、「日本は征服に駆り立てられているのではなく、中国の一部を分離ないし併合するつもりはない」という近衛内閣の声明を『ワールド・アフェアーズ』誌に訴えている。(16)

このころアメリカで「田中上奏文」は、どのように観察されていただろうか。アメリカ国務省の顧問となっていたホーンベックは、ある上院議員の要請に応じて、ブリュッセル会議の資料とともに「田中メモリアル」を提出した。「田中メモリアル」についてホーンベックは、「本物かどうかを論じるつもりはない」としながらも、「多くの観察者は、おそらく『偽造された』文書だろうと考えている」と伝えた。少なくともこの時点までアメリカ国務省は、「田中メモリアル」を宣伝に利用するつもりはなかったのである。(17)

それでも「田中メモリアル」は、アメリカの新聞によって全米に知れ渡った。一例として、イタリアが満州国を承認して、一九三七年一二月に国際連盟から脱退したときの記事を挙げたい。『ニューヨーク・タイムズ』紙の記事によると、イタリアは日本やドイツと足並みをそろえており、日本は「田中メモリアル」を実践しつつあるという。(18)

「田中メモリアル」は一九三八年一月、『シカゴ・デイリー・トリビューン』紙でも日本の秘密計画として紹介された。(19) 一九三九年五月に久原房之助が政友会総裁に就任すると、『ニューヨーク・タイムズ』紙は、「久原の初入閣は田中義一男爵の指名によるものであり、田中の名前は悪名高い田中メモリアルを連想させる」と報じている。(20)

同じころ『ニューヨーク・タイムズ』紙の投書欄では、「田中メモリアル」をめぐる真偽論争まで起きていた。「田中メモリアル」を本物と主張する投書がある一方で、一九二九年の京都会議に出席したことのある太平洋問題調査会関係者の投稿は、これに懐疑的であった。(21) だが、太平洋問題調査会関係者のような冷静な議論は、日中戦争が泥沼化するなかで失われていく。

蔣介石、ローズヴェルト、タウンゼント

この間の一九三八年一二月には汪兆銘らが、日本の呼びかけに応じて遷都先の重慶を脱出した。かつて中国を代表してリットンと交渉した汪が、日本によって重慶から引き出されたのである。ベトナムのハノイにたどり着いた汪は、日本軍の撤退を条件としつつも蔣介石に対日和平を求めた。しかし、蔣がこれに応じなかったばかりか、重慶の国民党中央執行委員会常務委員会は一九三九年一月一日に汪の除名を決定する。

さらに国民党は同年一月二一日から三〇日、第五期中央執行委員会第五次全体会議を重慶で開催した。この第五期五中全会で注目されるのは、蔣介石が自ら「田中上奏文」に言及したことである。蔣は、第五期五中全会の初日に中国の必勝を講じ、「田中上奏文」を用いてこう熱弁を振るった。

ひそかに日本で定められた非公開の伝統的政策、および公開された田中上奏文に鑑みるなら、いわゆる大陸政策とはまず満蒙を占拠してから我が中国全部を侵略して、アジアに覇を唱えたうえで世界を征服しようとするものである。[22]

アメリカでは「田中メモリアル」のパンフレットが、ローズヴェルト大統領にも伝わった。[23]アメリカ上院海軍委員会では一九四〇年四月に、タウシッグ海軍少将が「田中メモリアル」を本物だと発言している。タウシッグは、「田中メモリアル」に論及しながら、世界制覇が日本の目的だと述べて、アメリカ国内に警戒を呼びかけたのである。ただし、アメリカ海軍省は、タウシッグの発言を個人的見解と位置づけており、海軍省の政策を反映したものではないと発表した。

タウシッグ発言について駐米日本大使館は、九カ国条約の調印時に山県有朋がすでに死去していたこ

Voluntarily, Japan returned to China in 1922 the Shantung properties won from Germany in the World War. Japan's relatively small army, one-ninth the size of China's prior to the present conflict, would hardly indicate adequate preparation to fight China alone, not to mention America and the rest of the world.

Japan's peace offer to China in January of 1938, with a view to ending the present war, did not demand an inch of Chinese territory. The main demand was that anti-Japanese violence and agitation of the sort causing the massacre of Japanese civilians at Tungchow be suppressed.

If the Japanese were looking for conflict with China, as the Tanaka Memorial says, there were numerous provocations between 1927, the date Chinese claim the Tanaka Memorial was drafted, and 1937, the date present fighting began. In 1927, in fact, the British Government, now allied with Moscow against Japan, appealed to Japan to send troops to China to help defend British lives against Chiang Kai-shek's anti-British drive. If Japan wished to attack China, that was a splendid opportunity—with British approval. At any time prior to 1937, Japan could have attacked Chiang when he was less well equipped with imported foreign arms. During years prior to 1937, too, Chinese militarists repeatedly sought Japanese aid, promising all sorts of concessions in return for aid resulting in victory over other Chinese factions. These were refused by Japan.

Altogether, the evidence does not support the theory of the Tanaka Memorial. There is no evidence that the Japanese fight on less provocation than America or any other country. Japan's territorial gains per war have been no more, when war came, than those of America, Britain, France, and other powers. So far as specific evidence goes, there is no more reason to suppose the Japanese plan to attack us than there is to entertain the same suspicion respecting other nations.

[37]

Besides such external evidence, there are discrepancies within the alleged memorial which tend to discredit it. On page 1 it purports to describe an interview participated in by Prince Aritomo Yamagata, Japanese statesman, after the Nine Power Conference of 1922. But Yamagata was dead at the time of the supposed interview, and was dead even before the Nine Power Treaty was signed—a fact confirmable in the Encyclopaedia Britannica or any other standard reference.

A "memorial" containing such absurdities may make good publicity to seek entanglement of America abroad, but it can hardly gain the credence of thinking people.

Red Plans for War on Japan

In this booklet Chinese reds tell of plans to start war on Japan to "unify China" and also regain Manchukuo. On page 41 Mao Tse-tung, red chief, says: "It is the immediate task of China to regain all our lost territories." This was published in English in America two months before fighting began. Chinese reds did not talk of war to regain Mongolia, taken by Soviets in 1923. (See map page 14). By calling for war on Japan, an anti-red nation, they could count on favorable publicity in U. S. papers. Red publicity connections are so good here that any ally of Moscow is called a victim of aggression, even if it announces in advance its plan to attack—as in this case.

[38]

Ralph Townsend, *America Has No Enemies in Asia!: Popular Rumors from Asia Are Very Alarming, Analyzed and Compared Facts Are Not* (San Francisco, 1938), pp. 37-38

となど六つの誤りを挙げて、「田中メモリアル」が偽書であると反論した(24)。のみならず日本は、アメリカ国内に向けてさらなる反宣伝に乗り出していく。

日本による反宣伝の一つにラルフ・タウンゼント(Ralph Townsend)の活動がある。もともと新聞記者であったタウンゼントは、外交官に転じて一九三二年の第一次上海事変を現地で目の当たりにし、その後はサンフランシスコで著述や公演、ラジオ演説を行うようになった。

そこに日本外務省が目をつけた。日中戦争下で外務省情報部は、タウンゼントをエージェントに雇って対米宣伝に従事させたのである。

するとタウンゼントは一九三八年九月、『アジアにアメリカの敵はいない!(*America Has No Enemies in Asia!*)』という小冊子をサンフランシスコで刊行した。

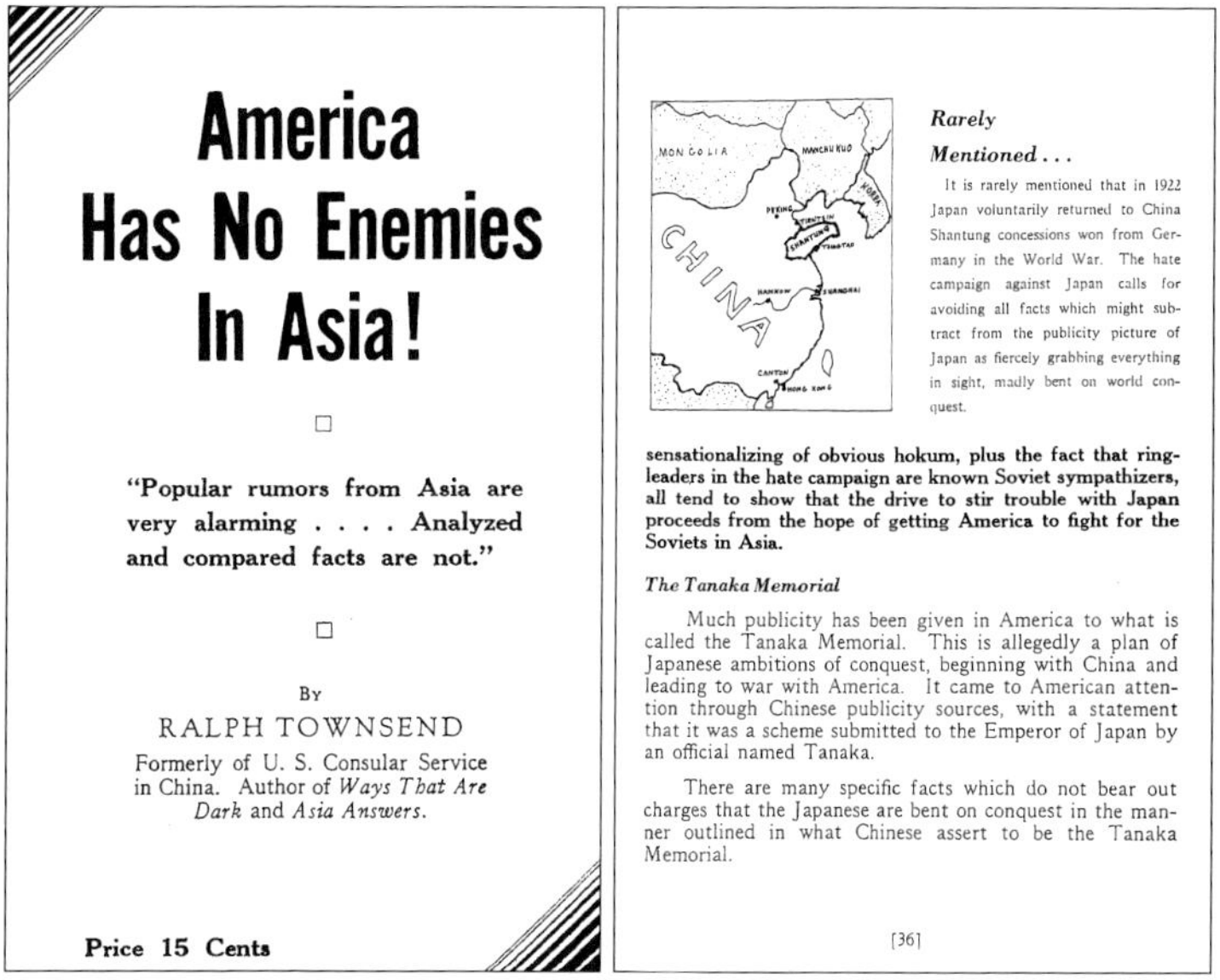

America Has No Enemies In Asia!

"Popular rumors from Asia are very alarming . . . . Analyzed and compared facts are not."

By

RALPH TOWNSEND

Formerly of U. S. Consular Service in China. Author of *Ways That Are Dark* and *Asia Answers.*

Price 15 Cents

Rarely Mentioned . . .

It is rarely mentioned that in 1922 Japan voluntarily returned to China Shantung concessions won from Germany in the World War. The hate campaign against Japan calls for avoiding all facts which might subtract from the publicity picture of Japan as fiercely grabbing everything in sight, madly bent on world conquest.

sensationalizing of obvious hokum, plus the fact that ringleaders in the hate campaign are known Soviet sympathizers, all tend to show that the drive to stir trouble with Japan proceeds from the hope of getting America to fight for the Soviets in Asia.

The Tanaka Memorial

Much publicity has been given in America to what is called the Tanaka Memorial. This is allegedly a plan of Japanese ambitions of conquest, beginning with China and leading to war with America. It came to American attention through Chinese publicity sources, with a statement that it was a scheme submitted to the Emperor of Japan by an official named Tanaka.

There are many specific facts which do not bear out charges that the Japanese are bent on conquest in the manner outlined in what Chinese assert to be the Tanaka Memorial.

[36]

Ralph Townsend, *America Has No Enemies in Asia!: Popular Rumors from Asia Are Very Alarming, Analyzed and Compared Facts Are Not* (San Francisco, 1938), 表紙, p. 36

小冊子でタウンゼントは、山県有朋がすでに他界していたことなどを論拠に「田中メモリアル」を偽書と断じている。

タウンゼント著『アジアにアメリカの敵はいない！』の一節は、カナダのバンクーバーで一九三九年三月にラジオ放送された。その内容は、東アジアへの不介入を説くものであった。

根《ね》道《みち》広《ひろ》吉《きち》駐バンクーバー領事が有田八郎外相に宛てた電報に示されるように、このラジオ放送は、バンクーバー日本領事館の仕掛けたものである。

さらにタウンゼントは、一九四〇年五月に『外患を求めて（*Seeking Foreign Trouble*）』という本を刊行し、アメリカによるヨーロッパやアジアへの介入を批判して日本を擁護した。同書でタウンゼントは、コロンビア大学総長のバトラー（Nicholas Murray Butler）らが、「田中メモリアル」を引用することで世論を扇動していると名指しで非難した。この本は、日本経済聯盟対外事務局によって『米禍』の書名で一九四一年に和訳されている。[25]

トロツキー論文

「田中メモリアル」がアメリカで論争になると、意外なところから反応が寄せられた。革命家のトロツキーである。ソ連からメキシコに亡命していたトロツキーは、一九四〇年五月の未定稿で「田中メモリアル」の信憑性を強く主張した。その未定稿は、ハーヴァード大学に所蔵されている。[26]

トロツキーの秘書を務めたハンセン（Joseph Hansen）によると、トロツキーの起稿はアメリカ連邦議会の動向に触発されたものであったという。一六五頁で述べたように、同年四月のアメリカ上院海軍委員会では海軍軍人が、「田中メモリアル」に言及しながら日本の野望を証言していたのである。[27]ハンセンは、『コミュニスト・インターナショナル』誌などから複製された「田中メモリアル」の小冊子を集めていた。[28]

トロツキーの未定稿によると、ソ連は諜報活動によって「田中メモリアル」を東京で写真撮影した。トロツキー自身もモスクワに送られてきた写しを閲覧しており、諜報を指揮したのはGPU、つまり国家政治保安部長官のジェルジンスキーだという。しかし、「田中メモリアル」を一九二三（大正一二）年に入手したと主張するなど、トロツキーの未定稿には疑問が多い。[29]

トロツキーは一九四〇（昭和一五）年八月、亡命先のメキシコで暗殺されるものの、没後にトロツキーの論考が『第四インターナショナル』誌に掲載された。『第四インターナショナル』は、アメリカの社会主義労働者党（Socialist Workers Party）の月刊誌であった。トロツキー論文によると、「田中メモリアル」は偽書ではなく、ソ連はこれを諜報活動によって日本の公文書館から入手しており、「田中メモリアル」は東京の海軍省で撮影されてモスクワに持ち込まれたという。その英訳とロシア語訳を初めて閲覧したのは、トロツキー自身だともいう。

このトロツキー論文では、先の未定稿と異なり、ジェルジンスキーが「田中メモリアル」を入手したのは一九二五（大正一四）年の夏ないし秋だったと書かれている。不可解にも、一九二七（昭和二）年七月に上奏される二年前に、「田中メモリアル」がモスクワに送られていたとトロツキーは論じたのである。さらに詳細を加筆するつもりでいたトロツキーだが、メキシコで暗殺されてしまった[30]。

このようなトロツキーの記述は、真実味に乏しい。にもかかわらず、すでに「田中メモリアル」は世界的に本物として広まっており、トロツキーはその傾向を強めたといえよう。『第四インターナショナル』に掲載されたトロツキーの論考は、『シカゴ・デイリー・トリビューン』紙やジャーナリストの本で紹介されている[31]。

中国国民党中央宣伝部国際宣伝処

一九四〇年七月二二日、第二次近衛文麿内閣が成立した。外相は松岡洋右であり、九月二三日には日本軍がフランス領インドシナの北部に進駐する。この北部仏印進駐に対して、アメリカのローズヴェルト政権は屑鉄《くずてつ》を禁輸にした。さらに日本は九月二七日、日独伊三国軍事同盟に調印している。

日本の動向について『ロサンゼルス・タイムズ』紙は、「田中メモリアル」を「日本の『我が闘争』」と報じて注意を喚起した。同紙によると「田中メモリアル」は、「一九二七年以来の日本における軍国主義者の行動と合致している」。「田中メモリアル」が同紙に出てくるのは、近衛内閣が「全体主義的傾

FOURTH INTERNATIONAL

VOLUME 2 JUNE 1941 NUMBER 5

The "Tanaka Memorial"

By LEON TROTSKY

The famous "Tanaka Memorial" was a document submitted to the Japanese emperor in 1927 by Baron Tanaka, the premier of Japan. This document outlined in detailed steps a program of Japanese imperialist expansion, beginning with establishment of Japanese control in Manchuria and leading eventually to domination of all China, Indonesia, the South Sea Islands, the Maritime Provinces of USSR and, eventually, India and the whole Pacific basin. Baron Tanaka even visualized ultimate Japanese control of Europe.

When the document came to light, its authenticity was denied in Japan. But beginning in 1931 with the invasion of Manchuria, Japan proceeded along precisely the lines laid down in the "Tanaka Memorial."

Yet the chancelleries of all the great imperialist powers, and the Kremlin too, although certain of the authenticity of the "Tanaka Memorial," have remained silent while Japan has continued to deny its authenticity. Washington and London, engaged in "appeasing" Japan — i.e., preparing for the most propitious moment for war in the Pacific — have discouraged publication of material on the "Tanaka Memorial." The Soviet press likewise remains silent.

In the following article Leon Trotsky has told for the first time the story of how the "Tanaka Memorial" was secured by the Soviet intelligence service from the archives of the Japanese government. Comrade Trotsky had not quite finished this article when he was assassinated by Stalin's GPU.

The article was written for publication for the general public. Comrade Trotsky was still attempting to establish more specific dates for certain of the events. Although his memory was excellent, he was never satisfied, in anything he wrote, until he secured documentary verification. The editors have not been able to supplement Trotsky's own tentative dates with further verification.

In an article published in *Liberty*, January 27, 1940, Comrade Trotsky predicted that a forthcoming Kremlin-Japan pact "would constitute a symmetric supplement to the pact between Moscow and Berlin." Such a pact was actually signed on April 13, 1941. The Kremlin would scarcely vouch for the authenticity of the "Tanaka Memorial" today, for then it would be hard put to justify to the world working class the signing of the pact with Japan in the midst of China's struggle against Japanese imperialism.—THE EDITORS.

The American press has up to now considered the "Tanaka Memorial" a dubious document.

On April 23, 1940, Rear Admiral Taussig referred to the "Tanaka Memorial" in his extremely interesting report to the Senate Committee on Naval Affairs. Rear Admiral Taussig was disavowed by his own department. It is not my intention to enter into this controversy. I believe that Rear Admiral Taussig had his own reasons for speaking, and the Navy Department had its own reasons for disavowing his views. Quite possibly the disavowal did not come as a surprise to the Rear Admiral. But, I repeat, this does not concern me. So far as I am able to judge, Rear Admiral Taussig is a qualified expert on the morals, tasks and politics of the Far East. He does not doubt the authenticity of the "Tanaka Memorial." The New York Times, however, in reporting this session of the Senate Committee on Naval Affairs, found it necessary to remind its readers once again that the "Japanese have always insisted that the so-called 'Tanaka Memorial' was a Chinese forgery." Thus even today, some sixteen years after the publication of the "Memorial," it still remains a suspect and controversial document.

The "Tanaka Memorial" is not a forgery. A careful analysis of its contents and text in and of itself testifies adequately to this. Moreover, the author of these lines is in possession of facts which verify completely and incontrovertibly the authenticity of the "Tanaka Memorial."

Its Internal Validity

A genius in the fabrication of forgeries would have been required to execute so complex a forgery with such penetration into the objective situation and the political psychology of Japan's ruling circles. However, geniuses do not as a rule occupy themselves with forgeries but devote their energies to other pursuits. To be sure, there was no scarcity of forgeries during the last war and the ensuing post-war years. Suffice it to recall the notorious Sisson documents on the Soviet Republic. As a general rule—and I know of no exceptions—documents of this type are extremely crude. They tend to reveal the psychology of the forgers themselves or of the circles for whom they are intended rather than the psychology of those individuals or groups in whose name the forgeries are committed. If such documents meet with credibility, it is only because of lack of familiarity with the milieu from which they reportedly emanate. The Soviet Government consisted of individuals completely unknown to world public opinion. Small wonder that it was possible to ascribe to them any goal or aim whatsoever, and depict these things in any kind of language.

It is otherwise with the Imperial Government of Japan. It constitutes an ancient and traditional milieu. Whoever has carefully followed the evolution of Japanese politics cannot fail to acknowledge that the document, with its cynical realism and icy fanaticism of the ruling caste, originates in this milieu. The document is credible. The text is valid. The contents gain credence because they speak for themselves.

Japan is today the weakest link in the imperialist chain. Her financial and military superstructure rests on a foundation of semi-feudal agrarian barbarism. Periodical explosions within the Japanese army are only a reflection of the intolerable tension of social contradictions in the country. The regime as a whole maintains itself only through the dynamics of military seizures. The programmatic basis for these seizures is supplied by the "Tanaka Memorial."

As I recall it, the "Memorial" is based on the testament

June, 1941

Fourth International

The "Tanaka Memorial"

Proof That It Is Japan's Real Program

By Leon Trotsky

The Negro March on Washington

By Albert Parker

The New American Army . . . . James Cadman
How Paris Fell . . . . Terence Phelan
Jan Valtin . . . . John G. Wright
Burnham's "Revolution" . . . . . . Joseph Hansen
The Balkans . . . . Jack Weber

Twenty Cents

Leon Trotsky, "The 'Tanaka Memorial'," *Fourth International,* vol. 2, no. 5 (1941)

向を強めており（中略）『八紘一宇』の実現という新方針を発表した」との文脈においてである。「（日本による——引用者注）インドシナへの進駐によって、蔣介石はますます孤立無援となる」ともいう。[32]また、『ワシントン・ポスト』紙も「田中メモリアル」を「日本の青写真」と伝えた。[33]アメリカの主要紙は、「田中メモリアル」を日本の侵略計画として位置づけたのである。

それでも日本軍は一九四一年七月二八日、フランス領インドシナ南部に進駐した。すると重慶政府では、行政院副院長兼財政部長の孔祥熙《こうしょうき》がアメリカ向けのラジオ放送で演説した。ラジオで孔は、抗日戦の勝利に自信を示し、「中国が太平洋防衛の最前線であることをアメリカは悟るようになった」と力説したのである。

このとき孔祥熙は、中国がアメリカと「共通の敵」に対峙していると語り、「田中上奏文」については「歴史がこれをあまねく証明している」と断じた。中国国民党の中央宣伝部国際宣伝処は、アメリカ向けの英語放送を強化していたのである。[34]これに呼応するかのようにローズヴェルト政権は、日本の南部仏印進駐に対抗して、日本への石油輸出を全面的に停止した。

国民党中央宣伝部に国際宣伝処が設置されたのは一九三五年のことであり、日中開戦後に国際宣伝は国民政府軍事委員会第五部の管轄となった。南京から撤退後の一九三八年には、国際宣伝が国民党中央宣伝部国際宣伝処に移管された。とはいえ国際宣伝の経費は、蔣介石が委員長を務める軍事委員会から支出されており、国際宣伝処は六科四室、一五〇人近くの規模に発展した。その中枢を担ったのは、中央宣伝部副部長などを歴任した董顕光《とうけんこう》であった。抗日戦争下の中国は、国際宣伝を拡充したのである。[35]

なお、元ソ連内務人民委員部の諜報員パブロフ（Vitaliy Pavlov）は、ソ連が「田中上奏文」をアメリカなどに宣伝したと回想している。パブロフは後にKGB工作員となっているが、証言の信憑性は定か

でない。(36)

三　太平洋戦争におけるラジオと映画

開戦後のアメリカ

一九四一年一二月八日、日本の真珠湾攻撃で日米が太平洋戦争に突入すると、日中戦争は世界規模の戦争に連動するようになる。

そのころアメリカに帰国した者に、中国で取材を続けていたジャーナリストのスメドレー（Agnes Smedley）がいた。スメドレーはアメリカで、「『田中メモリアル』は日本による世界征服の青写真であり、（中略）その系統的な方針は、ドイツ人ではなく日本人によって発案された」と演説した。スメドレーの演説は、『ロサンゼルス・タイムズ』紙でも報道されている。(37)

戦時下のアメリカでは「田中メモリアル」が、各紙の記事や投書欄で本物として論及された。ジャーナリストのクロウ（Carl Crow）は一九四二年に、『世界帝国という日本の野望――「田中メモリアル」（*Japan's Dream of World Empire: The Tanaka Memorial*）』という本をニューヨークの出版社から刊行した。そこには「田中メモリアル」の全文が掲載されている。

するとアメリカの各紙は、「日本の『我が闘争』」であり「日本の青写真」だとして「田中メモリアル」を紹介した。『ニューヨーク・タイムズ』紙の記事が論じたように、「田中メモリアル」は「真珠湾攻撃以降さらに広く信じられている」のであった。(38)

アメリカの宣伝機関には、戦時情報局（Office of War Information: OWI）と戦略諜報局（Office of Strategic Services: OSS）があった。戦時情報局、つまりＯＷＩがホワイト・プロパガンダを行い、ＯＳＳと呼ばれる戦略諜報局はブラック・プロパガンダを受け持った。ＯＷＩのホワイト・プロパガンダが公然の情報を用いるのに対して、ＯＳＳのブラック・プロパガンダは、虚偽のメッセージをラジオで敵国に伝えるなどしたのである。[39]

「田中メモリアル」は、アメリカのラジオでも放送されていた。これにはラティモア（Owen Lattimore）が関与したようである。かつて蔣介石の政治顧問であったラティモアは、ＯＷＩで太平洋方面を担当していた。[40]

だからといって、アメリカ政府が「田中メモリアル」を本物だと信じ始めたわけではない。日米開戦から一九四二年三月にかけて、アメリカ国務省ではホーンベック顧問らが、「田中メモリアル」の真偽を再検討している。その際には、『第四インターナショナル』のトロツキー論文なども精査された。その結果は、以前と同様に「田中メモリアル」の存在を疑問視するものだった。このため国務省は、「田中メモリアル」をプロパガンダに利用するのは不適切と判断したのである。[41]

国務次官を辞した直後のウェルズ（Summer Welles）も、一九四四年の著作で微妙な言い回しを用いた。ウェルズによると、「『田中メモリアル』は、実際に日本の公的な政策の聖典ではなかったかもしれないが」、日本政府はあらゆる機会をとらえてこの計画を推し進めてきたという。[42]

プロパガンダ映画

にもかかわらずアメリカでは、「田中メモリアル」が戦時中のプロパガンダ映画にも利用された。プロパガンダ映画をアメリカで推進したのは、国務省ではなく陸軍省だった。マーシャル陸軍参謀総長が、ハリウッドの映画監督フランク・キャプラに自ら宣伝映画の制作を依頼したのである。キャプラ監督は、『スミス都へ行く（*Mr. Smith Goes to Washington*）』などの映画で広く知られていた。

キャプラによる一連の宣伝映画は、『なぜ戦うのか』というシリーズ名で七本制作された。このシリーズは、数百万のアメリカ兵に見せられ、ローズヴェルト大統領の意向によって一般の劇場でも公開された。のみならず、フランス語、スペイン語、ポルトガル語、中国語の各国語版で海外にも配給されている。シリーズ第一作は、一九四三年のプロパガンダ映画『戦争への序曲（*Prelude to War*）』であり、そこには「田中メモリアル」が何度も登場した(43)。

キャプラの宣伝映画『なぜ戦うのか』シリーズで注目すべきは、一九四四年の作品『中国の戦い』である。『中国の戦い』は、『なぜ戦うのか』シリーズの第四作であった。

この映画は、第二次上海事変における無差別爆撃の映像に始まっており、ナレーションでは「中国の歴史に帝国主義的な侵略は一度もない」と語られた。映画のなかで中国は、アメリカの敵である日本と七年間戦い続けており、いまやアメリカの同盟国になったと位置づけられた。そこへ「田中メモリアル」が「世界征服の青写真」として登場し、In order to conquest the world, we must first conquer China というお決まりの一節が引用される。

プロパガンダ映画『中国の戦い』によると、満州地下資源の獲得、中国の人的資源の征服、インドなど南方の制圧、東進によるアメリカの壊滅、という四段階の計画が「田中メモリアル」にはある。日本の野望には、後ろ盾として中国が必要であり、満州事変によって「田中メモリアル」の第一段階は達成された。さらに日本は世界制覇に向かおうとしたが、日中戦争に中国が抵抗したため、「田中メモリアル」の第二段階は成し遂げられなかった。「田中メモリアル」の第二段階が行き詰まったにもかかわらず、日本は第三段階と第四段階をこれ以上遅らせるべきでないと判断したという。ソ連やイギリスがヨーロッパ情勢に専念しており、アメリカの国力も整っていなかったからだとされる。

その時機を見計らって、第二段階が完成していないにもかかわらず、日本は「田中メモリアル」の第三、四段階、すなわちインドとアメリカの征服に踏み込んだと『中国の戦い』は訴えた。これが真珠湾攻撃であり、中国はアメリカの同盟国となった。中国は苦境に耐え、アメリカも一九四四年には太平洋で攻勢に転じた。

太平洋戦争は、「隷従に対する自由の戦い、暴虐に対する文明の戦い、悪に対する善の戦い（Struggle of freedom against slavery, civilization against barbarism, good against evil）」として語られ、蔣介石夫人である宋美齢のアメリカ議会演説とマーシャル陸軍参謀総長の言葉で映画は締めくくられた。マーシャルの言葉とは、「ドイツと日本という戦争マシーンを完敗させることによってのみ、民主主義の勝利は完結する（victory of the democracies can only be complete with the utter defeat of the war machines of Germany and Japan）」というものであった。

以上が、キャプラ監督『中国の戦い』の概要である。映画の最後に登場するマーシャル参謀総長こそは、キャプラに映画の制作を依頼した軍人だった。この映画は、実録や証言のみならず、地図やアニメーションを多く採り入れて日中戦争を立体的に描いている。分かりやすい英語と明解な善悪の二分法が映画の骨子を支えており、戦争プロパガンダ映画の傑作といってよい。そのなかで「田中メモリアル」は、日本の侵略性を示す証拠として繰り返し登場した(44)。

一九四五年の『汝の敵を知れ――日本』も、プロパガンダ映画として著名である。やはり監督はキャプラであり、制作はアメリカ陸軍省だった。この映画で日本人は、天皇と軍隊に従順な民族として描かれた。とりわけ、八紘一宇という日本の標語が強調されており、「田中メモリアル」も何度か映画に現れる。

この映画によると、「田中メモリアル」は「日本の『我が闘争』」であり、八紘一宇という目的のもとでアメリカが最終的な標的にされているという。満州事変のような大陸進出策も、「田中メモリアル」の計画に従ったものと位置づけられた。『汝の敵を知れ――日本』において、「田中メモリアル」が中国を支援する文脈で用いられたのはいうまでもない(45)。

娯楽映画とアメリカ海軍

留意すべきことに、戦時中のアメリカ映画では、宣伝映画だけが「田中メモリアル」を題材としたのではない。一九四五年の娯楽映画『ブラッド・オン・ザ・サン（*Blood on the Sun*）』も、「田中メモリアル」を使っていた。

『ブラッド・オン・ザ・サン』の内容は、アメリカの新聞記者が東京で「田中メモリアル」を入手して、日本の野望を伝えようと奮闘するというものである。奇想天外なストーリーといわねばなるまい。主役の記者を演じたのは、ジェームズ・キャグニー（James Cagney）という映画スターであり、監督はフランク・ロイド（Frank Lloyd）だった。

以前の作品でキャグニーとロイドは、それぞれアカデミー主演男優賞とアカデミー監督賞を受賞していた。したがって、『ブラッド・オン・ザ・サン』の影響力は大きかったと思われる。冒頭のキャプションで田中義一は「東洋のヒトラー」と紹介されており、サスペンス風の娯楽映画ではあるが、プロパガンダ色の濃いものになっている。観賞した当時のアメリカ人は、「田中メモリアル」を本物と感じた

だろう。各紙とも『ブラッド・オン・ザ・サン』を紹介し、「田中メモリアル」を「世界征服計画」などと報じている。(46)

これらの映画に加えて、アメリカ海軍の動向に注目したい。大戦末期のアメリカでは元海軍大将のヤーネル（Harry E. Yarnell）が、一九四五年四月一三日の『ワシントン・ポスト』紙上で「田中メモリアル」に言及している。ヤーネルは、アジア艦隊司令長官を一九三六年から一九三九年まで務めて退役していた。

『ワシントン・ポスト』紙でヤーネルは、国際機構の設立を提案したダンバートン・オークス会議を受けて、戦後秩序のあり方を提言した。そのなかでヤーネルは、「田中メモリアル」についても論じており、ドイツと日本が『我が闘争』や「田中メモリアル」で野心を公言したと主張する。(47)

実のところヤーネルは、一九三九年七月の報告書でワシントンにこう伝えていた。

偽造として非難されているものの、「田中メモリアル」は明らかに軍国主義者や拡張主義者の見解を示しており、近年、日本の声明や行動は、「田中メモリアル」に描かれ、促された手順をまさに手本としている。

つまりヤーネルは、すでに一九三九年の時点で「田中メモリアル」が偽書であろうことを知りながらも、日本の野心を象徴するものと位置づけたのである。(48)

ソ連の対日参戦と終戦

この間に日本の戦局は、悪化の一途をたどっていた。サイパン島が一九四四年七月に陥落すると、東《とう》条《じょう》英機《ひでき》内閣は総辞職した。東条内閣に代わって小磯国昭《こいそくにあき》内閣が成立したものの、外相の重光葵はそのまま留任した。そして日本は、ソ連との関係に一縷《いちる》の望みをつないだ。つまり日本は、米英とソ連の矛盾を利用しながら日ソ中立条約を強化して、独ソ間の和平を斡旋しようとすらしたのである。

重光外相は一一月二四日、「日蘇《ソ》ノ諒解《りょうかい》」を進めるために「我政策（特ニ東亜地域ニ対スル）ノ真髄ヲ充分ニ了解セシムルコト」と佐藤尚武《なおたけ》駐ソ大使に伝えた。さらに重光はこう論じた。

蘇側カヤヤモスレハ持チ出ス所謂「田中大将覚書」ナルモノト今日ノ我政策トハ全然方向ヲ異ニスルモノナルコトヲ了解セシメ而シテ東亜民族ノ解放ト独立トヲ目的トスル我政策ハ蘇聯ノ民族政策ト一致スルモノナルコトヲ敷衍《ふえん》指摘スルニ於テハ先方ノ了解ヲ進ムルニ貢献スヘシ

すなわち、民族解放という日本の意図はソ連と一致するものであり、それを示すためにも、「田中上奏文」に関する誤解を解かねばならないと重光は訓令したのである。(49)

だがソ連の対日認識は、重光の予想よりもはるかに厳しく、日本外務省政務局の調書によると次のようなものであった。

日本ハ所謂田中上奏文ニ基キ侵略政策ヲ実施シ、対蘇関係ニ於テ乾岔子《カンチャーズ》、張鼓峯《ちょうこほう》、「ノモンハン」等ノ諸事件ヲ見タルガ、蘇聯ノ軍備増大並ニ平和政策ニ依リ対蘇平和政策ヲ採ラザルヲ得ザリシ処、英仏ガ対独戦ニ忙殺セラレ米国ト共ニ其太平洋防備手薄トナリタルニ乗ジ、綿密ナル南方調査ト戦備ヲ整へ対英米戦ヲ開始セリ。

外務省政務局の調書によると、ソ連の対日観とは、日本が「田中上奏文」に基づいて侵略を実施しようとしたところ、ノモンハン事件などで対ソ政策に行き詰まり、南方に転じて対英米戦を開始したというものである。

政務局の調書は、日本に批判的なスターリン（Iosif V. Stalin）の演説にも論及していた。スターリン演説は、「侵略国タル日本ハ平和政策ヲ遵守シタル英米ヨリモヨリ多ク戦争準備ヲ為シ居タリ」というものであった。(50) 傅秉常《ふへいじょう》駐ソ中国大使が重慶に伝えたように、「田中上奏文」を持ち出しがちなソ連に対して、重光の描くような好意的中立を期待できるはずもない(51)。

アメリカによる広島への原爆投下に続いて、ソ連は一九四五年八月九日、ついに日本に対して参戦した。日本が最も恐れていた事態であり、鈴木貫《かん》太郎《たろう》内閣は、ポツダム宣言を受諾して降伏するしかなかった。

八月一五日の正午には、昭和天皇の肉声が初めてラジオで放送された。日本の国民が敗戦を知らされたという玉音放送である。天皇は一四日の夜に終戦の詔書をレコード盤に録音しており、これを一五日に放送したのが玉音放送にほかならない。

玉音放送と前後して、モスクワやハバロフスクのラジオ局が、降伏した日本に追い打ちをかけるように非を鳴らした。ハバロフスクのラジオ放送には、次のような一節が含まれている。

THE JAPANESE PRIME MINISTER GENRAL《ママ》 TANAKA, ON A REPORT TO THE

EMPEROR MADE IN NINETEEN TWENTY-SEVEN, STATED THAT THE MOST IMMEDIATE TASK OF JAPAN IS THE CONQUEST OF CHINA. "WITH CHINA'S RESOURCES IN OUR POSSESION《ママ》", WROTE THE GENERAL, "WE SHALL BE IN A POSITION TO LAUNCH ON THE CONQUEST OF ... MALAYS, CENTRAL ASIA, AND EVEN EUROPE".

THE JAPANESE SET OUT TO REALIZE THIS PLAN.

すなわち、ハバロフスク放送によると、日本は「田中メモリアル」の世界征服計画を実践して太平洋戦争にまで至っており、ソ連の対日参戦は正当化されるというのである。

このラジオ放送は、もともとロシア語で放送されており、ここに引用したのはその英訳である。ハバロフスク放送を英訳で知りえるのは、アメリカが西海岸のポートランドでこれを傍受し、英訳で記録したからにほかならない[52]。

本章では、日中戦争から太平洋戦争にかけての宣伝やメディアの役割、さらにはアメリカのプロパガンダ映画などについて論じてきた。冒頭で示した観点からまとめてみたい。

第一に、宣伝である。日中戦争が長期化すると、蔣介石は自ら「田中上奏文」を援用しつつ、国民党第五期中央執行委員会第五次全体会議などで講話を施した。重慶のアメリカ向けラジオ放送でも、「田中上奏文」が使われていた。これを指揮したのが、国民党中央宣伝部国際宣伝処であり、日本でそれに相当する機関はなかった。

「田中メモリアル」を宣伝材料とするかどうかをめぐって、アメリカ政府内では陸軍省と国務省に温度差があった。すなわち、陸軍省がプロパガンダ映画に「田中メモリアル」を利用したのに対して、国務省は概して慎重であった。他方、アメリカ上院海軍委員会では、タウシッグ海軍少将が「田中メモリアル」を本物だと発言し、駐米日本大使館はこれに反論した。「田中メモリアル」は、アメリカの娯楽映画でも使用されていた。国務省などを除いて大戦中のアメリカでは、一般に「田中メモリアル」が本物として定着したといえよう。

ラティモアらの関与によって、「田中メモリアル」はアメリカのラジオ放送でも流された。日本は、アメリカでエージェントを雇うなどして反宣伝を行ったものの、十分な効果を発揮しなかった。「田中メモリアル」を持ち出しがちなソ連から好意的中立を得られるはずもなく、日本は原爆投下とソ連の参戦によって降伏した。

第二に、流通経路とメディアの役割である。「田中メモリアル」は、『ニューヨーク・タイムズ』紙などアメリカの新聞によって知れ渡った。日独伊三国軍事同盟が締結されるころから、『ロサンゼルス・タイムズ』紙や『ワシントン・ポスト』紙でも「田中メモリアル」の記事が増えていった。

トロツキーも未定稿で「田中メモリアル」の信憑性を強く主張しており、その論考は『第四インターナショナル』誌に掲載された。『第四インターナショナル』に掲載されたトロツキー論文は、『シカゴ・デイリー・トリビューン』紙や本などで紹介された。太平洋戦争が勃発すると、アメリカではスメドレーが「田中メモリアル」を演説に用い、ジャーナリストのクロウは「田中メモリアル」の全文を刊行した。

総じていうなら、日中戦争と太平洋戦争において、「田中上奏文」は情報戦の一翼を担ったのである。

かくも混沌とした状況で日本が占領下に置かれると、「田中上奏文」をめぐる論争の舞台は東京裁判に移されていく。しかも「田中上奏文」は、東京裁判における主たる訴因の共同謀議にもつながりかねない。次章では、日本占領期の「田中上奏文」をたどりたい。

注

(1) 本章は、拙稿「満州事変後の日中宣伝外交とアメリカ――『田中上奏文』を中心として」(服部龍二・土田哲夫・後藤春美編『戦間期の東アジア国際政治』中央大学出版部、二〇〇七年)二三七―二五八、二六九―二七五頁を下敷きとする。

日中戦争下の宣伝をめぐる先行研究としては、本書第二章注(3)の文献以外に、中田崇「中国国民党中央宣伝部と外国人顧問――一九三七―四一」(『軍事史学』第四一巻第三号、二〇〇五年)二三―三九頁、同「中国国民党中央宣伝部国際宣伝処の対米宣伝工作――エージェントの活動を中心に」(『軍事史学』第四三巻第三・四号、二〇〇八年)三九四―四一〇頁、井上久士「南京大虐殺と中国国民党国際宣伝処」(笠原十九司・吉田裕編『現代歴史学と南京事件』柏書房、二〇〇六年)二四三―二五九頁、川島真「日中戦争期における重慶発ラジオ放送とその内容」(『軍事史学』第四三巻第三・四号、二〇〇八年)三七七―三九三頁もある。

(2) 陸軍省調査班「支那と宣伝」一九三二年三月三一日。

(3) 渡辺昭夫監修・解説『現代史を語る⑤吉沢清次郎――内政史研究会談話速記録』(現代史料出版、二〇〇八年)一四六頁。

(4) 情報部長就任以前の天羽については、拙著『東アジア国際環境の変動と日本外交 一九一八―一九三一』(有斐閣、二〇〇一年)九四、一二九、一五四頁、拙著『広田弘毅』(中公新書、二〇〇八年)四〇頁で論じたことがある。

(5) 天羽英二/天羽英二日記・資料集刊行会編『天羽英二日記・資料集』第三巻(天羽英二日記・資料集刊行会、一九九〇年)六四―八三頁。なお、「宣伝省設置問題ニ関スル意見」の日付は明記されていない。

(6) 須磨から広田、一九三四年六月二九日(粟屋憲太郎・茶谷誠一編『日中戦争対中国情報戦資料』第一巻、現代史料出版、二〇〇〇年)三七四―三七九頁、陸軍省新聞班「日支問題ニ関スル宣伝実施ニ関スル件」一九三六年九月三〇日(同前)一二七―一二九頁。

(7) 拙稿「盧溝橋事件における国民政府外交部と冀察政務委員会——外交部档案『盧溝橋事件——本部與冀察当局商洽情形』を中心に」(『人文研紀要』第五一号、二〇〇四年)三頁。

(8) Chengting T. Wang, "Jingoism versus National Self-Determination," broadcast over the Columbia Network, August 23, 1937, Sterling Memorial Library, Yale University.

(9) Chengting T. Wang, "Some Questions Answered on the Chinese-Japanese Situation," interview granted by the Chinese ambassador to Mr. Wallace Werble, representative of the Transradio Press Service, August 25, 1937, Sterling Memorial Library, Yale University.

(10) Selected statements and addresses of Chengting T. Wang concerning the Sino-Japanese conflict, May 1, 1938, Sterling Memorial Library, Yale University.

(11) 三澤真美恵「南京政府期国民党の映画統制——宣伝部・宣伝委員会による映画宣伝事業を中心に」(『東アジア近代史』第七号、二〇〇四年)七四—七五頁。

(12) 筆者不明「支那に於ける無電網——支那無電事業の現状と、無電を繞る列国の角逐」(『宣撫月報』第二巻第八号、一九三七年)七六—八九頁、伊佐秀雄「日支宣伝戦」(『宣撫月報』第三巻第九号、一九三八年)八七—九六頁。『宣撫月報』については、不二出版から二〇〇六年に復刻されているものを用いた。拙編著『満州事変と重光駐華公使報告書——外務省記録「支那ノ対外政策関係雑纂『革命外交』」に寄せて』(日本図書センター、二〇〇二年)一七一頁も参照。

(13) 内閣情報部「宋美齢の対米放送」一九三七年一〇月二五日(荻野富士夫編・解題『情報局関係極秘資料』第六巻(不二出版、二〇〇三年)一一〇—一一二頁。内閣情報部は一九四〇年一二月、情報局に昇格した。

(14) 国難資料編輯社編『国難資料叢刊之一　日本大陸政策的真面目』(上海:生活書店、一九三七年)。同書は、吉林省図書館偽満洲国史料編委会編『偽満洲国史料』第二四巻(北京:全国図書館文献縮微複製中心、二〇〇二年)四一—一七四頁に影印版で復刻された。山口一郎「文献解題『田中上奏文』その他」(『中国』第六二号、一九六九年)三八—四九頁も参照。

(15) *Japanese Aggression and the Nine Power Conference at Brussels*, published by the Press Bureau of the Chinese Delegation, 1937, Sterling Memorial Library, Yale University; 拙稿「顧維鈞とブリュッセル会議——『条約の神聖』を求めて」(中央大学人文科学研究所編『中華民国の模索と苦境　一九二八~一九四九』中央大学出版部、二〇一〇年刊行予定)。

(16) Hirosi Saito, *The Conflict in the Far East: Reprinted from "World Affairs," December 1937* (Washington, D. C.:

American Peace Society, 1937), Sterling Memorial Library, Yale University.

(17) Hornbeck to William H. King, December 14, 1937, Stanley K. Hornbeck Papers, Box 406, Hoover Institution, Stanford University.

(18) *New York Times*, January 1, 1938.

(19) *Chicago Daily Tribune*, January 14, 1938.

(20) *New York Times*, May 14, 1939.

(21) *New York Times*, June 21, 27, 30, 1939.

(22) 後年、台湾に逃れてからも蔣介石は、「田中上奏文」を引用しながら講話を施している。中国文化大学中華学術院先総統蔣公全集編纂委員会編『先総統蔣公全集』第一巻（台北：中国文化大学出版部、一九八四年）一二〇八頁、第二巻、二〇一五、二〇一六頁。Chinese Ministry of Information, ed., *The Collected Wartime Messages of Generalissimo Chiang Kai-shek, 1937–1945* (New York: John Day Company, 1946), vol. 1, pp. 142, 358, vol. 2, pp. 486, 515, 618 も参照。

なお、蔣介石が講話で「田中上奏文」に論及した一九三九年一月二一日と一九五〇年六月一一日の蔣介石日記を閲覧したものの、「田中上奏文」への論及はなかった。Chiang Kai-shek Diary, January 21, 1939, June 11, 1950, Chiang Kai-shek Diaries, Box 40, 48, Hoover Institution, Stanford University.

(23) Howard D. Norris to Roosevelt, June 30, 1939, *Records of the Department of State Relating to Political Relations between China and Japan, 1930–1944*, reel 62 (Washington: National Archives and Records Administration, 1976). 高光佳絵氏から教示を得た。

(24) *New York Times*, April 23, May 3, 1940, October 30, 1947; Robert Aura Smith, *Our Future in Asia* (New York: Viking Press, 1940), p. 248. スミスは、『ニューヨーク・タイムズ』紙の記者であった。

(25) Ralph Townsend, *America Has No Enemies in Asia!: Popular Rumors from Asia Are Very Alarming, Analyzed and Compared Facts Are Not* (San Francisco, 1938), pp. 36–38; idem, *Seeking Foreign Trouble* (San Francisco, 1940), p. 46. それぞれの和訳は、ラルフ・タウンゼント／田中秀雄・先田賢紀智訳『アメリカはアジアに介入するな』（芙蓉書房出版、二〇〇五年）一一五―一一七頁、ラルフ・タウンゼント／日本経済聯盟会対外事務局訳『米禍』（日本経済聯盟会対外事務局、一九四一年）一一二―一一四頁。

外務省情報部がタウンゼントらを利用して宣伝工作を行っていたことについては、外務省情報部「昭和十二年度執務報告」一九三七年一二月、一二一—一二四頁、外務省情報部「昭和十三年度執務報告」一九三八年一二月、一六六—一六九頁も参考になる。いずれも、『外務省執務報告 情報部 昭和十一年〜十三年』（クレス出版、一九九五年）所収となっている。タウンゼントについては、高橋勝浩氏から教示を得た。根道広吉駐バンクーバー領事から有田外相、一九三九年三月二〇日（「支那事変関係一件 輿論並新聞論調 外国ノ部」第一巻、A. 1. 1. 0. 30-2-2, 外務省外交史料館所蔵）も参照。

なお、タウンゼントは一九四二年一月に親日プロパガンダを理由に起訴され有罪となっている（*New York Times*, January 29, June 13, 1942）。

（26）Leon Trotsky, "Memorandum Tanaka," May 1940, Leon Trotsky Papers, T 4815, Houghton Library, Harvard University; statement to press, May 1, 1940, Trotsky Papers, T 4843. Naomi Allen and George Breitman, eds., *Writings of Leon Trotsky, 1939-1940* (New York: Pathfinder Press, 1973), pp. 168-180, 392; 薬師寺亘訳『トロツキー著作集 一九三九—一九四〇』下巻（柘植書房、一九七一年）一四八—一六五頁も参照。

（27）Memorandum by Joseph Hansen, May 1, 1940, Joseph Hansen Papers, Box 69, Hoover Institution, Stanford University.

（28）*Japanese Imperialism Stripped: The Secret Memorandum of Tanaka, Premier of Japan*, originally published in the *Communist International*, Hansen Papers, Box 101; *the Tanaka Memorial*, reprinted from *the Far Eastern Magazine*, vol. 1, no. 7, May 1938, published by the Chinese Student Patriotic Association of America, Hansen Papers, Box 101.

（29）Trotsky, "Memorandum Tanaka," Trotsky Papers, T 4815.

（30）Leon Trotsky, "The 'Tanaka Memorial,'" *Fourth International*, vol. 2, no. 5 (1941), pp. 131-135.

（31）Pierre van Paassen, *That Day Alone* (New York: Dial Press, 1941), pp. 473-478; *New York Sun*, June 26, 1941, Hornbeck Papers, Box 406; *Chicago Daily Tribune*, February 15, 1942; *Los Angeles Times*, October 23, 1942.

（32）*Los Angeles Times*, September 15, 1940.

（33）*Washington Post*, April 10, 1941.

（34）*Chicago Daily Tribune*, July 29, 1941. 孔祥熙は、すでに一九三八年七月三日の漢口UP新聞電報放送でも、「田中上奏文」を用いて日本を非難していた（内閣情報部「蔣政権下の抗日デマ放送（第四輯）」一九三八年一一月一〇日、荻野富士夫編・解題『情報局関係極秘資料』第七巻、二三一頁）。趙玉明『中国現代広播簡史』（天津：中国広播電視出版社、一九八七年）四一―四五頁、貴志俊彦「日中戦争期、東アジア地域のラジオ・メディア空間をめぐる政権の争覇」（宇野重昭・増田祐司編『北東アジア世界の形成と展開』日本評論社、二〇〇二年）一六三―一六八頁、陳雁『抗日戦争時期中国外交制度研究』（上海：復旦大学出版社、二〇〇二年）二六九―二七四頁も参照。

（35） 土田哲夫「中国抗日戦略と対米『国民外交工作』」（石島紀之・久保亨編『重慶国民政府史の研究』東京大学出版会、二〇〇四年）一三一―一三三頁。

（36） Vitaliy Pavlov, *Operatsiya "Sneg": Polveka vo vneshney razvedke KGB* (Moscow: Geya, 1996), pp. 30, 38.

パブロフについては、下斗米伸夫「ソ連の対日関係」（五百旗頭真・北岡伸一編『開戦と終戦――太平洋戦争の国際関係』情報文化研究所、一九九八年）三四―三六頁、須藤眞志『ハル・ノートを書いた男――日米開戦外交と「雪」作戦』（文春新書、一九九八年）一二九―一五一、一五九―一六五頁、Boris N. Slavinsky, *SSSR i Yaponiya — na puti k voyne: diplomaticheskaya istoriya, 1937-1945 gg.* (Moscow: ZAO, 1999), pp. 16-17, 163, 278-282, 289, 440, 476, 514; ボリス・スラヴィンスキー／加藤幸廣訳『日ソ戦争への道――ノモンハンから千島占領まで』（共同通信社、一九九九年）二〇―二一、一六二、二八〇―二八五、二九二、四五〇、四八七頁も参照。

（37） *Los Angeles Times*, December 9, 1941.

（38） Carl Crow, ed., *Japan's Dream of World Empire: The Tanaka Memorial* (New York: Harper & Brothers, 1942); *Washington Post*, December 12, 1941, January 10, February 28, March 22, May 20, 1942; *New York Times*, December 14, 1941, February 4, 8, 11, 22, March 1, 10, November 1, 1942, January 24, May 16, September 19, 1943, April 18, 1945; *Los Angeles Times*, January 26, February 15, 28, April 18, 1942, January 18, 1945; *Chicago Daily Tribune*, February 11, 28, 1942, March 5, 1943; *Wall Street Journal*, February 14, 1942; *Times*, July 7, 1943.

（39） 山本武利『ブラック・プロパガンダ――謀略のラジオ』（岩波書店、二〇〇二年）二〇―三三頁。

（40） *Washington Post*, July 11, 1943. ラティモアの役職は、director of Pacific Operations of the OWI であった。Owen Lattimore, compiled by Fujiko Isono, *China Memoirs: Chiang Kai-shek and the War against Japan* (Tokyo: University of Tokyo Press, 1990), pp. 165-173; オーウェン・ラティモア／磯野富士子編訳『中国と私』（みすず書房、一九九二年）一九三―二〇三頁も参照。ただし、長尾龍一『オーウェン・ラティモア伝』（信山社出版、二〇〇〇年）四六―四九頁によると、ラティモア自身は「田中上奏文」をプロパガンダに用いることに消極的だったという。

(41) C. B. Fahs to Carl F. Remer, January 5, 1942, Hornbeck Papers, Box 406; Fahs to Remer, January 14, 1942, Hornbeck Papers, Box 406; Remer to Hornbeck, January 22, 1942, Hornbeck Papers, Box 406; Hornbeck to Remer, February 14, 1942, Hornbeck Papers, Box 406; Hornbeck to Sumner Welles, March 13, 1942, Hornbeck Papers, Box 406.

(42) Sumner Welles, *The Time for Decision* (New York: Harper & Brothers, 1944), p. 276.

(43) *Why We Fight: Prelude to War*, directed by Frank Capra, 1943; Frank Capra, *The Name above the Title* (New York: Macmillan Company, 1971), pp. 325-367. John W. Dower, *War without Mercy: Race and Power in the Pacific War* (New York: Pantheon Books, 1986), pp. 15-23 も参照。

(44) *Why We Fight: The Battle of China*, directed by Frank Capra, produced by the War Department Signal Corps Army Service Forces, music by the Army Force Orchestra, 1944. 日本では、フランク・キャプラ監督『日中戦争』(大陸書房、一九九一年)として刊行されている。

(45) *Know Your Enemy — Japan*, directed by Frank Capra and Joris Ivens, produced by the War Department, Information and Education Division, Army Service Forces, 1945.

(46) *Blood on the Sun*, directed by Frank Lloyd, 1945; *Los Angeles Times*, November 12, 1944, June 9, 23, 1945; *Wall Street Journal*, June 29, 1945.

(47) *Washington Post*, April 13, 1945.

(48) Yarnell, "Far Eastern Situation," July 20, 1939, *Records of the Department of State Relating to Political Relations between China and Japan, 1930-1944*, reel 62. 高光佳絵氏から史料提供を受けた。

(49) 江藤淳監修／栗原健・波多野澄雄編『終戦工作の記録』上巻(講談社文庫、一九八六年)三四四頁。このころの日ソ関係を概観したものとして、竹内桂編・解題『戦時日ソ交渉史』下巻(ゆまに書房、二〇〇六年)がある。

(50) 外務省政務局「世界情勢ノ動向(第二巻第四十六報)」一九四四年一一月二四日(外務省調書類、政務局、九七、外務省外交史料館所蔵)。

(51) 駐ソ中国大使館から外交部、一九四五年五月三一日(中華民国外交部編『外交部档案叢書——界務類 第一冊 東北巻』台北：中華民国外交部、二〇〇一年)二三六頁、駐ソ中国大使館から外交部、八月一四日(同前)二三八頁。

(52) 北山節郎編『太平洋戦争メディア資料 II 終戦と対外報道』(緑蔭書房、一九九七年)五二二—五二三頁。

第四章　日本占領と東京裁判──一九四五─一九五一

一　占領統治と「田中上奏文」の残像

終戦後の「田中上奏文」──三つの視角

太平洋戦争末期の日本が降伏に踏み切れずにいたころ、各国の情報戦は苛烈をきわめていた。宣伝文書、ラジオ工作、プロパガンダ映画、ポスター、ビラ、デマなどが渦巻くなかで、日本はようやく一九四五（昭和二〇）年八月一四日にポツダム宣言を受諾したのである。(1) 国民やメディアを総動員した戦争が終わると、日本はアメリカの占領下に置かれた。

それでは、戦時中にあれだけ激しかった宣伝工作の影響は、終戦とともに払拭されたのであろうか。それとも一定の影響力を保ち、別の形で進展したのか。本書の解釈は後者であり、「田中上奏文」の全容を知るには戦後を分析の対象に含めねばならない。「田中上奏文」は、極東国際軍事裁判、すなわち東京裁判でも審理の対象になっている。第四章では、日本占領下の「田中上奏文」を追ってみたい。

すでに論じたように満州事変後から日本と中国は、アメリカなどの第三国だけでなく、リットン調査団や国際連盟に向けても宣伝外交を行ってきた。中国は怪文書の「田中上奏文」をプロパガンダに用いており、「田中上奏文」はアメリカ、東南アジア、ヨーロッパにも頒布された。太平洋戦争ではアメリカも、「田中上奏文」を宣伝材料とした。日本の降伏時に「田中上奏文」は世界的に流通しており、アメリカでも概して本物と見なされたのである。

日本占領を扱う本章では、三つの視角から「田中上奏文」を論じる。

第一に、終戦直後のアメリカ、そして日本の統治に当たった連合国最高司令官総司令部、つまりGHQ（General Headquarters of the Supreme Commander for the Allied Powers）の「田中上奏文」観である。鳩山一郎の公職追放に対する「田中上奏文」の影響も探ってみたい。

第二に、東京裁判である。(2) 破局的な敗戦を迎えた日本の指導者たちが裁かれた際に、「田中上奏文」も市ヶ谷の法廷で審理の対象になった。

A級戦犯容疑者を起訴した国際検察局は、「田中上奏文」について吉田茂らに聴取していたし、法廷の証人台に立った岡田啓介、秦徳純、森島守人らも「田中上奏文」に論及した。「田中上奏文」は、裁判の特徴となる共同謀議ともかかわる論点であったが、審理の過程でうやむやになった。共同謀議とは英米法に独特の理論で、二人以上による違法な合意を意味した。

第三に、メディアが「田中上奏文」をどう伝えたかである。日米の新聞報道を比較するほか、占領下の映画や雑誌を取り上げたい。

以下では、GHQや国際検察局の「田中上奏文」観、東京裁判、さらには新聞や映画における「田中上奏文」をたどっていく。

アメリカの報道

ポツダム宣言を受諾した鈴木貫太郎内閣が一九四五年八月一五日に総辞職すると、皇族の東久邇宮《ひがしくにのみや》稔彦《なるひこ》を首班とする内閣が誕生した。九月二七日には、昭和天皇が初めてマッカーサー（Douglas MacArthur）と会見し、一〇月九日には幣原喜重郎内閣が成立している。

終戦後もアメリカの新聞は、「田中メモリアル」について報じていた。同年九月二九日の『ワシントン・ポスト』紙は、「田中メモリアルが本物の文書でなかったとしても、そこには早くも一九二七年の時点で日本の世界征服に向けた段階的計画が示されており、その多くは一九三〇年代にアジアで現実となった」と伝えている。(3) 戦後のアメリカでも「田中メモリアル」は、対日観に大きな影響力を保ったのである。

戦時中に「田中メモリアル」を宣伝映画に用いていたマーシャル陸軍参謀総長は一九四五年一〇月、パターソン（Robert P. Patterson）陸軍長官宛て報告書で戦争を総括した。『ニューヨーク・タイムズ』紙によるとマーシャルの報告書は、陸軍省の参謀幕僚による分析としてこう論じている。

膨張の方針は、日本の首相による一九二七年の裕仁宛て秘密文書とされる「田中メモリアル」に描かれた。本物かどうかはともかく「田中メモリアル」は、日本が従った行動様式を示しており、それが太平洋の大戦に至った。(4)

すなわちマーシャルは、「田中メモリアル」の真偽を留保しながらも、そこに日本の行動様式が集約されていると報告書に記したのである。日本の行動原理を表現するうえで、「田中メモリアル」は簡便だったのであろう。

マーシャル報告書に注目したのは、『ニューヨーク・タイムズ』紙だけではなかった。『ワシントン・ポスト』紙は、Japs Planned To Hit Coast という小見出しとともに、「日本が『田中メモリアル』の行動様式に従ったものと陸軍省の参謀幕僚は結論づけており、『田中メモリアル』は一九二七年に裕仁のために用意された秘密文書と噂されているとマーシャルは言明した」と伝えた。『ニューヨーク・タイムズ』紙に比べて『ワシントン・ポスト』紙の記事は短く簡潔なだけに、「田中メモリアル」を本物と印象づけるような書き方になっている。[5]

『ニューヨーク・タイムズ』紙は、太平洋艦隊司令長官だったニミッツ（Chester W. Nimitz）の「田中メモリアル」観についても伝えた。それによると、第二次世界大戦の海軍史編纂会議においてニミッツは、アメリカが日本の野心を知ったのは「田中メモリアル」を通じてだと述べたという。[6]

このようにアメリカでは、戦時中のプロパガンダが浸透しており、「田中メモリアル」は終戦後もかなり信じられていたのである。

ＧＨＱと昭和天皇

太平洋を遠く隔てた日本では、ＧＨＱが占領統治に着手していた。そのＧＨＱは、「田中上奏文」の扱いで混乱をきたしている。「田中上奏文」の真偽は、昭和天皇の戦争責任とも関連しうるものであり、ひいては天皇制批判にもつながりかねない。ＧＨＱは「田中上奏文」をどう解したのか。

幣原喜重郎内閣の成立に際してＧＨＱは、一九四五年一〇月に幣原の個人調書を作成した。そこに含まれたＧＨＱのメモによると、幣原は「傑出したリベラル」であるが、幣原の外交は「男爵田中首相によって打ち消され、一九二七年には悪名高い『田中メモリアル』が立案された」という。つまり、幣原の調書には「田中メモリアル」が実存するものとして出てきており、そのGHQメモは国際検察局にも渡された。[7] GHQは当初「田中上奏文」を本物と見なしていたといえよう。

「田中上奏文」についてGHQは、石渡荘太郎《いしわたそうたろう》宮内大臣を追及した。元大蔵官僚の石渡は、東条英機内閣の末期から小磯国昭内閣にかけて大蔵大臣を務め、鈴木貫太郎内閣期から占領初期には宮内大臣となっていた。GHQは、石渡宮内大臣から「田中上奏文」の情報を得ようとしており、そのことが天皇の耳にも達する。

それでは、昭和天皇は「田中上奏文」をどうみていたのか。

毎日新聞社記者の藤樫準二《とがしじゅんじ》によると昭和天皇は、石渡が「田中上奏文」についてGHQから追及されていることを知り、「田中上奏文」に関心を示した。「陛下ご自身も是非見せてもらいたいとのことであった。そこで新聞社で田中上奏文を探してもらいたいと頼まれて、私（記者）も政治部のデスクに依頼したが、やっぱり見つからなかったのは残念であった」と藤樫はいう。

つまり昭和天皇は、石渡が「田中上奏文」について追及されていることを気にかけ、「田中上奏文」を探して欲しいと藤樫に求めたものの、見つからなかったのである。[8]

「田中上奏文」に関心を示した昭和天皇にとって、田中義一との関係は苦い記憶に違いない。木下道雄侍従次長の日記に残された天皇の言葉によると、田中首相は、張作霖爆殺事件を企てた関東軍の河本大作に対して処罰を「有耶無耶《うやむや》に付することとし」た。もともと田中は軍法会議に付すると述べていただけに、田中の食言は明らかである。怒りをあらわにした天皇は、「それでは話が違う、辞表を出したらよい」と田中を叱責して内閣を総辞職させていた。十数年前の出来事を振り返った天皇は、「若気の至りでと苦笑せらる」。

また昭和天皇は、「正義に基いて田中を処断したることが宮中の陰謀の如く宣伝誤解されたる苦き経験あるをもって、東条内閣の末期には朕自らは手を下さざりき」とも木下に語った。田中を叱責し、総辞職させたことを悔やんだ天皇は、そのことを教訓として東条内閣に手を下さなかったというのである。(9)天皇にとって田中との関係は、負の遺産にほかならなかった。

鳩山一郎の公職追放

「田中上奏文」は、鳩山一郎自由党総裁の公職追放とも無関係ではないようである。

GHQは一九四六年一月四日、A項からG項までの公職追放令を発した。追放令は、A項「戦争犯罪人」からG項「その他の軍国主義者および超国家主義者」の追放を規定したものである。これを受けた幣原内閣は、楢橋渡《ならはしわたる》内閣書記官長のもとに第一次公職資格審査委員会を設置し、公職追放を実施していった。

四月には戦後初の総選挙が行われ、鳩山率いる自由党が第一党に躍り出た。しかし、意外にも鳩山が五月四日に公職追放となったため、自由党後継総裁の吉田茂が首相に就任した。第一次公職資格審査委員会は鳩山を公職追放に該当しないと判断していたにもかかわらず、GHQが強権を発動して鳩山を追放したのである。鳩山とすれば、手中にしていた首相の座を逃したことになる。

GHQ令によると鳩山はG項、つまり「その他の軍国主義者および超国家主義者」として好ましからざる人物だという。GHQによる公職追放としては、ほかに第一次吉田内閣蔵相の石橋湛山《たんざん》などもあるにせよ、鳩山の公職追放は政局に最も大きな衝撃を与えたパージである。

GHQが鳩山を公職追放にした論拠はいくつもある。

すなわち、田中義一内閣の内閣書記官長として治安維持法改正による言論弾圧を進めたこと、斎藤実内閣の文部大臣として京都大学法学部教授滝川幸辰《ゆきとき》を罷免したこと、労農団体の解体に関与してヒトラー（Adolf Hitler）を礼賛《らいさん》したこと、日中戦争開始直後に近衛文麿首相の私的使節として「日本の侵略計画を正当化するため」アメリカや西欧を旅行したこと、一九四二年に選挙運動の挨拶状で「田中内閣によつて樹《た》てられた世界政策は着々として実現されつつある」と豪語し、「悪名高き田中の世界征服政策（notorious Tanaka policy of world conquest）」と一体化したこと、などである。

五月五日の『朝日新聞』一面は、「鳩山総裁に追放令」の見出しで日本政府に対するGHQ令を掲載した。GHQが鳩山を公職追放にした一因は、田中内閣による内外政への関与にある[10]。

従来、鳩山の公職追放に際してGHQが重視した田中内閣の対外政策とは、「田中上奏文」ではなく東方会議を意味すると解されてきた。第一章一で論じたように東方会議とは、一九二七年六月から七月にかけて田中内閣が開催した大規模な連絡会議であり、対中国政策を協議していた。この東方会議には、田中首相兼外相や芳沢謙吉駐華公使、吉田茂奉天総領事、武藤信義関東軍司令官などが出席した。

それでは、GHQが鳩山を公職追放とした判断の根底に、「田中上奏文」の影響はあっただろうか。GHQの鳩山追放令に「田中上奏文」のことが明記されているわけではないため、当時の報道を手掛かりにこの点を探りたい。

「マッカーサーは『田中メモリアル』を採用するのか」

一九四六年五月四日の『ニューヨーク・タイムズ』紙によると、鳩山は田中義一内閣の内閣書記官長として言論弾圧に関与し、一九三八年に出版された鳩山の著作『外遊日記　世界の顔』でヒトラーを礼賛していたという。GHQは、鳩山が「悪名高き田中の世界征服政策」と一体化していると見なしたともいう。「悪名高き田中の世界征服政策」とは、すでに引用したGHQ令の表現である。[11]

それでは、GHQ令の「悪名高き田中の世界征服政策」とは何を示唆するのか。言い換えれば、従来いわれてきたように東方会議を指すのか、あるいは「田中上奏文」なのだろうか。

翌五月五日の『ニューヨーク・タイムズ』紙は、鳩山に対するインタビューを掲載している。自宅で取材に応じた鳩山は、悲しげな笑みを浮かべながら、「(GHQの――引用者注)指令には事実関係の誤りが多く含まれている」と答えた。「一九三八年の拙著『外遊日記 世界の顔』では、ファシストの指導者たちを称賛してなどいない」。

鳩山によると、たしかに一九四二年の選挙用パンフレットには「田中内閣の世界政策を支持する」という公約が含まれていたものの、それは「世界征服政策」などではない。「マッカーサー将軍は、『田中メモリアル』なるものが正規文書だという『虚構』を採用するというのか」と鳩山は訴えた。つまり、鳩山と『ニューヨーク・タイムズ』紙は、GHQ令の「悪名高き田中の世界征服政策」が「田中上奏文」を意味すると解したのである。

さらに鳩山は、「田中上奏文」を「中国の偽造文書」だと主張し、GHQが「『疑わしい(alleged)』文書を本物だと証明しようとするとは面白い」と皮肉を述べた。そのうえで鳩山は、「田中内閣の内閣書記官長として、そんなものを聞いたこともなかった」と取材を締めくくった。このように鳩山は、「田中上奏文」に対するGHQの誤認が公職追放の一因であると見なし、これに強く反発したのである。

インタビューに東方会議のことは出てこない。[12]

これらの報道や鳩山の反応から判断して、GHQ令の「悪名高き田中の世界征服政策」は「田中上奏文」を含むと解するのが自然だろう。ＧＨＱに鳩山への判断を誤らせるほどに、「田中上奏文」の影響は根強かったのである。このころまで、マッカーサーも「田中上奏文」を信じていた可能性が高い[13]。

鳩山は一九四六年七月一三日に元外交官の来栖三郎と会っている。このとき来栖は、田中義一やマッコイ、ウッドの逸話を鳩山に語った。第二章四で触れたように陸軍軍人のマッコイは、一九二〇年代にウッド総督のもとでフィリピン統治に携わっており、リットン調査団で委員を務めたこともあった。

田中義一が一九二二（大正一一）年にマニラへ出張したときに、マッコイは田中と会っていた。田中はフィリピンからの帰路に上海で襲撃されたのだが、「田中上奏文」では欧米からの帰途に上海で襲われたことになっていた。このためマッコイは、「田中上奏文」を偽書だと知っていたであろう。マニラで田中の会談を通訳したのが来栖であり、来栖はそのことを鳩山に語ったのである。これを聞いた鳩山は、「来栖君が田中大将のフィリピン行の話中々面白し。ウッド、マッコイ等との会話は田中メモリアルと称する偽筆の文章に対する有力なる反証となる」と日記に書き入れた[14]。

映画『日本の悲劇』

占領下の日本で大衆に「田中上奏文」の像をもたらしたのは、亀井文夫監督の映画『日本の悲劇』である。レニングラードで映画を学んだ亀井は、反戦映画を制作したとの理由で戦時中に投獄されていた。一九四六（昭和二一）年五月に亀井監督は、復帰第一作として『日本の悲劇』を完成させた。

『日本の悲劇』は、戦時中のニュース映画などを用いて戦争責任を問うたものであり、次のナレーションで開幕する。

侵略戦争は日本の支配階級が終始一貫してとってきた政策である。ここに田中覚書と呼ばれる怪文書がある。これは昭和三《ママ》年、ときの総理大臣田中義一大将がいまの天皇陛下に上奏したものだと言い伝えられている。ことの真偽はともかくとして、太平洋戦争に至るまでの日本の支配階級の歩みが、まったくこの覚書の通りになってきていることは驚くべき事実だ。

このナレーションに続けて映画の冒頭では、「支那を征服せんと欲せば、先づ満蒙を征せざるべからず」という「田中上奏文」の文言が用いられた。

映画『日本の悲劇』で亀井は、「田中上奏文」が偽書であるかはともかく、「満洲事変以来大東亜戦争にいたるまでの日本の支配階級の歩みが、全くこの覚え書の筋道どおりになつて来てゐる事実」を印象づけようとしたという。さらに亀井は、この映画で昭和天皇の戦争責任についても示唆しており、天皇が大元帥服からモーニングへと姿を変えていくシーンもあった。

一度は検閲を通過した『日本の悲劇』であったが、天皇を登場させた問題作のためか、東邦や松竹のような大手は配給を断った。やむなく、二、三の地方館でまず上映したところ、記録的なヒットになったという。しかし、『日本の悲劇』を見た吉田首相が激怒してGHQに働きかけ、再び検閲を行ったGHQは上映の許可を取り消した。そのころからGHQ内部では、急進的なニューディーラーが後退していたのである。(15)

映画『日本の悲劇』とほぼ同時に、「田中上奏文」は雑誌『日本週報』でも紹介された。「田中上奏文」の概略を七頁にわたって掲載した同誌は、その世界的な流布を次のように論じている。

これ（「田中上奏文」――引用者注）は最初、昭和四年十二月に支那の月刊雑誌「時事日報《ママ》」に「田中義一上日皇之奏章」といふ題名で掲載された。（中略）この英文は、タナカ・メモランダム（田中覚書）として各国に配られたといひ、さらにソ連邦の政府機関紙「プラウダ」に公表された時には、世界に一大旋風を捲起《まきおこ》したものである。

もちろん、本文の内容を読めば、実際に上奏したもの《ママ》上奏文でないことは明かであるが、世界の政治、外交に影響を及ぼし、延いては、中国の抗日運動を決定的ならしめた点を考へると、実に驚くべき怪文書である。(16)

「世界の政治、外交に影響を及ぼし」たという「田中上奏文」の波紋は、いまや東京裁判に向かおうとしていた。市ヶ谷で開催された法廷は、「田中上奏文」の影響力を見せつけることになる。

二　国際検察局と日本外務省

戦犯起訴状

まずは東京裁判のあらましを述べておきたい。

東京裁判とは、ポツダム宣言第一〇項に基づいて、アメリカ、イギリス、ソ連、中国、フランス、オランダ、カナダ、オーストラリア、ニュージーランド、フィリピン、インドの一一カ国が日本の戦争指導者に対して行った国際裁判である。裁判長にはオーストラリアのウェッブが任ぜられ、アメリカのキーナン（Joseph Berry Keenan）が首席検察官を務めた。

被告は二八人のA級戦犯容疑者であり、東京裁判は一九四六年五月に市ヶ谷で開廷した。一九四八年一一月の判決では、東条英機をはじめ土肥原賢二、広田弘毅、板垣征四郎、木村兵太郎《へいたろう》、松井石根《いわね》、武藤章《あきら》の七人が絞首刑を宣告された。荒木貞夫や畑俊六《しゅんろく》、平沼騏一郎《きいちろう》、木戸幸一、小磯国昭、南次郎、白鳥敏夫、梅津美治郎《よしじろう》など一六人は終身禁固刑となっている。

開廷に先立ち連合国最高司令官（SCAP）のマッカーサーは一九四五年一二月、来るべき戦争裁判に向けて国際検察局を設置した。マッカーサーが国際検察局にアメリカのキーナンを任命し、来日したキーナンは裁判所条例の公布に伴って首席検察官に就任する。

一九四六年四月二九日、つまり戦後初の天皇誕生日に国際検察局のキーナンは、二八人に対する戦犯起訴状を裁判所に提出した。このとき国際検察局は、「田中上奏文」の真偽をまだ確定できずにいたと思われる。起訴状は一九二八年一月一日を起点としており、降伏文書に調印した一九四五年九月二日までを対象に含めた。東京裁判の審理は、太平洋戦争に限られていないのである。

起訴状の訴因は全部で五五あり、第一類「平和に対する罪」（訴因一～三六）、第二類「殺人」（訴因三七～五二）、第三類「通例の戦争犯罪及び人道に対する罪」（訴因五三～五五）に区分された。第一類「平和に対する罪」のうち訴因一から五が共同謀議にかかわっており、国際検察局は二八人の被告全員が訴因一から五の共同謀議に該当すると主張した。訴因一から五は次のとおりである。

訴因一「東アジア・太平洋等支配を目的とする侵略戦争の全般的共同謀議」
訴因二「満州支配を目的とする対中侵略戦争の共同謀議（満州事変）」
訴因三「中華民国支配を目的とする対中侵略戦争の共同謀議（日中戦争）」

訴因四「東アジア・太平洋等支配を目的とする米英ほかに対する侵略戦争の共同謀議（太平洋戦争）」
訴因五「世界分割支配を目的とする対独伊提携による米英ほかに対する侵略戦争の共同謀議（三国同盟）」

一九二八年が戦争犯罪の起点とされた理由は、細目を列記した起訴状附属書A第一節「満州に於ける軍事的侵略」に示されている。

千九百二十八年（昭和三年）一月一日以来一部民間人の支援のもとに満州において事件を惹き起さんとする策謀が日本国陸軍殊に関東軍に存したり。
右事件は後日、中華民国の他の部分及びソビエト社会主義共和国連邦の領土に拡大、遂には一層広汎なる地域に拡大せられ、かつ日本を世界における支配的強国たらしむることを目的とせる制覇企図の第一歩として日本のため該地を征服し占領し開発利用する口実をなすべきものたるなり。

ここでいう「右事件」とは、張作霖爆殺事件を指すのであろう。満州事変から日中戦争に至る前史として国際検察局は、済南事件ではなく張作霖爆殺事件を重視したのである。「制覇企図の第一歩」として張作霖爆殺事件は、計画的侵略の文脈に位置づけられた[17]。

国際検察局の訴えによると、一九二八年一月一日以降における侵略の共同謀議に全被告が責任を有するという。共同謀議の立証が裁判で認定されれば、被告たちを一網打尽にしうる。

訴因一から五のうち、実際に判決で認定されるは訴因一だけであり、しかもウェッブ裁判長やインドのパル（Radha Binod Pal）裁判官は、少数意見のなかで共同謀議をいまだ国際法上の犯罪になっていないと記した[18]。それでも、訴因一で共同謀議が多数派の裁判官に認められたことは、判決の大きな特徴となる。共同謀議論の原点が、国際検察局の戦犯起訴状だった。

外務省の憤慨

共同謀議論に立脚した国際検察局の戦犯起訴状は、日本政府にどのように映ったのか。一九四六年五月に外務省は、「戦犯起訴状に関する見解」と題した調書を作成している。「数日の短時日の中に取纏《とりまと》められたものであり、且つ十数名の者が分担した」という外務省調書は、戦犯起訴状にかなり批判的であった。

検事側は(イ)法に非ざるものを法なりと主張し、然《しか》も(ロ)其の法なりと主張する原則に遡及効《そきゅうこう》を認めんとするものであつて、二重の不当を犯してゐるものと言はなければならない。

現在、「平和に対する罪」や「人道に対する罪」が事後法の適用であることは東京裁判の問題点として知られているが、当時から外務省でも疑問視されていたのである。

外務省員は、戦犯起訴状が太平洋戦争のみならず、一九二八年以降を対象としたことにも首を傾《かし》げた。指摘する要があるのは、今回の起訴状を単に今次太平洋戦争のみならず、満洲事変、張鼓峰、ノモンハン事件、日本の仏印進駐等今次戦争勃発前の事項をも取上げてゐる点である。満洲事変は国際聯盟に上提せられ幾多の経緯を経て一応終熄《しゅうそく》せる事件であり、張鼓峰、ノモンハン事件は夫々《それぞれ》当時外交的解決を見たものであり、仏印進駐は当時米国も大使を派遣してゐたヴィシー政府との協定に基き行はれたものである。

満州事変は収拾がついており、張鼓峰事件やノモンハン事件は外交的に解決されているのだから、東京裁判に含まれるべきではない。外務省はそう考えた。

このため外務省調書は、ポツダム宣言との関係からも、東京裁判の審理を太平洋戦争に限るべきだと解した。

ポツダム宣言は今次太平洋戦争を終結させる為発出された文書であり日本も亦同戦争を終結させる為に之を受諾したのである。従て本法廷の権限は今次戦争勃発以後のことに限定せらるべきもので

あり、検事側の意図する如く過去の歴史の上に恣意的な一線を引くことは全く本法廷の権限外だと謂《い》はなければならない。

つまり、東京裁判の法的根拠は、戦争犯罪人に対する処罰がポツダム宣言第一〇項に明記されていることにあり、ポツダム宣言が太平洋戦争を終結させるものである以上、審理の対象は太平洋戦争に限定されるべきだという。にもかかわらず、戦犯起訴状が一九二八年以降を対象としたことに外務省は憤《いきどお》っていた。

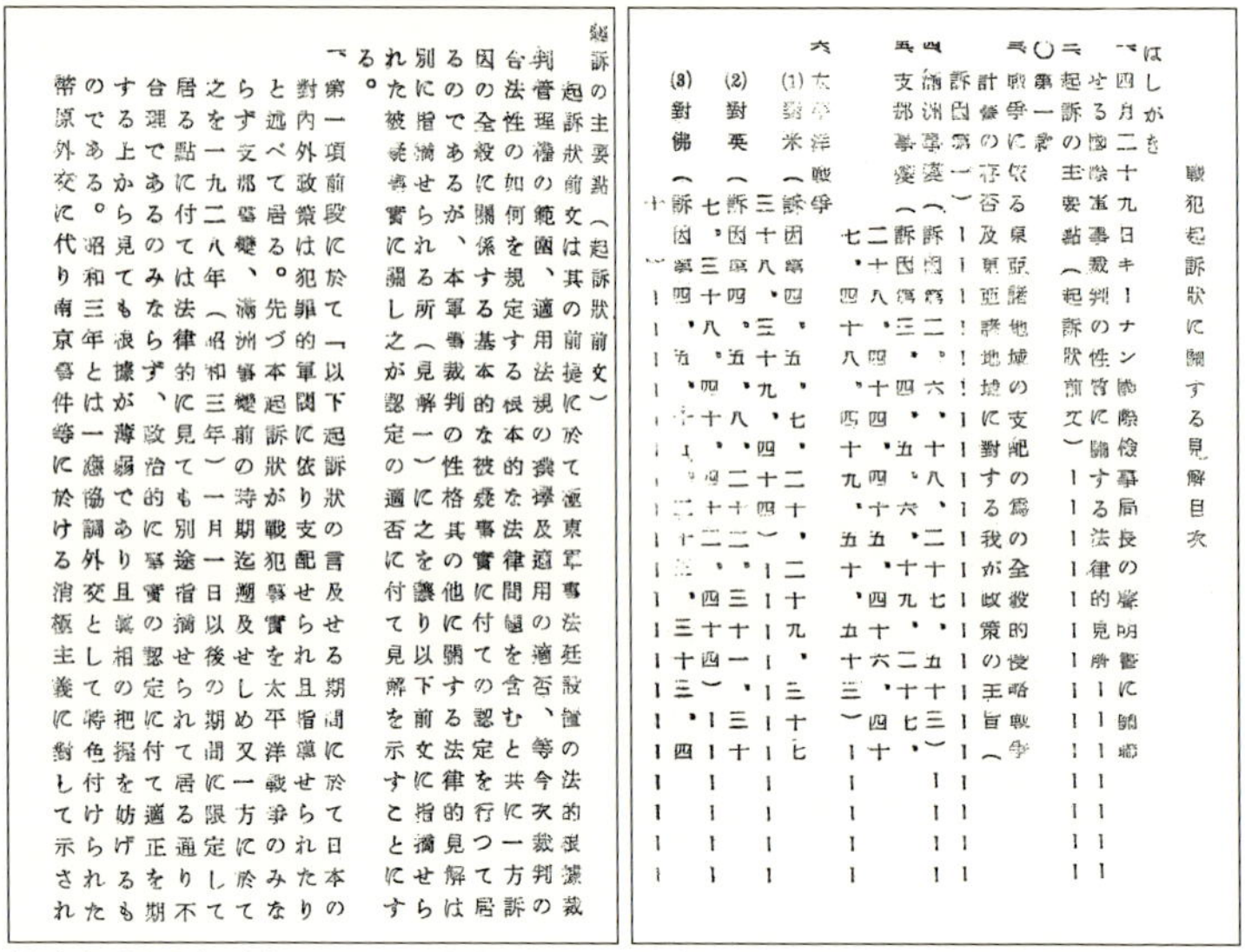
戦犯起訴状に関する見解目次

はしがき

一、四月二十九日キーナン国際検察局長の声明書に関連せる国際軍事裁判の性質に関する法律的見解…………

二、起訴の主要点（起訴状前文）…………

三、（一）第一類戦争に依る東亜諸地域の支配の為の全般的侵略戦争計画の存否及東亜諸地域に対する我が政策の主旨（訴因第一）…………

四、満洲事変（訴因第二、六、十八、二十七、五十三）…………

五、支那事変（訴因第三、四、五、六、十九、二十七、二十八、三十四、四十四、四十五、四十六、四十七、四十八、四十九、五十、五十三）…………

六、太平洋戦争

(1) 対米（訴因第四、五、七、二十、二十九、三十七、三十八、三十九、四十八、四十四）…………

(2) 対英（訴因第四、五、八、二十、三十、三十一、三十四）…………

(3) 対仏（訴因第四、五、四十、二十二、三十三、三十四）…………

二、起訴の主要点（起訴状前文）

起訴状前文は其の前提に於て極東軍事法廷設置の法的根拠裁判管理権の範囲、適用法規の選択及適用の適否、等今次裁判の合法性の如何を規定する根本的な法律問題を含むと共に一方訴因の全般に関係する基本的な被疑事実に付ての認定を行つて居るのであるが、本軍事裁判の性格其の他に関する法律的見解は別に指摘せられる所（見解一）に之を譲り以下前文に指摘せられた被疑事実に関し之が認定の適否に付て見解を示すことにする。

（一）第一項前段に於て「以下起訴状の言及せる期間に於て日本の対内外政策は犯罪的軍閥に依り支配せられ且指導せられたり」と述べて居る。先づ本起訴状が戦犯事実を太平洋戦争のみならず支那事変、満洲事変前の時期迄遡及せしめ又一方に於て之を一九二八年（昭和三年）一月一日以後の期間に限定して居る点に付ては法律的に見ても別途指摘せられて居る通り不合理であるのみならず、政治的に事実の認定に付て適正を期する上から見ても根拠が薄弱であり且真相の把握を妨げるものである。昭和三年とは一応協調外交として特色付けられた幣原外交に代り南京事件等に於ける消極主義に対して示された

外務省「戦犯起訴状に関する見解」1946年5月（法務省大臣官房司法法制調査部「極東国際軍事裁判弁護関係資料120」，4A-018-00・平11法務02687100, 国立公文書館所蔵）

ではなぜ国際検察局は一九二八年、つまり昭和三年一月一日以降を戦争犯罪の起点と見なしたのか。国際検察局の起訴状が張作霖爆殺事件を重視し、「制覇企図の第一歩」と位置づけたことは二〇一頁で述べた。

起訴状の対象が昭和三年以降となったことについて、外務省調書は「田中覚書」に触れながらこう論じる。

昭和三年とは一応協調外交として特色付けられた幣原外交に代り南京事件等に於ける消極主義に対して示された当時の国民的不満に応へて登場した田中内閣の所謂「対支積極外交」台頭時期に当るものであつて、後に世界に喧伝《けんでん》せられた所謂「田中覚書」にも関聯し、日本の計画的侵略政策の初動時期と見做されたのか

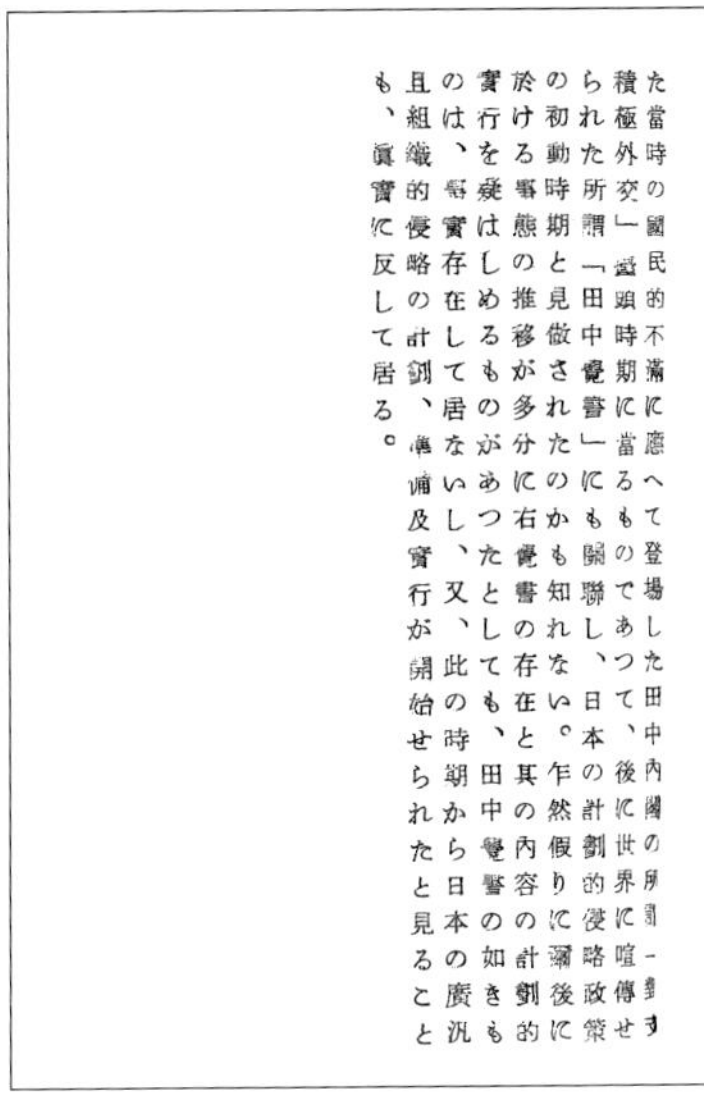
た當時の國民的不滿に應へて登場した田中內閣の所謂「對支積極外交」劈頭時期に當るものであつて、後に世界に喧傳せられた所謂「田中覺書」にも關聯し、日本の計劃的侵略政策の初動時期と見做されたのかも知れない。乍然假りに爾後に於ける事態の推移が多分に右覺書の存在と其の內容の計劃的實行を疑はしめるものがあつたとしても、田中覺書の如きものは、事實存在して居ないし、又、此の時期から日本の廣汎且組織的侵略の計劃、準備及實行が開始せられたと見ることも、眞實に反して居る。

も知れない。乍然《しかしながら》仮りに爾後《じご》に於ける事態の推移が多分に右覚書の存在と其の内容の計画的実行を疑はしめるものがあつたとしても、田中覚書の如きものは、事実存在して居ないし、又、此の時期から日本の広範且組織的侵略の計画、準備及実行が開始せられたと見ることも、真実に反して居る。

すなわち、昭和三年とは田中外交が本格的に実践されたときであり、「田中上奏文」との関係から、日本が侵略計画に着手したと分析されたのではないかと外務省は推測した。

外務省は「田中上奏文」の存在や日本の侵略計画を否定したものの、戦犯起訴状の始期を左右したと目されるほどに、「田中上奏文」の存在は大きかったのである。もっとも、外務省調書が「被告間に共同謀議の事実は認め得ない」と共同謀議論を批判したとはいえ、内部資料にとどめられたため、調書が裁判や世論に作用することはなかった(19)。

弁護団の見解

外務省調書で推測されたように、戦犯起訴状が一九二八年を起点としたことは、国際検察局の「田中上奏文」観と関係していたのだろうか。国際検察局について論じる前に、弁護団の「田中上奏文」観を確認したい。弁護団の見解は、外務省と大いに共通していた。

東条英機の主任弁護人で日本人弁護団副団長の清瀬一郎は、こう振り返っている。

> 検事が本件各訴因で共同謀議の始期を一九二八年（昭和三年）一月一日としたのは、てっきり田中上奏文を見てのことであろう。もしこの上奏文が本ものであったならば、かく考えるのも無理もない。検事は（昭和――引用者注）二十一年、証人として秦徳純将軍を出廷させて、この文書を証明しようとしたが、この証言は林逸郎《いつろう》弁護士の反対尋問により破られてしまった。

つまり清瀬は、戦犯起訴状が一九二八年以降を対象としたのは「田中上奏文」に起因すると論じた。さらに清瀬はこう記す。

> キーナンその他検事諸君は、かの田中上奏文なるものを入手した。（中略）検事諸君はこれが、日本の膨張政策の脚本だ、ヒトラーのマイン・カムプに相当するものだと考え、これを基本として訴因を組み立て、共同謀議の発生初期を昭和三年一月一日（田中内閣の時）とし、（中略）世界侵略の絵巻を展開せんとした。しかるに田中上奏文なるものが、何人かが作った偽作であることが判明した。検事にしても、また検事より予告を受けていた裁判官にしても、これに替わる基礎的計画書がなければ共同謀議の根本がくずれる。ここに上奏文に替えて飛びついたのが広田内閣成立初期（昭一一・八・一一《ママ》）に決定した「国策の基準」である。

清瀬によると、「田中上奏文」の存在を知った検察は、一九二八年元日を「共同謀議の発生初期」としたものの、「田中上奏文」が偽物だと分かると広田内閣の「国策の基準」に共同謀議を求めたため、広田被告に不利に作用した。広田の外相期に発生した南京事件だけでは、広田は極刑に処されなかっただろうと清瀬はいう(20)。

このように清瀬は、「田中上奏文」の日付は一九二七年七月だが、検察が区切りのよいところで一九二八年元日以降を侵略の時期に定めたと判断した。清瀬の指摘は、広田判決に対する「国策の基準」の影響を過大視しているものの、「田中上奏文」をめぐる検察の動向については示唆的と思われる。荒木貞夫弁護人の菅原裕《ゆたか》もこう回想している。

検察側が、一九二八年一月一日をもって本件共同謀議の始期とした根拠については、必ずしも明瞭でないが、当初は同年《ママ》に作成されたといわれる田中上奏文をもって、始期としたのではないかと思われる。しかるに同上奏文が、偽作なることが判明するや、検事側は一九三六年八月七日の広田内閣の「国策大綱《ママ》」をもってこれに代えようとしたが、これまたなんら侵略的意味を有しないことが判明したので、結局、判決が訴因第一を世界的より東洋的に縮小して肯認したのは這般《しゃはん》の関係を物語るものではあるまいか、なお一九二八年が不戦条約成立の年であることは注目に値する(21)。

菅原によると、戦犯起訴状が一九二八年元日を始期としたのは、「田中上奏文」に対する国際検察局の誤認によるというのである。

国際検察局の「田中上奏文」観（1）——木戸幸一への尋問

外務省や弁護団が論じたように、国際検察局は「田中上奏文」の存在を信じていたのだろうか。田中義一が一九二九年に他界していたにもかかわらず、国際検察局は「田中義一」と題されたファイルを作成した。「田中義一」ファイルの文書には、「日本の世界征服計画は、田中義一首相のときに具体化されたと信じられている。田中は天皇にいわゆる田中メモリアルを提出したと考えられており、その田中メモリアルは全世界を日本の支配下に統一しようとしていた」と書かれている。

「田中義一」ファイルの調書が作成されたのは、主に一九四六年一月であった。少なくともその時点まで、国際検察局が「田中上奏文」を本物と見なしていたことになる。[22]

国際検察局は、A級戦犯容疑者が収監されている巣鴨プリズンで尋問を行った。尋問官のサケット（Henry R. Sackett）は同年一月二四日、昭和天皇側近の木戸幸一元内大臣を取り調べている。木戸とサケット以外には、通訳と速記者が一人ずつ同席した。この日は三〇回に及ぶ木戸尋問の第六回であり、満州事変前後の政情について質疑応答がなされた。

冒頭からサケットは、「田中上奏文」に異常な興味を示した。

「田中メモランダムについてあなたが初めて聞いたのはいつか、あるいは田中メモランダムについてよく知っているかどうか、尋ねたいと思います」とサケットは問うた。

「それについてはいろいろな噂がありましたが、いつそのことを初めて聞いたのか覚えていません」と木戸は答えた。

「あなたの覚えているかぎりで、田中メモランダムについてあなたが知ったのはどれくらい前からですか」

「一九三〇年だったと思いますが、正確には覚えていません」

「それについて最初にどんなことをどのようにして知りましたか」

「その話は近衛〔文麿〕や原田〔熊雄〕との雑談中に聞きましたが、あまり気に留めませんでした」

「あなたの記憶では、その席でどんな話が出たのですか」

「それについて正確なことは覚えていません」

「田中メモランダムについて、それがどんなものか、誰がそのことを言ったのか、その意味は何かに関して、あなたは最初にどんなことを知りましたか」

「陸軍にそのような計画を考えている分子がいたという程度です」

このように木戸は、「田中上奏文」について正確には覚えていないと答えている。すでに木戸は自身の日記を国際検察局に提出しており、サケット尋問官は木戸日記に「田中上奏文」の記述がないことを確認していた。

それでもサケットは、覚えていないという木戸に食い下がった。

「あなたの理解では、田中メモランダムはどんなことを主張していたのですか」

「それについては何も知りません。そんなものが実際に存在したかどうかも知りません」

「のちになって、少なくとも田中メモランダムについての議論を聞いたのですね」

「議論というほどのものではありませんでした。そのような意見が陸軍の中にあるという噂があっただけです」

「その陸軍の意見がどんなものだったかについて、あなたはどう理解していましたか」

「当時は満州の独立に関するものだろうと思っていました」

木戸が不詳だと述べているにもかかわらず、サケットは尋問をさらに続ける。

「のちに田中メモランダムの内容について知りましたか」

「知りません。見たことがありません」

「田中メモランダムが武力行使とアジアへの日本の影響力拡大を主張していたというのは事実ですか」

「わかりません」

「あなたが田中メモランダムと何か関係があったと言いたいのではありません。あなたが国民としてこの国の住民としてどんなことを知っていたのか知りたいのです。この文書がどんなものか知りたいのです」

「それについては何も知りません」

「政界で話題になった問題ではなかったのですか」

「あまり話題になりませんでした」

つまり、「田中上奏文」を見たことすらないという木戸に対して、サケットは事実関係を執拗にただしたのである。それほどまでに国際検察局は、「田中上奏文」への先入観に動かされていた。

木戸との質疑応答はかみ合っておらず、誘導尋問を思わせるものといえよう。二時間近くも続いた木戸への尋問を終えたサケットは、「田中上奏文」についてさしたる情報も得られないまま巣鴨プリズンを後にした。(23)

国際検察局の「田中上奏文」観（2）——広田弘毅、小磯国昭、吉田茂らへの尋問

「田中メモリアル」は、一九四六年二月二日の国際検察局スタッフ会議でも議論されている。会議でカー（Denzel R. Carr）が、「『田中メモリアル』の証拠は見つかったのか」と述べると、ホーウィッツ（Solis Horwitz）は、「田中メモリアル」に使用された言葉を根拠に本物ではないという解釈を示した。ハンメル（J. F. Hummel）も偽造文書という見解だった。

これに対してシーア（John D. Shea）は、天皇自身に「そのような文書が天皇に上奏されたのかどうか」を確認すべきだと主張した。しかし、天皇に問うべきという意見は、キーナン首席検察官に容れられなかった[24]。この時点で国際検察局は、「田中上奏文」に疑問を抱きながらも真偽を断定できずにいたのである。

国際検察局は二月四日、元首相でA級戦犯容疑者の広田弘毅に巣鴨プリズンで尋問した。この日の主な内容は、国家主義的団体の玄洋社《げんようしゃ》や黒龍会《こくりゅうかい》であったが、国際検察局の尋問官は「田中上奏文」についても広田に迫った。「『田中メモリアル』は実際に書かれた文書なのか」、「『田中メモリアル』は世界征服計画に関してではなかったのか」と問われた広田は、「聞いたことはあるが、読んではない」と回答している[25]。

尋問官で捜査課長のモーガン（Roy L. Morgan）は二月八日、共同通信記者の加藤万寿夫《ますお》に「田中上奏文」について質問した。加藤が戦犯容疑者ではないため、尋問は明治ビルで行われた。このとき加藤は、「田中の政策はそのようなものだが、それ（「田中メモリアル」を指す——引用者注）は中国人によって書かれたに違いない」と述べている[26]。

二月一二日に国際検察局は、巣鴨プリズンで小磯国昭に尋問する。軍務局長、陸軍次官、関東軍参謀

長、朝鮮軍司令官、朝鮮総督、首相などを歴任した小磯は陸軍軍人であり、終戦後にA級戦犯容疑者として逮捕されていた。尋問官が「田中上奏文」についてただすと、小磯は「聞いたこともない」と強く否定した(27)。

「田中上奏文」の探索に中心的な役割を担ったのが、国際検察局のモーガンである。モーガンは三月六日、「小磯と松岡（洋右A級戦犯容疑者――引用者注）が故田中男爵と親しく、『田中メモリアル』に関する情報を提供できるはずだ」と周囲に指示していた(28)。

次いで国際検察局は四月一日、幣原内閣外相の吉田茂に聴取した。まず尋問官は、東方会議について吉田に質問した。かつて奉天総領事だった吉田は、田中内閣が開催した東方会議に参加していたからである。吉田は、「そのころ満州の中国人と日本人の間で生じていた多様な問題や紛争を議論して解決すること」、そして「宣伝の目的」が東方会議の趣旨だと答えた。

さらに尋問官は、吉田に「田中上奏文」を問うた。「田中上奏文」の内容が、東方会議に依拠した中国への侵略計画だったためである。すると吉田は、「『田中上奏文』などというものは存在しないのであり、中国のプロパガンダによってそのような文書が『創作（creation）』されたと考えている」と明言した(29)。

このように国際検察局は、「田中上奏文」について木戸、広田、加藤、小磯、吉田に尋問した。木戸らの回答がすべて否定的だったにもかかわらず、「田中上奏文」に関する質問は続けられた。国際検察局は、「田中上奏文」の信憑性に疑問を抱きつつも、確信を持てなかったのであろう。五月から開廷する東京裁判の初期には、「田中上奏文」をめぐって論戦が繰り広げられる。

総じていうなら、四月二九日の戦犯起訴状に「田中上奏文」は出てこないものの、東京裁判の対象が

国際検察局の尋問と「田中上奏文」に関する回答

年　月　日	尋問の対象	役職など	「田中上奏文」に関する回答
1946年1月24日	木戸幸一	元内大臣 A級戦犯容疑者	「そのような意見が陸軍の中にあるという噂があっただけ」
2月 4日	広田弘毅	元首相 A級戦犯容疑者	「聞いたことはあるが，読んではない」
2月 8日	加藤万寿夫	共同通信記者	「中国人によって書かれたに違いない」
2月12日	小磯国昭	元首相 A級戦犯容疑者	「聞いたこともない」
4月 1日	吉田茂	外務大臣	「中国のプロパガンダによってそのような文書が『創作』された」

出典：筆者作成

一九二八年を始期となったことに、「田中上奏文」は多少なりとも影響したと思われる。

そのことを間接的に示すものとして、元アメリカ国務省極東局長ジョセフ・バランタインのオーラル・ヒストリーを再び開いてみたい。

第一章二で論じたように、知日派のバランタインが「田中メモリアル」の致命的な誤りを一九二〇年代末に見抜き、国務省は「田中メモリアル」を偽物と知った。そのバランタインが、戦犯起訴状公表後の一九四六年五月に日本を訪れ、国際検察局と接触したのである。

バランタインによると国際検察局は、「外務省や参謀本部でそれ（「田中メモリアル」のこと――引用者注）を見つけ出せずにおり、原文書をくまなく探していた」。そこでバランタインが、「探すのをやめた方がいい。そんなことはできない。存在しないのだから」と述べたところ、「ようやく彼らは探すのをあきらめた」という。

つまり、国際検察局は当初、「田中上奏文」を信じていたことになる。[30]

そのバランタインは、一一月一八、一九、二〇、二一、

二二、二五日に検察側証人として東京裁判に出廷し、真珠湾攻撃に至る日米交渉を詳細に証言したものの、「田中上奏文」には論及しなかった。

バランタインに対しては、ブレイクニー(Ben Bruce Blakeney)弁護人らが反対尋問を行った。反対尋問とは相手側の当事者が行う尋問のことであり、バランタインは検察側の証人として出廷しているため、弁護人のブレイクニーからバランタインへの尋問は反対尋問と呼ばれる。一方、申し立てた側の当事者が行う尋問は直接尋問といわれ、検察側証人のバランタインに対して検察が行う尋問は、直接尋問ということになる。

梅津美治郎と東郷茂徳《とうごうしげのり》の両被告を担当したブレイクニーは、「国務長官ハルは、十一月二十七日陸軍長官スチムソンに対して、私は今や交渉を止めてしまった、今後の問題は陸海軍の手にあると言明したのは事実ですか」などとバランタインに問うている。弁護側反証段階の冒頭で原爆投下を取り上げたこともあるブレイクニーだが、「田中上奏文」については聞かなかった。(31)

なお、国際検察局は八月に鳩山一郎を尋問しているものの、そのころには「田中上奏文」を偽書だと悟っていたためか、「田中上奏文」に関しては確認していない。(32)

三　東京裁判の迷走

岡田啓介の出廷

東京裁判は一九四六年五月三日に開廷し、「田中上奏文」をめぐる応酬の場が、巣鴨プリズンから市ヶ谷の法廷に移された。七月二日には、裁判で「田中上奏文」が初めて議論された。元首相の岡田啓介が、検察側の証人として出廷したのである。

証人台に立った岡田は、田中内閣や斎藤内閣で海軍大臣を務めた穏健派の海軍軍人だった。当時の国民からするなら、首相に上り詰めた岡田が二・二六事件であやうく難を逃れて総辞職し、岡田内閣に代わって広田内閣が誕生していたことは記憶に新しかっただろう。市ヶ谷の法廷で読み上げられた岡田の宣誓口供書は、田中内閣期の張作霖爆殺事件などに触れており、「当時ノ首相田中大将ハ大陸ニ関スル最後的計画ヲ持ツテ」いたと論じた。

東条英機被告の弁護人で、弁護団副団長の清瀬一郎は、この岡田口供書に疑問を抱いた。田中首相の「最後的計画」に論及した岡田口供書は、田中内閣が武力による大陸進出を計画していたと解されかねないからである。清瀬は、「田中上奏文」の内容を思い起こした。

そこで清瀬は、反対尋問を行うことにした。反対尋問に立った清瀬は、「田中上奏文」について岡田にこう問うた。

「田中ガ最後的計画ヲ持ツテ居ツタトアリマスガ、是ハ世間デ云フ田中『メモリアル』ト云ツタヤウナモノヲ指シテ居ラレルノデアリマスカ、サウデナイデアリマセウカ」

すると岡田は、「私ハ田中『メモランダム』ト云フモノヲ見タコトガナイノデアリマス、私ハサウ云フモノハナイト信ジテ居リマス」と述べ、「田中上奏文」の存在を否定した。

さらに清瀬が、「随《したがつ》テ此処ニ仰シヤル最後的計画ハソレデナイト云フコトデスネ」と畳み掛けると、岡田は「田中ノ方針トシテ左様ナ計画ガアラウトハ私ハ信ジマセヌ」とうなずいた。

つまり清瀬は岡田から、「田中上奏文」を見たこともないし、信じてもいないという証言を引き出したのである。七八歳で耳の遠い岡田だが、「田中上奏文」についてはきっぱりと否定した(33)。そのやりと

りを『朝日新聞』は、「田中覚《メモランダム》書は知らぬ」という小見出しで報じた。(34)

秦徳純の証言

一九四六年七月二二日には、国民政府国防部次長の秦徳純が検察側証人として現れた。秦徳純は、日中戦争の発端となった盧溝橋事件のときに第二九軍の副軍長であり、北平市長でもあった。秦が市ヶ谷に出廷すると、法務官のモロー（T. H. Morrow）は、秦のしたためた「『七七』事変紀実」という書類を法廷に提出した。「『七七』事変」とは、一九三七年七月七日に発生した盧溝橋事件のことである。中国検察団の求めに応じて秦は、「『七七』事変紀実」を南京で記していた。東京裁判で朗読された秦徳純の「『七七』事変紀実」には、次のようなくだりが含まれていた。

蘆《ママ》溝橋事変ノ初ハ比較的優勢ナ兵力ヲ以テ我ニ打撃ヲ与へ、我ヲ屈服セシメ、我国北方ノ冀晋魯察綏等ノ各省ヲ特殊地帯ト化シ、田中ノ世界併呑ノ第二歩計画ヲ達セント図ツタモノデアル

つまり秦徳純は、「田中上奏文」に基づく世界制覇の第二段階として、盧溝橋事件を位置づけたのである。

これに対して一九四六年七月二三日、土肥原賢二被告弁護人の太田金次郎《きんじろう》が反対尋問を行った。「田中上奏文」について太田が、「コンナ事実ハ事実上ナイコトデアリマスガ、何カ誤リデハアリマセヌカ」と反論すると、秦徳純はこう言い返した。

岡田元首相證人台へ

田中覺書は知らぬ

侵略糾彈に「リットン報告」

岡田氏證言

東京裁判

岡田啓介氏の第二口供書

平和亂す關東軍

二・二六は海軍への怨み

官公勞協とは

全國的な總闘争態勢

米國獨立記念日

『朝日新聞』1946年7月3日

私ハ中国ニ於ケル極メテ普遍的ナ印刷物ニ依ツタノデアリマシテ、其ノ中ニハ『田中ノ世界侵略第二次計画』ト題シテアリマシテ、更ニ其ノ世界侵略第二次計画ナルモノハ四段階ニ分タレテ居タノデアリマス、サウシテ其ノ四段階ト言ヒマスノハ、第一段階ガ即チ満蒙侵略、第二段階ハ華北ノ侵略、第三、第四段階ト言ヒマスノハ一九四〇《ママ》年ノ所謂真珠湾攻撃等ヲ指スノデアリマス

あくまでも秦徳純は、盧溝橋事件を「田中上奏文」の第二段階と主張したのである。しかも秦は、「中国ニ於ケル極メテ普遍的ナ印刷物ニ依ツタ」と語った。

反対尋問は七月二四日にも続けられた。この日、秦徳純に詰め寄ったのは、橋本欣五郎《きんごろう》被告弁護人の林逸郎であった。

林「証人ガ御覧ニナリマシタ田中奏摺、所謂田中覚書ト云フモノハ、何処ノ国ノ言葉デ書カレテ居リマシタカ」

秦「私ガ見マシタノハ中国文デアリマス」

林「証人ハ其ノ日本文ノモノノアルカナイカヲ御確メニナツタコトガアリマスカ」

秦「私ハ其ノ原文ガアルカドウカ存ジマセヌ、原文ヲ見タコトガアリマセヌ」

林「次ハ一寸《ちよつと》長クナリマスガ、田中覚書ノ中ニハ福島安正《やすまさ》大将ノ令嬢ガ金枝玉葉《きんしぎよくよう》ノ身ヲ以テ蒙古王ノ顧問ニナツタトカ、一九二〇《ママ》年ニ死去サレマシタ山県有朋大将ガ一九二二年ニ締結セラレマシタ九箇国条約ノ打開策ニ付テ会議ヲ開カレマシタトカ、田中義一大将ガ欧洲カラノ帰途上海埠頭《ふとう》ニ於テ支那人ノ為ニ爆弾暗殺ノ厄《やく》ニ遭ハレマシタトカ、荒唐無稽《こうとうむけい》ノ一人ノ日本人モ到底

信用シ難キコトガ書カレテ居リマスコトニ気ガ付カレマセヌデシタカ」

秦「私ハアナタガ非常ニオ詳シイコトニ対シテ敬意ヲ表シマス、但シ私ハ其ノ内容ニ付テ何等注意シタコトガゴザイマセヌ」

つまり林は、日本語の原文を読んでいないという証言を秦徳純から引き出し、「田中上奏文」に含まれる誤りについても指摘した。「田中上奏文」について林は、少なからず準備してきたに違いない。それでも秦は、林に「敬意ヲ表シマス」と語るなど余裕をみせた。

だが、休憩を終えて裁判が再開されると、様相は次第に変わってくる。

林「田中覚書ナルモノハ存在シナイト云フコトガ先日岡田啓介大将ニ依ツテ此ノ法廷ニ明瞭トナツタノデアリマスガ、証人ハ右書物ハ排日ノ目的ノ為ニ、特ニ作ラレタモノデアルト云フコトニ感付カレマセヌデシタカ」

秦「只今ノ御説明デ分リマシタガ、ソレハ又別ナ問題デアリマス、日本ガ東三省ヲ侵シ、華北ヲ侵シ、更ニ中国ノ大部分ヲ侵シ、次イデ真珠湾ヲ侵シタト云フ此ノコトハ何ニ依ツテ消滅サスコトガ出来マスカ」

林「私ノ問トハ余程離レテ居リマス、私ノ問ハ其ノ書物ハ中国ニ於テ、排日ノ為ニ特ニ作ラレタ書物デアルト云フコトニ気付カレマセヌデシタカト云フコトデアリマス」

秦「私ノ考ヘル所デハ、既ニ存在シテ居タ事実サヘ知ラナイモノガアル位デスカラ、ナカツタコトヲ茲《ここ》ニ作リ出スナドト云フコトハアリ得ナイコトダト思ヒマス」

このように林は、岡田の証言によっても「田中上奏文」は偽書であり、中国において排日の目的で作成されたのではないかと問うている。これに対して秦徳純は、侵略の事実を否定できないと論点をそらしながら、排日文書であることを否定した。

なおも平沼騏一郎被告の弁護人クライマン（Samuel J. Kleiman）が、「田中上奏文」について秦を追及した。

私ノ質問ノ目的ハ、中国ニ於ケル共産党ノ宣伝活動ヲ示スコトデアリマス、ソレニ依ツテ更ニ所謂田中計画ト云フモノハ、中国ノ共産党ニ依ツテ作ラレタモノデアルコトヲ証明シ、中国共産党ガ、他国ノ共産党ノ協力ヲ得テナシテ居タ諸活動ヲ暴露スル目的デアリマス

クライマンは、「田中上奏文」を中国共産党による宣伝活動の一環だと論じたのである。

しかし、ウェッブ裁判長が、「何ノ関連性ガアルカ私ニハ分リマセヌ」と遮ったため、やむなくクライマンは質問を打ち切った。[35]「田中上奏文」が中国共産党によって作成されたという主張は退けられたものの、七月二五日付け『シカゴ・デイリー・トリビューン』紙は、その模様を簡潔に報じていた。[36]

ウェッブ裁判長の問い

一九四六年七月二五日、市ヶ谷の法廷は意外な展開を迎えた。「田中上奏文」についてウェッブ裁判長が、秦徳純に向かってこう発言したのである。

アナタハ田中覚書ト云フモノノ真実性ニ対シテ何等カノ確信ヲオ持チデイラッシャイマスカ、ソレトモ疑フ何等カノ理由ヲオ持チデイラッシヤイマスカ

「田中上奏文」の信憑性を問うウェッブに対して、秦徳純は次のように答えた。

ソレガ真実ノモノデアルト云フコトヲ証明スルコトハ出来マセヌガ、同時ニ又真実デナイト云フコトモ証明スルコトハ私ハ出来マセヌ、併シナガラ事実上ニ於テ日本軍ガ其ノ後中国ニ於テ一歩々々行ツタ事実ハ恰モ其ノ田中『メモランダム』ハ著者デアル田中ガ予言者デアルカノ如ク感ゼラレル点ガアリマス

つまり秦徳純は、「田中上奏文」について証明することはできないが、日本軍の行動は「田中上奏文」に酷似していると述べた。かつて国際連盟で顧維鈞が用いた論法に近い。

すると、重光葵被告の弁護人ファーネス（George A. Furness）がウェッブに反論した。

私ハ裁判長ノ今ノ言葉ニ反対致シマスノハ、此ノ田中覚書タルモノガ存在シテ居タト云フ仮定ノ下ニ、裁判長閣下ガ質問サレタノデアリマスガ、実ハ今日ニ至ルマデ此ノ田中覚書ガ存在シテ居タト云フコトハ何等確証スルモノガナイノデアリマス

「田中上奏文」の存在を前提にしていると批判したファーネスに対して、ウェッブは、「此ノ質問ハ弁護人ノ為ニ行ハレタモノデアリマス」とかわした。予期せぬウェッブの言葉にファーネスが、「ドウモ有難ウゴザイマス」と応じると、(37)緊張のほどけた法廷は笑いに包まれた。(38)

ではなぜウェッブは、「田中上奏文」について自ら秦徳純に問い掛けたのか。その意図に関して、元外交官の筒井潔が書き残している。第一章二で論じたように、外務省情報部に勤務していた筒井は、太平洋問題調査会の京都会議で「田中上奏文」の朗読を封じ込めていた。

その筒井は、ウェッブの心理をこう推測した。

（註一、右の点（「田中上奏文」を指す――引用者注）は、戦後はしなくも、極東軍事裁判のウェッブ裁判長によって、天皇の戦争責任追及に、利用され相になったようである。即ちウェッブは、当初から天皇の責任追及を目論でいたので、メモリアルが本物だという証言を、中国の秦徳純将軍から引出そうと大分努力したが、証言を足場に、天皇を追及出来ると考えたのではあるまいか。ところが、秦は多年華北に在って、常に日本軍の侵略の矢面に立ち、散々苦労し続けた人だから、日本関係の情報は知り尽しており、従ってメモリアルがニセ物であることも知っていた筈《はず》だったから、ウェッブや弁護人達の訊問《じんもん》に対しては、本物と断定することを避けながら、終始ヒョータンナマズの答弁をしていた。尚ウェッブだけが、メモリアルを問題にしたのは、彼が豪州の田舎判事で、国際情勢に暗かったためであろうと思はれるし、他の判事達が、同調しなかったのは、メモリアルがニセ物であることを、各自国政府筋から教えられたためではあるまいか、結局軍事裁判では、メモリアルは本物とは認められず黙殺された）

筒井の観察によるとウェッブは、「田中上奏文」を天皇の責任追及に利用しようとしたものの、ほかの判事から同調を得られなかったというのである。(39)

ウェッブの真意

ならばウェッブは、筒井のいうように、「田中上奏文」を用いて天皇の戦争責任を追及しようとしたのか。この点を検証するには、ウェッブの個人文書をひもとく以外になかろう。

ウェッブ文書は、キャンベラのオーストラリア戦争記念館に所蔵されている。ウェッブの真意を確かめるため、キャンベラを訪れてウェッブ文書を読み込んでみた。丹念に調べたつもりだが、残念ながらウェッブの「田中上奏文」観はよく分からなかった。

それでも、マッカーサーに宛てられたウェッブ書簡が目にとまった。ウェッブの天皇観が記された書簡であり、間接的ながら「田中上奏文」について秦徳純に問うた真意を示唆している。

マッカーサー宛てのウェッブ書簡とは、次のような要旨である。

- 証人に質問して、天皇の戦争責任を示そうとしたことはない。
- 天皇が公判に付されていない以上、天皇が有罪かどうかを問うのは筋違いである。
- 天皇の地位については、最も高いレベルで決定されるべきである。
- もしも天皇が起訴されたら、自分は裁判に参加しないだろう。

つまりウェッブは、裁判で天皇の戦争責任を追及しなかったし、天皇が起訴されたら裁判に参加しないというのである(40)。

マッカーサー宛て書簡なので割り引いて考えねばならないが、「田中上奏文」を天皇の責任追及に利用したという筒井の推測は、ウェッブ発言を高く見積もりすぎだろう。ウエッブとしては、そこまで意図していなかったと思われる(41)。

ウェッブ発言から八日後の一九四六年八月二日、「田中上奏文」は東京裁判で三たび議論となった。この日の法廷には、森島守人が検察側の証人として出廷した。一九二八年五月から奉天総領事館の領事となっていた森島は、満州事変に際して林久治郎総領事のもとで事態の収拾に当たった。

その森島に向かってクライマン弁護人は、「田中『メモリアム』ト云フモノ――田中覚書ニ付テ聞イタコトガアリマスカ」と尋ねた。これに森島は、「聞イタコトガアリマスシ、ソレガ偽物デアルト云フコトハ承知シテ居リマス」と答えた。森島は、「田中上奏文」を「偽物」と断じたのである。さらにクライマンは、「田中上奏文」が偽物だという理由の説明を森島に求めようとしたが、ウェッブはこれを許さなかった(42)。

この模様を『朝日新聞』は、「〝田中覚書〟は偽物」という見出しで報じた(43)。これ以降、「田中上奏文」が東京裁判で審理の対象となることは減ったものの、ソ連の追及によって裁判は再び迷走する。

ソ連の追及とセミョーノフ宣誓口供書

一九四六年一〇月八日、ソ連代表検察官ゴルンスキー（S. A. Golunsky）が日ソ関係について冒頭陳述を行った。英文で六五頁にも及ぶ長大な陳述でゴルンスキーは、裁判の対象外であるにもかかわらず日露戦争やシベリア出兵から説き起こし、日本が一貫してソ連に敵対的だったと糾弾した。

ここで、もう一人のソ連代表検察官であるローゼンブリット（S. Y. Rosenblitt）が、セミョーノフ（Grigorii Mikhailovich Semenov）の宣誓口供書を提出した。コサック首長のセミョーノフは、ロシア革命後に日本の支援を得て反革命政権をチタに樹立したものの、やがて亡命し、ソ連軍に逮捕されて一九四六年八月に銃殺されていた。セミョーノフを処刑しておきながら、ソ連はその口供書を検察側書類第二三六三号として提出したのである。口供書の日付は、処刑四カ月前の四月一一日になっていた。

これには小磯国昭被告の弁護人ブルックス（Alfred W. Brooks）が、「証人ガ死ンデ居リマスカラ反対尋問スルコトモ出来ナイ」と反発した。つまりブルックスは、セミョーノフがすでに処刑されているため、セミョーノフの宣誓口供書を受理すべきではないと主張したのである。

さらにブレイクニー弁護人が、「『セミヨノフ』ハコ、三《ママ》週間前ノ期間ニ於テ『ロシヤ』側ニ依ツテ処刑サレタト云フコトヲ知ツテ居リマス」、「斯カル文書ヲ受理スルコトハ裁判所ニ取ツテ何等証明価値ノナイモノト思フノデアリマス」と論じた。ブレイクニーも、処刑されたセミョーノフの口供書に証拠力なしと異議を申し立てたのである。

するとウェッブ裁判長は、「私ハ濠洲ノ判事トシテ、是ハ何等証拠価値ガナイモノト思フカモ知レマセヌ」と弁護人の反発に理解を示しつつ、「此ノ裁判所ニハ、十一箇国ガ、代表サレテ居リマシテ、此ノ中ノ或ル判事ハ、私ト違フ意見ヲ持ツテ居ルカモ知レマセヌ」と述べた。このようにウェッブは、セミョーノフの口供書を受理すべきではないと感じながらも、休憩を告げてほかの裁判官と協議した。

約三〇分後に審理を再開したウェッブは、意外にも「法廷ハ『セミヨノフ』ノ宣誓口供書ヲ受理スルコトニ決定致シマシタ、ソレヲ読ンデモ宜シイ、ソレガ多数決デアリマス」と法廷に伝えた。つまりウエッブは、多数決の結果として、セミョーノフの口供書が受理されたと告げたのである。

休憩前、口供書の証拠価値を疑わしいと語っていたウェッブは、舞台裏で判事団と協議し、口供書を受理すべきでないと主張したに違いない。だが、ウェッブ自身が法廷で述べたように、その意見は多数決で否定された。つまりウェッブは、自らが判事団の少数派だと法廷に明かしたことになる。亡きセミョーノフの宣誓口供書は、法廷書証六六八号として受理された。(44)

宣誓口供書を受け入れさせたローゼンブリット検察官は、我が意を得たりと口供書の抜粋を朗読した。英文で一七頁に及ぶセミョーノフの口供書によると、シベリア出兵が失敗した後に日本は、「田中上奏文」という新たな侵略計画を策定して満州を占領し、ノモンハン事件後も対ソ戦の計画を断念しなかったという。

セミョーノフの口供書は、「田中上奏文」をこう論じていた。

一九二七年世界ノ新聞紙上ニ所謂「田中覚書《メモランダム》」ナルモノガ掲載サレタ、而シテソノ真実ナルコトヲ日本側ハ日本ノ新聞ヲ通ジ否定セント企ミタガ私ハ斯ル計画ガ実在シタコトヲ当ノ田中男カラ直接聞知《ぶんち》シテキタ

このようにセミョーノフの口供書は、「田中上奏文」が実在すると田中自身から聞いたと主張する。いかにも荒唐無稽な内容といわねばなるまい。しかも、当のセミョーノフは処刑されていた。にもかかわらず、その口供書は裁判所に受理されたのである。(45)

裁判の模様について『ワシントン・ポスト』紙は、ソ連の検察官が「田中メモリアル」の実存を証明

することで、昭和天皇の戦争責任をほのめかしたと報道した。[46] 後年にソ連次席検察官スミルノーフ(Lev Nikolaevich Smirnov)も、「田中メモリアル」が侵略の第一歩を満州に求めたのは、満州がソ連領に食い込んでおり、対ソ戦略の中心的位置を占めるからだと論じている。[47] 日ソ関係の審理は、一〇月二一日まで続いた。

弁護側冒頭陳述

検察側立証が終わると、弁護側による反証が一九四七年二月二四日から開始された。弁護団の冒頭陳述で反証の口火を切ったのは、東条英機被告の弁護人だった清瀬一郎である。

この日の法廷は、来賓《らいひん》席、記者席、傍聴席ともに満員でひしめいていた。被告席では、大川周明《しゅうめい》を除く二五被告が顔をそろえて清瀬の陳述を聞き入った。元外相の松岡洋右と元軍令部総長の永野修身《おさみ》は、すでに病死していた。清瀬の陳述は、三時間半にも及んでいく。[48]

冒頭陳述で清瀬は、日本が世界征服のために共同謀議したことはないとして、太平洋戦争を「自衛権の行使」と位置づけた。太平洋戦争を正当化した清瀬の陳述に対して、重光葵、土肥原賢二、平沼騏一郎、広田弘毅の四被告は不参加を表明した。四被告のうち広田は、「自分はこれらの戦争の防止に全努力をあぐべきであったが、それを果たしえなかった、従って重大責任を感じているので今日これを肯定せんとする陳述には参加しえない」と漏らしている。[49]

それでも清瀬の冒頭陳述には、被告全員が首肯したであろう発言がある。

一九二八年頃以来、日本の内閣組織の担当者選定の方法は、言はば偶然の結果を採用するものであります。前内閣が何かの理由で倒れますれば、天皇より内大臣を経て重臣、（これは主として前首相でありますが、重臣）に向つて何人を後継首相に推すべきやの御下問があります。重臣それ自体は組織体ではありませんから、偶々《たまたま》当日会合に出席した人々がその時の状勢に応じ、思ひ付きで首相候補を定めて之を上奏するのであります。陛下は例外なく此の上奏を御嘉納《かのう》ましますのでありま す。それ故に何人が次の政権を託されるやは、重臣の意見が奏上せらるゝ迄は何人も之を予想することは出来ません。それ故に我国に於て一定の組織体、政派又は派閥、これが一定の期間政権を独占し、特殊の陰謀を続行するなどいふとはこれは不可能であります。曾《かつ》て或る証人が言及しました田中上奏文などといふものは、全く偽物か捏造物であります。

つまり清瀬は、検察側が主張する共同謀議などありえないと反論し、「田中上奏文などといふものは、全く偽物か捏造物」と批判したのである。「田中上奏文」を援用しないように清瀬が念を押さねばならぬほど、「田中上奏文」は法廷に強く印象づけられていた(50)。

岡田忠彦と久原房之助

一九四七年三月四日には、元衆議院議長の岡田忠彦が弁護側の証人として出廷した。岡田の直接尋問に当たったのは、東条被告の弁護人ブルーエット（George F. Blewett）である。

岡田は、板垣退助、伊藤博文、原敬らの名前を挙げながら政党政治の歴史を語り、斎藤実内閣以降も政党は閣僚を送り込んでいたものの、やがて政党が解消したいきさつを語った。政友会で久原房之助派の幹事長でもあった岡田は、法案や予算をめぐる議会と内閣の関係、議会の会期、選挙などについても述べている。

するとブルーエットは、田中義一の対外政策について尋ねた。

検察側といたしましては、田中大将がある侵略的なる構想をもつておつたということを暗示したのでありまして、しこうしてこの被告たちは、この田中男爵の構想をそのままそれに従つて遂行したものであるということを、暗示しておるというのがわれわれ弁護人側の受けた印象であります。

ブルーエットによると検察は、被告たちが田中の「侵略的なる構想」を実践したかのように示唆しているというのである。これに対して岡田は、田中構想の内実をとうとうと語った。

田中氏が首相となると同時に、その腹心の友である久原房之助を呼び寄せて内意を告げ、それをシベリアを通してモスコーに送り、クレムリンにおいてスターリン書記長に会見をいたしたのでありますが、その交渉の要領、第一に、バイカル以東のシベリア満洲並びに朝鮮、この三つを集めて武装なき自治区となし、これを緩衝地帯となすこと。第二に、ソヴイエト、支那、日本、この三国より代表者を出して、その自治区が自治区の目的に反せざるや否やということを監視すること。第三に、この自治区は列国に対し機会均等、門戸開放の立場におくこと。

すなわち岡田は、田中首相が腹心の久原をスターリンに面会させ、シベリア、満州、朝鮮を非武装の自治区として緩衝地帯にすることなどを提起したというのである。久原訪ソを日ソ間の緊張緩和という

東京裁判における「田中上奏文」の審理

年　月　日	証人など	役職など	「田中上奏文」に関する発言や宣誓口供書
1946 年 5 月 3 日	岡田啓介	元首相	「私ハ田中『メモランダム』ト云フモノヲ見タコトガナイノデアリマス、私ハサウ云フモノハナイト信ジテ居リマス」
7 月 22 日	秦徳純	元第 29 軍副軍長、元北平市長	「蘆《ママ》溝橋事変ノ初ハ比較的優勢ナ兵力ヲ以テ我ニ打撃ヲ与ヘ、我ヲ屈服セシメ、我国北方ノ冀晋魯察綏等ノ各省ヲ特殊地帯ト化シ、田中ノ世界併呑ノ第二歩計画ヲ達セント図ツタモノデアル」
7 月 25 日	ウェッブ	裁判長	「アナタハ田中覚書ト云フモノノ真実性ニ対シテ何等カノ確信ヲオ持チデイラツシヤイマスカ、ソレトモ疑フ何等カノ理由ヲオ持チデイラツシヤイマスカ」
8 月 2 日	森島守人	元奉天領事	「ソレガ偽物デアルト云フコトハ承知シテ居リマス」
10 月 8 日	セミョーノフ	元コサック首長	「私ハ斯ル計画ガ実在シタコトヲ当ノ田中男カラ直接聞知シテヰタ」
1947 年 2 月 24 日	清瀬一郎	日本人弁護団副団長	「田中上奏文などといふものは、全く偽物か捏造物であります」
3 月 4 日	岡田忠彦	元衆議院議長	「生きたる証人が日本には久原房之助があり、モスコーにはスターリン氏がおりますから明瞭であろうと思う」

出典：筆者作成

文脈で論じ、田中の「侵略的なる構想」を否定しようとしたのだろう。

岡田に対しては、イギリスのコミンズ＝カー（Arthur S. Comyns-Car）検察官が反対尋問に立った。

「あなたが先ほど田中将軍の密使と、それからソ連との間にある協約が成立したということについて証言なさいました。あなたのおつしやつたことを証明するために、何か文書をこゝに出すことができますか」

カーの追及に、岡田はこう応じた。

「文書はありません。これは秘密の交渉であるが故に、文書のある筈はない。但しこゝに生きたる証人が日本には久原房之助があり、モスコーにはスターリン氏がおりますから明瞭であろうと思う」

岡田は、久原・スターリン会談の文書を問う検察官に対して、秘密交渉なので文書などあるはずもないが、久原とスターリンが生存しているから自明だと大見えを切ったのである。[51]

田中の「侵略的なる構想」をめぐる法廷の応酬は、海外でどう報じられただろうか。『シカゴ・デイリー・トリビューン』紙は、岡田が「ロシアのスターリン首相を呼び出して、新しい版の『田中メモリアル』について証言させるべきだ」と提案したと記す。「田中の計画は、ロシア、中国、日本に緩衝国用の土地を提供するように求めていたと岡田忠彦元議長は述べた」。

つまり同紙によると、田中の計画とはいわゆる「田中メモリアル」ではなく、「新しい版」の「田中メモリアル」、すなわち緩衝地帯の設置を意図したものだと岡田が主張したという。岡田の尋問について同紙は、「田中メモリアル」をめぐる攻防として伝えたのである。[52]

岡田が法廷で論及した久原は、戦犯容疑者に指名されつつも自宅で療養を続けていた。かつて久原は田中義一内閣の逓信大臣であり、その後は政友会総裁にもなっていた。七八歳の久原は、一九四七年八月にようやく戦犯容疑者の指定を解除された。

そのことを報じた『ニューヨーク・タイムズ』紙は、「久原房之助は田中義一大将の財政的支援者であり、かつて日本人は『田中メモリアル』を中国の偽書と呼んで世界の関心を集めた」と論じた[53]。それほどまでに「田中メモリアル」は、アメリカに記憶されていたのである。

判決における共同謀議

このように「田中上奏文」は、東京裁判で何度も取り上げられた末に、結局うやむやになった。検察が「田中上奏文」の追及を曖昧にした背景としては、東京裁判の審理やバランタインの助言で次第に偽書と明らかになったことのほか、昭和天皇との関係があるかもしれない。

というのも、キーナン首席検察官は、マッカーサーの判断を受けて天皇を不起訴としていた。国際検察局のなかで正式に天皇を訴追しようとしたのは、オーストラリアだけであった。ソ連と中国は、スターリンと蔣介石の意向によって天皇不起訴を決めていた[54]。

キーナンは一九四八年一月六日の法廷で、日米開戦について東条英機に証言させた。東条は、天皇が「私（東条――引用者注）の進言――統帥部その他責任者の進言によつて、しぶしぶ御同意になつたというのが事実でしよう」と述べたのである[55]。

東条の証言が核心に入ったことで、法廷の審理は頂点に達した感がある。証言台に左手を置いて身構えた東条は、キーナンの尋問に対して自ら求めて長広舌《ちょうこうぜつ》を振るった。咳《せ》き込むように証言を続ける東条は、キーナンと息詰まるような論戦に挑んだかに見えた[56]。

だがキーナンは、天皇に戦争責任が及ばないように元陸軍軍人の田中隆吉らを介し、極秘裏に東条を説得しておいたのである。判決に際しては、ウェッブ裁判長とフランス代表判事ベルナール（Henri Bernard）が天皇の戦争責任を論じたとはいえ、少数意見にとどまった[57]。

ウェッブ裁判長は一一月四日から一二日、東京裁判の判決を朗読した。

五五ある訴因のうちで裁判所は、第一（侵略戦争の全般的共同謀議）、第二七（対中国侵略戦争遂行）、第二九（対米侵略戦争遂行）、第三一（対英侵略戦争遂行）、第三二（対蘭侵略戦争遂行）、第三三（対仏侵略戦争遂行）、第三五（張鼓峰事件遂行）、第三六（ノモンハン事件遂行）、第五四（違反行為の命令、授権許可による法規違反）、第五五（違反行為防止責任無視による法規違反）という一〇の訴因だけを認定し、それ以外の訴因を却下した。

共同謀議については訴因一が認定されたものの、「田中上奏文」への言及はなく、意外にも大川周明が中心的な役割を果したと判決はいう。「田中上奏文」については曖昧となり、判決にも「田中上奏文」は出てこなかったが、それでも共同謀議は認定されたのである。

東京裁判は「田中上奏文」をめぐって迷走した末に、判決では大川周明の言動が共同謀議の根拠に用いられた。精神状態を理由に裁判から除外された大川に、裁判所は共同謀議の計画を求めたのである。その意味で「田中上奏文」は、直接には判決にあまり影響しなかったといえよう。

そして判決は、「一九二七年から一九二九年まで、田中が総理大臣であつたときすでに、軍人の一派は、大川やその他の官民の支持者とともに、日本は武力の行使によつて進出しなければならないという、大川のこの政策を唱道していた。ここにおいて、共同謀議が存在した」という[58]。

荒木貞夫弁護人の菅原裕は、「日本人の常識では実に滑稽極まる認定」とこれを批判している[59]。総じて東京裁判には、法律と事実認定の両面から問題が多かったといわねばなるまい。

本章では、日本占領下の「田中上奏文」を跡づけてきた。冒頭で提示した三つの視角からまとめたい。

第一に、終戦直後のアメリカやＧＨＱの「田中上奏文」観である。終戦直後のアメリカには戦時中のプロパガンダが浸透しており、「田中上奏文」はかなり信じられていた。幣原に対する調書に記されたように、ＧＨＱも少なくとも占領初期には本物と見なしていた。そのことは、田中内閣で書記官長だった鳩山の公職追放に多少なりとも影響したと思われる。

第二に、東京裁判である。戦犯起訴状が一九二八年を起点としたことについて、外務省や弁護団は「田中上奏文」の影を感じていた。実際のところ国際検察局には、少なくとも一九四六年一月ごろまで本物と見なしていた形跡がある。さらに国際検察局は、木戸、広田、小磯、吉田らに執拗に尋問した。「田中上奏文」をめぐっては法廷も秦徳純らの証言で揺らぎ、実存すると田中自身から聞いたというセミョーノフの宣誓口供書が受理された。このため弁護団の冒頭陳述で清瀬は、「全く偽物か捏造物であります」と念を押さねばならなかった。

とはいえ、国際検察局が東京裁判の半ばで偽書と悟ったためか、「田中上奏文」をめぐる審理は途中からうやむやにされた。判決を左右することはなかったものの、「田中上奏文」は東京裁判が迷走する一因になったといえよう。

第三に、新聞報道や映画である。日本の報道に比べてアメリカの新聞は、日本の対外政策や東京裁判の審理を「田中上奏文」に結びつけがちであった。日本では、映画『日本の悲劇』や雑誌『日本週報』が「田中上奏文」を取り上げていた。情報が錯綜していただけに、知日派のバランタインが国際検察局に偽書と説得した意義は大きかったのである。

このように「田中上奏文」は、戦後にも影響力を保っていた。次章では、冷戦下の中国、台湾、ソ連、アメリカに視点を移したい。

注

（1）戦時下の宣伝については第三章注（1）で挙げたもののほか、大田昌秀『沖縄戦下の米日心理作戦』（岩波書店、二〇〇四年）、土屋礼子「第二次世界大戦における対日宣伝ビラ研究序説」（『Intelligence』第五号、二〇〇五年）八四—九六頁、同「沖縄戦における心理作戦と対日宣伝ビラ」（『人文研究』第五六巻、二〇〇五年）二五—四三頁、同「第二次世界大戦インド・ビルマ戦域における英国指揮下の対日宣伝——岡繁樹と『軍陣新聞』を中心に」（『Intelligence』第九号、二〇〇七年）九二—一一二頁、貴志俊彦・川島真・孫安石編『戦争・ラジオ・記憶』（勉誠出版、二〇〇六年）、一ノ瀬俊也『戦場に舞ったビラ　伝単で読み直す太平洋戦争』（講談社、二〇〇七年）、同『宣伝謀略ビラで読む、日中・太平洋戦争——空を舞う紙の爆弾「伝単」図録』（柏書房、二〇〇八年）、玉井清編『戦時日本の国民意識——国策グラフ誌『写真週報』とその時代』（慶應義塾大学出版会、二〇〇八年）などがある。

（2）東京裁判に関する代表的な研究として、日暮吉延『東京裁判の国際関係——国際政治における権力と規範』（木鐸社、二〇〇二年）、粟屋憲太郎『東京裁判への道』上下巻（講談社、二〇〇六年）を参照。簡便なものとしては、東京裁判ハンドブック編集委員会編『東京裁判ハンドブック』（青木書店、一九八九年）がある。

（3）*Washington Post*, September 29, 1945. *Chicago Daily Tribune*, October 27, 1946 も参照。

（4）*New York Times*, October 10, 1945.

（5）*Washington Post*, October 10, 1945.

（6）*New York Times*, March 9, 1947. 同紙掲載時にニミッツは、海軍作戦部長となっていた。

（7）Office of the Chief of Counter Intelligence, GHQ, "Biographical Notes on the Members of the Shidehara Cabinet," October 23, 1945, Record Group 331, Box 2044, National Archives; 粟屋憲太郎・吉田裕編集・解説『国際検察局（ＩＰＳ）尋問調書』第四八巻（日本図書センター、一九九三年）七頁。

功刀俊洋「幣原喜重郎——『平和外交』の本音と建前」（吉田裕ほか『敗戦前後』青木書店、一九九五年）九〇—九一頁、

拙著『幣原喜重郎と二十世紀の日本――外交と民主主義』(有斐閣、二〇〇六年)二一五頁も参照。

(8) 藤樫準二「陛下と野人宮相の涙」(石渡さんを偲ぶ会『心如水 石渡さんを偲ぶ』東京ポスト、一九八二年)一五二頁。石渡は一九四六年一月に公職追放された。なお、粟屋憲太郎・吉田裕編集・解説『国際検察局(IPS)尋問調書』第三六巻、一九―四〇頁の石渡尋問調書に「田中上奏文」は出てこない。

(9) 木下道雄『側近日誌』(文藝春秋、一九九〇年)一〇八、一七〇―一七一頁。

(10) 鳩山追放のSCAPIN―九一九文書については、竹前栄治監修『GHQ指令総集成』第四巻(エムティ出版、一九九三年)一五一三―一五一五頁、『朝日新聞』一九四六年五月五日。増田弘『公職追放――三大政治パージの研究』(東京大学出版会、一九九六年)一―一〇、二五―六六頁が詳細に論じている。

(11) *New York Times*, May 4, 1946. 鳩山一郎『外遊日記 世界の顔』(中央公論社、一九三八年)も参照。

(12) *New York Times*, May 5, 1946.

(13) Meirion and Susie Harries, *Sheathing the Sword: The Demilitarisation of Japan* (London: Hamish Hamilton, 1987), p. 123もマッカーサーが「田中上奏文」を信じていたと論じる。なお、『シカゴ・サン』紙特派員のマーク・ゲインは、「田中上奏文」という文書は存在しなかったが、「田中上奏文」として広まったのは日本の在満州将校による侵略計画書だと判断していた。Mark Gayn, *Japan Diary* (New York: William Sloane Associates, 1948), p. 225; マーク・ゲイン/井本威夫訳『ニッポン日記』(筑摩書房、一九六三年)二一〇頁。

(14) 来栖三郎『泡沫の三十五年』(中公文庫、一九八六年)二一九―二二一頁、伊藤隆・季武嘉也編『鳩山一郎・薫日記』上巻(中央公論新社、一九九九年)四五三頁。

(15) 亀井文夫・吉見泰編輯『日本の悲劇』(日本映画社、一九四六年)、亀井文夫「日本の悲劇――戦犯裁判プロローグ」(『民衆の旗』第四号、一九四六年)二八―三五頁、同『たたかう映画』(岩波新書、一九八九年)一〇九―一一七頁。平野共余子『天皇と接吻――アメリカ占領下の日本映画検閲』(草思社、一九九八年)一七四―二三四頁も参照。

(16) 「田中義一大将の上奏文」(『日本週報』第二〇・二一・二二合併号、一九四六年)一六―二三頁。

(17) 朝日新聞法廷記者団『東京裁判』上巻(東京裁判刊行会、一九六二年)一〇二―一五五頁、日暮吉延『東京裁判の国際関係』二八二―二八九頁。

(18) 東京裁判ハンドブック編集委員会編『東京裁判ハンドブック』三二一―三二四頁。

(19) 外務省「戦犯起訴状に関する見解」一九四六年五月（法務省大臣官房司法法制調査部「極東国際軍事裁判弁護関係資料一二〇」4A-018-00・平11法務02687100, 国立公文書館所蔵）。外務省「戦犯起訴状に関する見解」は、国立国会図書館憲政資料室所蔵「憲政資料室収集文書」一三三〇にも所収となっている。日暮吉延『東京裁判の国際関係』三一八―三二三頁も参照。

(20) 清瀬一郎『秘録 東京裁判』（中公文庫、一九八六年）九〇―九七頁。

(21) 菅原裕『東京裁判の正体』（時事通信社、一九六一年）七三頁。日暮吉延『東京裁判』（講談社現代新書、二〇〇八年）一一五頁も参照。

(22) 粟屋憲太郎・吉田裕編集・解説『国際検察局（IPS）尋問調書』第三九巻、一七五―一八一頁。

(23) 同前、第二巻、一六四―一六五頁。訳は、粟屋憲太郎ほか編／岡田信弘訳『東京裁判資料・木戸幸一尋問調書』（大月書店、一九八七年）八七頁に従った。木戸日記研究会編集校訂『木戸幸一日記 東京裁判期』（東京大学出版会、一九八〇年）三一頁も参照。

(24) 粟屋憲太郎・永井均・豊田雅幸編集・解説『東京裁判への道――国際検察局・政策決定関係文書』第三巻（現代史料出版、一九九九年）一一二頁。粟屋憲太郎『東京裁判への道』上巻、一五八頁も参照。

(25) 粟屋憲太郎・吉田裕編集・解説『国際検察局（IPS）尋問調書』第二八巻、三八〇―三八一頁。三九七頁も参照。

(26) 同前、第四七巻、四一頁。加藤の著作として、Masuo Kato, *The Lost War: A Japanese Reporter's Inside Story* (New York: Alfred A. Knopf, 1946) がある。日暮吉延『東京裁判』一一五頁も参照。

(27) 粟屋憲太郎・吉田裕編集・解説『国際検察局（IPS）尋問調書』第一一巻、四七六―四七七頁。同前、第一九巻、八一、九〇頁も参照。

(28) 同前、第一九巻、八一、九〇頁。

(29) 同前、第四七巻、三二八―三三二頁。

(30) Reminiscences of Joseph W. Ballantine, 1961, Oral History Research Office, Columbia University. Meirion and Susie Harries, *Sheathing the Sword*, p. 123; 吉田裕「鈴木明著『新「南京大虐殺」のまぼろし』（飛鳥新社、一九九九年）の誤り」（笠原十九司・吉田裕編『現代歴史学と南京事件』柏書房、二〇〇六年）八八―九三頁も参照。

(31) 新田満夫編『極東国際軍事裁判速記録』第三巻（雄松堂、一九六八年）一四一―一二一六頁。

(32) 粟屋憲太郎・吉田裕編集・解説『国際検察局（ＩＰＳ）尋問調書』第五〇巻、五四五—五四七頁。

(33) 新田満夫編『極東国際軍事裁判速記録』第一巻、二五五—二五八頁。

(34)『朝日新聞』一九四六年七月三日。

(35) 新田満夫編『極東国際軍事裁判速記録』第一巻、三四〇—三七〇頁。ハーバート＝Ｐ＝ビックス・粟屋憲太郎・豊田雅幸編『東京裁判と国際検察局——開廷から判決まで』第三巻（現代史料出版、二〇〇〇年）一一六—一一九頁も参照。

(36) *Chicago Daily Tribune*, July 25, 1946.

(37) 新田満夫編『極東国際軍事裁判速記録』第一巻、三七一—三七九頁。

(38)『朝日新聞』一九四六年七月二六日。

(39) 筒井潔「いわゆる『田中上奏文』（その二）」（『霞関会会報』第二九九号、一九七一年）一七頁。

(40) Webb to MacArthur, Ferbruary 11, 1948, William Webb Papers, Box 7, Research Centre, Australian War Memorial.

(41) ただし、ウェッブは別個意見で天皇の責任を示唆している。朝日新聞法廷記者団『東京裁判』下巻、一七四—一七五頁。また、ウェッブは一九七一年、ジャーナリストのバーガミニ（David Bergamini）の著作『天皇の陰謀（*Japan's Imperial Conspiracy*）』に序文を寄せている。David Bergamini, with an introduction by Sir William Flood Webb, *Japan's Imperial Conspiracy* (New York: Morrow, 1971). ウェッブの序文は、ディヴィッド・バーガミニ／いいだ・もも訳『天皇の陰謀』前篇後篇（れおぽーる書房、一九七二—一九七三年）という訳書では省略された。

これらの状況証拠からウェッブは、「田中上奏文」を含めて、日本に対する十分な知識を欠いていたといえよう。秦郁彦『昭和史の謎を追う』上巻（文藝春秋、一九九三年）二二一—二二四頁も参照。

(42) 新田満夫編『極東国際軍事裁判速記録』第一巻、四六七—四七六頁。*New York Times*, August 3, 1946: 森島守人『陰謀・暗殺・軍刀』（岩波新書、一九五〇年）七—九頁も参照。

(43)『朝日新聞』一九四六年八月三日。

(44) 新田満夫編『極東国際軍事裁判速記録』第二巻、三八九—四〇九頁、『朝日新聞』一九四六年一〇月九日。

(45) National Archives and Records Administration, ed., *Court Exhibits in English and Japanese, International Prosecution Section, 1945-47* (Washington: National Archives, 1991), reel 12. 朝日新聞法廷記者団『東京裁判』上巻、五〇二—五〇五頁も参照。

(46) *Washington Post*, October 9, 1946.

(47) L. N. Smirnov, E. B. Zaytsev, *Sud v Tokio* (Moscow: Voennoe izdatel'stvo Ministerstva oborony SSSR, 1978), pp. 8-11. 邦訳として、レフ＝ニコラーエヴィチ＝スミルノーフ・エヴゲーニー＝ボリーソヴィチ＝ザイツェフ／川上洸・直野敦訳／粟屋憲太郎解説『東京裁判』（大月書店、一九八〇年）八―一一、四九六頁も参照。

(48) 『朝日新聞』一九四七年二月二五日。

(49) 拙著『広田弘毅』（中公新書、二〇〇八年）二三九―二四〇頁。

(50) 新田満夫編『極東国際軍事裁判速記録』第四巻、四一四頁。速記録には片仮名と平仮名で不統一があるが、原文に従った。

(51) 同前、五一三―五二〇頁。

(52) *Chicago Daily Tribune*, March 5, 1947.

(53) *New York Times*, September 1, 1947.

(54) A・キリチェンコ「東京裁判でスターリンは何を怖れたか」（『現代』一九九三年九月号）一七〇―一七七頁、粟屋憲太郎『東京裁判への道』上巻、六二、一五〇―一六三頁、伊香俊哉「中国国民政府の日本戦犯処罰方針の展開」（笠原十九司・吉田裕編『現代歴史学と南京事件』）一〇六―一〇七頁、Yuma Totani, *The Tokyo War Crimes Trial: The Pursuit of Justice in the Wake of World War II* (Cambridge, Mass.: Harvard University Asia Center, 2008), pp. 43-62; 戸谷由麻『東京裁判――第二次大戦後の法と正義の追求』（みすず書房、二〇〇八年）六三―九三頁。

(55) 新田満夫編『極東国際軍事裁判速記録』第八巻、二六五頁。

(56) 『朝日新聞』一九四八年一月七日。

(57) 児島襄『東京裁判』下巻（中公文庫、一九八二年）一二五―一三三頁、東京裁判ハンドブック編集委員会編『東京裁判ハンドブック』五六―五七頁。

(58) 新田満夫編『極東国際軍事裁判速記録』第一〇巻、七九二―七九四頁。

(59) 菅原裕『東京裁判の正体』七一―七二、一五五頁。

第五章　冷戦と歴史問題――一九五一―一九八九

一　台湾――中国国民党と国府

冷戦期の「田中上奏文」――四つの視角

市ヶ谷の法廷でウェッブ裁判長が判決を読み上げていたころ、中国では国民党と共産党の内戦が最終局面に差し掛かっていた。

国共内戦に敗れた蔣介石の国民党が台湾に追われると、冷戦下で日本は一九五二（昭和二七）年四月、中国ではなく台湾の中華民国政府、つまり国府と講和した。日華平和条約である。これによって戦争状態が法的にも終結され、国府は賠償請求権を放棄した。

日中間の国交は一九七二年九月に正常化され、一九七八年八月には日中平和友好条約も締結された。当初は友好ムードの日中関係だったが、一九八〇年代に入ると、歴史教科書や靖国神社参拝をめぐって歴史問題が顕在化していった(1)。

冷戦期を扱う第五章には、四つの論点がある。

第一に、台湾である。東京裁判後に「田中上奏文」が最も取りざたされたのは台湾だろう。その中心人物が、第一章に登場した蔡智堪であった。一九五〇年代に蔡は、自ら「田中上奏文」を入手したと台湾や香港の各紙に訴えて話題となった。さらに蔡が国府に褒賞を求めたため、行政院や外交部は対応を迫られた。しかし国府は、蔡が本当に「田中上奏文」を入手したのかは疑わしいとの結論に達した。そのような経緯を精査することは、「田中上奏文」の発端についても示唆的となる。本章一の課題にしたい。

第二に、ソ連およびロシアである。中国語圏を除いて、ロシアは「田中上奏文」が最も信じられている国といえよう。旧ソ連に特徴的なのは、最高指導者が「田中上奏文」に論及していたことである。このため本章二では、フルシチョフ（Nikita S. Khrushchev）の言動などを俎上に載せる。

第三に、アメリカである。序章二で触れたように、現在のアメリカで「田中上奏文」は偽書と見なされている。しかし、『ニューヨーク・タイムズ』紙や『ワシントン・ポスト』紙が示すように、アメリカですら一九六〇年代ごろまで、「田中上奏文」は本物と信じられていた。それでは、「田中上奏文」が偽書とされだした契機は何だろうか。「田中上奏文」がアメリカで偽書として定着する経緯についても、本章二で検討したい。

第四に、中国である。「田中上奏文」が戦後に尾を引く舞台は、なにも東京裁判や台湾、ソ連、アメリカに限られない。蔣介石を台湾に追いやった共産党体制下の中国でも、『人民日報』などで「田中上奏文」が取り上げられた。「田中上奏文」は現代中国にも影を落としている。

アメリカや台湾、さらにはロシアでも偽造説が広まるなかで、「田中上奏文」の影響が今日的に最も深刻なのは中国である。その背景を知るためにも、歴史教科書問題や靖国神社参拝など、一九八〇年代に顕在化した歴史問題を含めて本章三で分析したい。分析の材料としては『人民日報』のほか、情報公開請求で得た日本外務省記録や外交官へのインタビューも交える。

以下では、台湾、ソ連、アメリカにおける動向、そして日中関係を分析し、冷戦下の「田中上奏文」を追っていく。

羅家倫と蔡智堪

東京裁判に梅汝璈《ばいじよこう》裁判官や向哲濬《こうてつしゅん》検察官を送り込んだ中華民国で、「田中上奏文」はどう位置づけられていたのだろうか。

一九四六年六月三〇日に羅家倫《らかりん》という人物が、中国国民党機関紙『中央日報』に「田中奏摺問題」という論考を発表した。北伐に従軍したこともある羅は、清華大学校長や中央政治学校教務主任などを経て、中国国民党党史史料編纂委員会副主任委員になっていた。つまり羅は、国民党の歴史を編纂する立場である。後に蔣介石とともに台北に逃れてから、羅は党史史料編纂委員会主任委員、考試院副院長、国史館館長を歴任し、『国父年譜初稿』を編集するなどしている[2]。

羅家倫が「田中奏摺問題」を執筆したのは、東京裁判に際して検察側スポークスマンが「田中上奏文」を発見できておらず、日本人は偽造だと主張していると述べたことに反発したからであった。羅によると、「田中上奏文」を確認できないからといって偽書とはいえず、隠滅された可能性もあるし、日本の侵略政策は「田中上奏文」そのものだという。羅の根拠は、かつてリットン調査団が訪中した際に、自身も北平で調査したことなどだった[3]。

その後も『中央日報』には、「田中上奏文」の入手経路について記事が掲載された。一九四九年九月二一日の記事によると、かつて張学良は王家楨が「田中上奏文」を買収したと説明しており、当の王は

「台湾人蔡某」が政友会幹事長山本条太郎の書生から得たと語ったという。「蔡某」とは蔡智堪のことである。(4)

そこで、戦後の蔡智堪を探ってみたい。蔡は台湾に定住するようになっており、そこへ大陸を追われた国民党がやって来た。すると蔡は一九五三年七月一三日、羅家倫に会っている。前頁で述べたように羅は、中国国民党党史史料編纂委員会主任委員になっていた。

蔡智堪が羅家倫に語った内容は、次のとおりである。

- 蔡智堪は、内務大臣（正しくは内大臣――引用者注）の牧野伸顕伯爵（民政党顧問《ママ》）と密謀し、「田中上奏文」を入手した。牧野や内閣の一派は、「田中上奏文」を国際的に宣伝し、英米の反対を引き出すことで軍人を抑制しようとした。
- 牧野が、自分の妾《めかけ》の弟である山下勇を介して蔡を皇居の書庫に誘い入れ導いたので、蔡は「田中上奏文」を二晩かけて筆写した。蔡は、山下に二万五〇〇〇円を支払った。
- 牧野夫妻はアヘンを吸引しており、そのアヘンは蔡が提供していた。
- 牧野は、蔡と王家楨が近しいことを知っていた。
- 蔡が皇居で「田中上奏文」を筆写したのは、一九二八、九年ごろである。一〇行の罫紙で六、七〇枚となったが、後日発表されたのは半分にも満たない。
- 蔡は「田中上奏文」の抄録を自ら奉天に持ち出して王家楨に手渡した。王に対して蔡は、「田中上奏文」を国際宣伝に用いるよう求めたが、国民政府は賛成しなかった。

つまり蔡智堪の証言によると、蔡は牧野に導かれて皇居で「田中上奏文」を筆写したばかりか、アヘンを牧野に提供していたという。

にわかには信じがたい回顧談のはずだが、羅家倫は反論することなく、蔡智堪の話を聞き入れた(5)。大陸時代から羅が「田中上奏文」を本物と見なしていたことは、二四三頁で述べたとおりである。さらに羅は一九五三年一一月一八日、蔡の「功績」を六六歳の誕生日に党史史料編纂委員会として表彰している(6)。

このころ羅家倫は、国民党の史料集『革命文献』第一輯を刊行するなど多忙であった(7)。羅は、自ら主編となった『革命文献』などで「田中上奏文」を引用した(8)。かつて終戦直後の中国で「田中上奏文」を本物と主張して東京裁判に反発した羅が、今度は台湾で蔡智堪を表彰し、さらに史料編纂によって「田中上奏文」を定着させたのである。一八年余りも党史史料編纂委員会主任委員を務めた羅の影響力は大きかった(9)。

蔡智堪の談話

蔡智堪が皇居で「田中上奏文」を筆写したという物語は、台湾や香港の各紙でも大きく取り上げられた。蔡は、台湾の『聯合版』や香港の『自由人』に登場してこう語っている。

- 一一歳のとき台湾から日本に渡った蔡智堪は、早稲田大学を卒業して日本で貿易などに従事した。
- 日本で孫文と知り合った蔡は、興中会に加わり、日本の政財界と交わりつつ、孫文を支援するなどの秘密活動を行った。
- 一九二八年四月、王家楨から書簡が蔡に送られてきて、「田中上奏文」を入手するように依頼された。

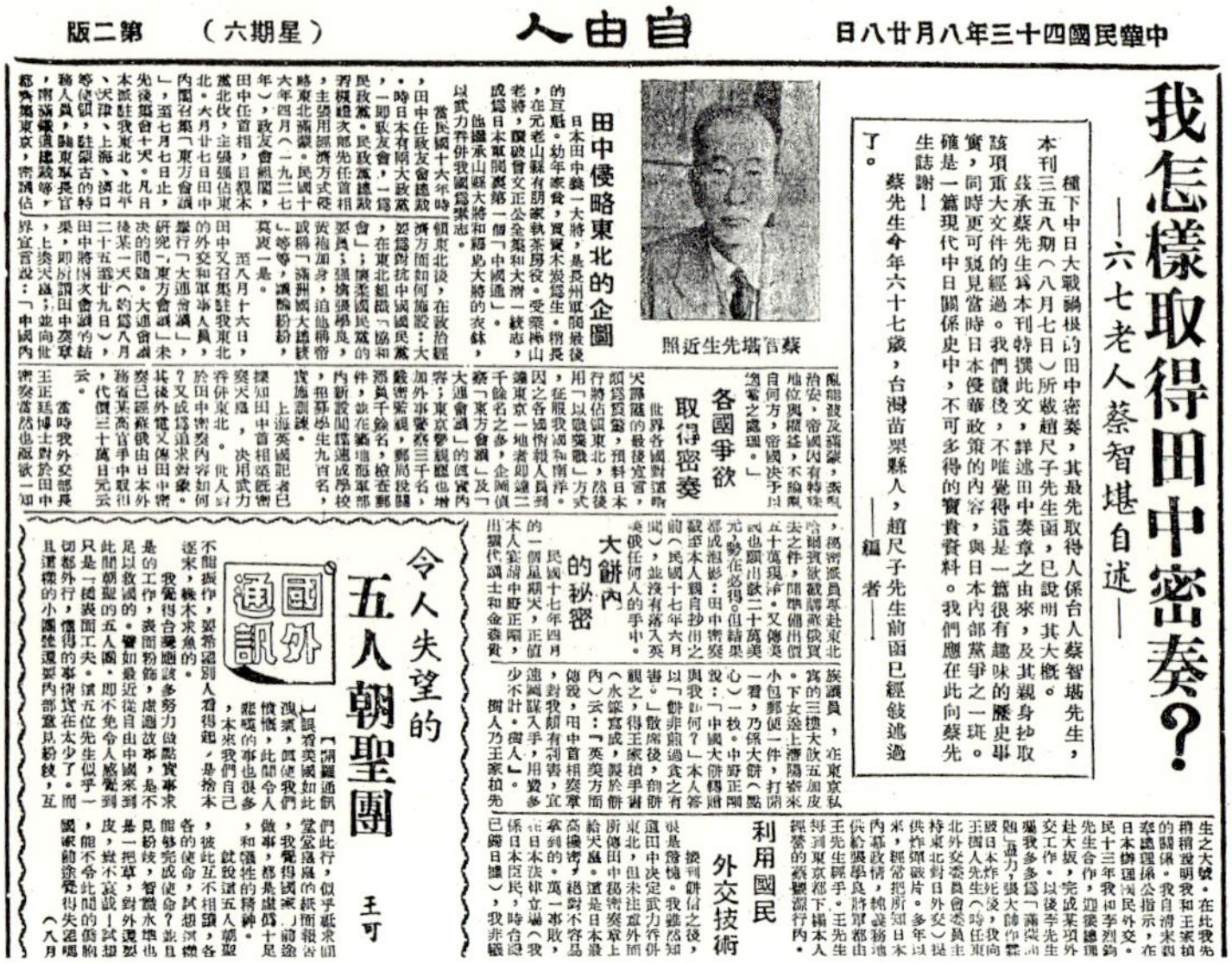
中華民國四十三年八月廿八日　自由人　（星期六）　第二版

我怎樣取得田中密奏？
——六七老人蔡智堪自述——

種下中日大戰禍根的田中密奏，其最先取得人係台人蔡智堪先生，本刊三五八期（八月七日）所載趙尺子先生函，已說明其大概。茲承蔡先生寫本刊特撰此文，詳述田中奏章之由來，及其親身抄取該項重大文件的經過。我們讀後，不唯覺得這是一篇很有趣味的歷史事實，同時更可窺見當時日本侵華政策的內容，與日本內部黨爭之一斑，確是一篇現代中日關係史中，不可多得的寶貴資料。我們應在此向蔡先生誌謝！

蔡先生今年六十七歲，台灣苗栗縣人，趙尺子先生前函已經敍述了。——編者——

蔡智堪先生近照

田中侵略東北的企圖

各國爭欲取得密奏

利用國民外交技術

大餅內的秘密

令人失望的五人朝聖團　王可

國外通訊

『自由人』1954年8月28日

・王正廷外交部長も「田中上奏文」を探しており、哈爾浜に人を派遣して、ソ連から文書を買収するために五〇万元を用意をした。

・蔡は、まず「永井柳《マ》太郎外《マ》相」に「田中上奏文」を持ち出すように求めたが、永井は拒否した。

・次に蔡が床次竹二郎に話を持ちかけると、床次は牧野伸顕に引き合わせてくれた。

・牧野は、自分の妾の弟である山下勇を介して、蔡が皇居で「田中上奏文」を抄録できるように手配した。山下は「皇室書庫官」だった。

・蔡は一九二八年六月、山下の導きで皇居に潜入し、六、七〇枚の「田中上奏文」を二晩かけて筆写した。

・蔡が「田中上奏文」を奉天で王家楨に手交すると、王は直ちに張学良に届けた。

つまり蔡智堪は、「田中上奏文」を皇居で

筆写し、王家楨に奉天で手渡したと各紙で論じたのである[10]。

その内容は羅家倫に語ったものに近く、「田中上奏文」に関するくだりが事実とは考え難い。明らかな誤りとしては、「永井柳太郎外相」とあるが、田中義一内閣の外相は田中首相の兼任だった。永井が外相になったことはなく、外務参与官や外務政務次官を務めたことはあるものの、それは憲政会および民政党の内閣下であり、田中内閣ではない。「皇室書庫官」の山下勇という人物についても、『宮内省職員録』などで調べてみたが見当たらなかった[11]。

それでも、蔡智堪が国民党から表彰されたうえに、台湾や香港の新聞に何度も取り上げられた影響は大きかった。「田中上奏文」を蔡が皇居で入手したという物語は、国民党の記録だけでなく、民衆の記憶にも刻まれたことであろう。

一九三〇年代に外交部長を務めた知日家の張群ですら、「周知のように田中は、いわゆる『田中上奏文』の作者であり、かつて中国侵略の考えに満ちた人だった」と回顧録にしたためていた[12]。ただし、現在の台湾で偽造説が増えていることは、序章四で論じたとおりである。

国府への請願

国民党によって表彰され、新聞にも登場したものの、蔡智堪は満足しなかった。蔡は一九五四年四月一一日、陳誠行政院長に書簡を出している。陳に宛てられた蔡の書簡は、次のようなものであった。

私は、私財を犠牲にして田中上奏文の秘密を獲得し、政府の国際宣伝に供しました。そのことは、国民として最高の奉仕であり義務でもあるため、なんら惜しむところはありません。ただ、中国政府が褒賞しないとすれば、かつて国際連盟に提出された田中上奏文が中国による偽書であったと認めることになります。日本軍総司令官の岡村寧次《やすじ》大将も国際裁判で、「日本は兵力や財力において敗北したのではなく、田中上奏文によって敗北したのだ」と述べています。当時この件を担当した外交部次長の王家楨が証明の文書を書いてくれましたし、そのころ外交部長だった王正廷も手紙で私の功績を示して下さいました。さらに王家楨は、私に民政庁長の職を与えるよう魏道明《ぎどうめい》省長に依頼してくれました。しかし、魏氏が急に退任したため、その件は進展しませんでした。省の民政あるいは建設で、職位をたまわりますよう御願い申し上げます。

蔡智堪は、この書簡に一九五三年九月一二日の新聞『聯合版』を添えて、陳誠行政院長に職位を要求した。

蔡の褒賞申請を受けた行政院は一九五四年五月八日、本件を外交部に問い合わせた。照会の主旨は、私財を投じて「田中上奏文」を入手したと称する蔡が、政府の国際宣伝に「田中上奏文」を提供したにもかかわらず褒賞されていないとして、職位を与えるよう陳院長に求めているというものであった。行政院は、褒賞の適否を外交部に尋ねたのである(13)。

だが、行政院から褒賞について問われた外交部は冷静であり、外交部の書庫で文書を調査したうえで行政院に回答している。五月一五日の外交部回答文によると、蔡智堪が「田中上奏文」を入手したかについて外交部に関連の記録はなく、すでに国民党党史史料編纂委員会によって表彰されていることもあり、官職を与えることは慎重に考慮すべきだという。事実上、蔡の主張を否定したのである。

この回答は、沈昌煥《ちんしょうかん》外交部政務次長の指示によって、葉公超外交部長の決裁を経ていた。筆者が台

羅家倫と蔡智堪の動向

年　月　日	出　来　事
1946年6月30日	羅が『中央日報』に「田中奏摺問題」を発表
1953年7月13日	羅と蔡が会談
9月12日	台湾の新聞『聯合版』が蔡を「田中上奏文」の発見者として報道
11月18日	羅が蔡を表彰
1954年4月11日	蔡が陳誠行政院長に書簡で褒賞を求める
5月8日	行政院が蔡への褒賞について外交部に照会
5月14日	蒙藏委員会が蔡を表彰
5月15日	外交部が蔡への褒賞について慎重に考慮すべきと行政院に回答
6月5日	蔡が葉公超外交部長に「褒賞請願書」を記して外交部最高顧問への就任を要求
8月28日	香港の新聞『自由人』が蔡を「田中上奏文」の発見者として報道
1955年9月29日	蔡が他界

出典：筆者作成

北で閲覧した外交部のファイルには、『中央日報』や『聯合版』の記事も保存されており、新聞記事についても検討して行政院への回答を決めたのであろう。[14]

行政院に職位を求めた蔡智堪は、外交部に対しても黙っていなかった。同年六月五日に蔡は、葉公超外交部長に宛てて「褒賞請願書」を記したのである。

「褒賞請願書」の要旨は、以下のような内容だった。

> 申請者は、国家のために危険を冒し、家の財産を投じて田中上奏文を入手して、国際宣伝に供することで台湾を解放して国土の保全を守りました。このため、申請者を外交部最高顧問に任命するよう御願い申し上げます。そのことによって、かつて日本がパリ（正しくはジュネーブ――引用者注）国際連盟会議で田中上奏文は我が国の捏造だと誹謗《ひぼう》したことに対して反証できます。

つまり蔡智堪は、「田中上奏文」を「入手」したことをもって、外交部最高顧問への就任までも要求したのである。

「褒賞請願書」で蔡は、王正廷や王家楨も自分の主張を支持していると論じ、抗日戦争で英米ソの支援を得たのは「田中上奏文」を「入手」した結果だと葉外交部長に訴えた。[15] しかし、蔡の請願は十分に受け入れられず、外交部ではなく蒙蔵《もうぞう》委員会による表彰で満足するしかなかった。[16]

総じていうなら、国民党や新聞が蔡智堪を持ち上げたのに対して、国府、とりわけ外交部は蔡に冷ややかだった。関連文書を精査した外交部は、「田中上奏文」を偽造文書だと再確認したに違いない。

第一章三で論じたように、台北郊外の外交部档案庫で筆者が閲覧した外交部のファイルは、すでに南京時代から外交部が偽書と知っていたことを示していた。したがって外交部は、蔡が「田中上奏文」を皇居で入手するはずもないと判断しただろう。外交部最高顧問への就任を拒まれた蔡は、一九五五年九月二九日に他界している。

二　冷戦下の「田中上奏文」

朝鮮戦争から中ソ対立まで――一九五〇年代

昭和初期に作成された「田中上奏文」は、東京裁判で審理された末にうやむやとなり、国府外交部の再調査によっても本物とは認められなかった。このため「田中上奏文」は、その歴史的な役割を終えつつあるかにみえた。だが、国際環境の変化とともに、「田中上奏文」は思わぬ方面で用いられるようになった。冷戦という二極対立のなかで、ソ連が「田中上奏文」を利用したのである。

東アジアにおいて、冷戦構造を決定づけたのは朝鮮戦争だった。北朝鮮軍が一九五〇年六月に南進してソウルを占領すると、ソ連欠席の国連安保理でアメリカは、北朝鮮軍に対する撤退要求を決議させた。

アメリカを主力とする国連軍が一〇月に中朝国境へと迫ったところで、中国が朝鮮戦争に参戦する。『ニューヨーク・タイムズ』紙によると、ソ連は同年一二月、中国の参戦を「田中メモリアル」の記憶に動かされたものと宣伝したようである。つまりソ連は、「田中メモリアル」を用いて、アメリカに率いられた国連軍をかつての日本になぞらえたという(17)。

「田中メモリアル」を交えたソ連の宣伝は、『ニューヨーク・タイムズ』紙の投書欄でも話題となった。その投書は、「田中メモリアル」の援用を「典型的なソ連プロパガンダの歪曲」と批判し、「明らかに、日本帝国主義の政策と朝鮮における現在の国連の行動を類推させせようとしている」と論じた。ソ連のプロパガンダを非難する投書だが、投書は「田中メモリアル」を本物と解しており、朝鮮戦争時のアメリカでも「田中メモリアル」が信じられていたことを示唆している(18)。

一九五三年三月にスターリンが死去すると、ソ連と中国はやがて離反していった。中ソ対立の起源は、一九五六年二月にフルシチョフ共産党第一書記がスターリンを批判し、平和共存路線を示したことにあるといわれる。しかし、フルシチョフの回想録は、すでに一九五四年秋の訪中時から、毛沢東らと微妙な関係にあったことを伝えている。

というのもフルシチョフは、一九五四年九月二九日からブルガーニン(Nikolai A. Bulganin)第一副首相やミコヤン(Anastas I. Mikoyan)副首相らとともに北京を訪問した。フルシチョフは一〇月一二日、ソ連軍を旅順港から撤退させることなどで毛沢東らと合意した。

毛沢東や周恩来との友好を演じたフルシチョフだが、内心では毛への疑心を募らせていた。フルシチョフは、そのときの模様をこう振り返る。

一九五四年に中国から帰国した私は、「中国との衝突は不可避だ」と同志たちに語った。その結論に達した根拠は、毛のさまざまな発言だった。(中略)毛はナショナリストで、少なくとも私が知っていた時点では、しきりに世界を支配したがっていた。彼の計画は、まず中国を支配してからアジア、さらに……次はどこなのか。[19]

『ニューヨーク・タイムズ』紙は、このフルシチョフ証言に「田中上奏文」の影響をみている。同紙によると、フルシチョフ証言は、「毛の野望について、日本の世界征服計画に関する著名な『田中メモリアル』をほとんど文字どおり言い換えたものである」という。フルシチョフが、毛沢東の方策を「田中上奏文」にたとえて警戒したというのである。

すなわち、『ニューヨーク・タイムズ』紙に従うなら、「まず中国を支配してからアジア、さらに……」という毛に対するフルシチョフの回想は、「支那を征服せんと欲せば、先づ満蒙を征せざるべからず。世界を征服せんと欲せば、必ず先づ支那を征服せざるべからず」と記された「田中上奏文」を敷衍していたことになる。[20]

他方で一部のアメリカ国民も、ソ連や中国の行動を「田中上奏文」との類推で理解したようである。そのことを、同じく『ニューヨーク・タイムズ』紙で確認してみたい。

一九五四年八月のある投書は、ソ連の脅威を訴える文脈で、「田中上奏文」と『我が闘争』を引き合いに出した。それによると、「日本の田中メモリアルやヒトラーの『我が闘争』のような青写真をロシアは描いている」という。[21] 一九五五年二月の投書も、「田中上奏文」と『我が闘争』に触れながら、毛沢東『新民主主義』やレーニン『国家と革命』に注意を喚起し、中国とソ連の脅威を憂慮した。[22]

一九五九年三月にはチベット紛争が発生し、これを契機に中国人民解放軍とインド軍の衝突に発展した。中印紛争に際してインドのネール（Jawaharlal Nehru）首相は、「中国が攻撃してくるとは思わなかった」と語っている。

『ニューヨーク・タイムズ』紙によるとネールは、アメリカで『我が闘争』や「田中メモリアル」の内容が現実になると考えられなかったのと同じ失敗を犯したという。つまり同紙は、脅威が現実になりうるという『我が闘争』や「田中メモリアル」の教訓はインドで学ばれなかったと論じたのである。(23)

以上のように「田中上奏文」は、一九五〇年代にも用いられており、アメリカの新聞でもしばしば本物として登場していた。その傾向は、一九六〇年代になってからも続いていく。

日米安保改定とその後——一九六〇年代〜一九七〇年代

ソ連首相となったフルシチョフは、一九六〇年二月一〇日から三月五日にかけて、インド、ビルマ、インドネシア、アフガニスタンを歴訪した。インドネシアの首都ジャカルタでフルシチョフは、スカルノ（Achmad Soekarno）大統領と会談して、バンドン会議の原則を支持する共同声明を発した。

フルシチョフは二月二六日、インドネシア議会を訪れている。議場で「心からの友好関係」や軍縮を力説したフルシチョフは、岸信介内閣による日米安全保障条約の改定をこう批判した。

さきごろ日米新軍事条約に調印した岸政府にとって、その行動を正当化する弁明の余地はまったくない。この条約は、日本の現実的な必要とはなんの共通点ももたないものであり、外国軍隊によるこの国の占領を法的に確認するものである。だれも日本をおびやかしておらず、だれも日本を攻撃しようとしていないことは、周知のとおりである。日本政府は、いったいなんのために、自国の領土内の外国の軍事基地を今後も存続させ、自国の武装兵力をいちじるしく拡大しようとするのだろうか？　日本の支配層は、ふたたび神がかった田中計画に陽の目《ママ》をみさせるつもりではないだろうか？

折しも同年一月一九日に岸首相がワシントンで日米安全保障条約に調印し、アイゼンハワー（Dwight D. Eisenhower）大統領と共同コミュニケを発表していた。そこでフルシチョフは、日米安全保障条約の改定を非難し、日本は「神がかった田中計画」、つまり「田中上奏文」を実践するつもりかと発言したのである。記者会見でもフルシチョフは、在日米軍が「何よりもまず、人民中国とソ連にたいして、むけられているものであると考えます」と論じた。(24)

これには岸が反発した。フルシチョフがインドネシア議会で演説した翌日の二月二七日、大阪で自由民主党の安保条約調印報告演説会に臨んだ岸は、「安保条約はあくまで防衛的なものであ」り、フルシチョフ演説は「全く理不尽なもの」と記者会見で述べた。

『朝日新聞』の「天声人語」も、「他国の議会にまで出て日本の悪口を言い〝田中計画〟とやらいう偽の古証文まで引き合いにして、いまにも日本がアジアの国々を侵略するかのように言いふらすのは、大国の首相としてお節介が過ぎる」とフルシチョフに批判的だった。(25)

また、元駐日大使館参事官のクタコフ（Leonid Nikolaevich Kutakov）は、一九六二年に日ソ外交史の概説書を刊行し、「田中上奏文」を対ソ作戦の文脈に位置づけた。(26)以上のことから判断して、ソ連は冷戦下でも「田中上奏文」を利用していたといえよう。

愛新覚羅溥儀「従我的経歴掲露日本軍国主義的罪行——紀念九一八事変三十周年」(『人民日報』1961年9月17日)

中国では共産党機関紙『人民日報』が、「田中上奏文」を史実であるかのように引用していた。一例として、一九六一年九月の満州事変三〇周年に際して同紙は、「田中上奏文」が「中国侵略の基本方針」であったにもかかわらず、蔣介石の「不抵抗政策」は「日本軍国主義の気炎を助長させた」と主張している。

かつて満州国執政、皇帝だった溥《ふ》儀《ぎ》も、満州事変三〇周年で「田中上奏文」を用いてこう記した。

一九二七年のいわゆる「田中上奏文」は、赤裸々に日本軍国主義の野心を暴露している。「上奏文」には臆面もなく、「支那を征服せんと欲せば、先づ満蒙を征せざるべからず。世界を征服せんと欲せば、必ず先づ支那を征服せざるべからず」と書かれてる。(中略)吉田茂は、(中略)田中内閣で外務次官の役職ながら外務大臣のような権限を行使し、「田中上奏文」に規定された侵略方針を推進した急先鋒である。[27]

そのころ香港では、最晩年の王正廷が英文で回顧録をしたためていた。中国共産党に批判的であった王だが、台湾には逃れず香港にいた。回顧録で王は「田中上奏文」に言及し、「『田中上奏文』は日本による世界征服計画の青写真であった」と論じた。

しかし王正廷は、第一章三で述べたように、「田中上奏文」を偽造と知っていたはずである。それでも王が「田中上奏文」を「世界征服計画の青写真」と位置づけたのは、回顧録の刊行を意識したからであろう。最後まで「田中上奏文」に関する公的な立場を貫いた王は、一九六一年五月に他界している。その回顧録が公刊されるには、没後四七年を経ねばならなかった。[28]

アメリカでも「田中上奏文」は、少なくとも一九六〇年代半ばまで信じられていた。ここで興味深いのは、元駐日アメリカ大使のグルーが一九六五年五月に他界したときの報道である。『ニューヨーク・タイムズ』紙や『ロサンゼルス・タイムズ』紙の死亡記事によると、グルーが一九三二年に駐日大使として赴任したとき、すでに日本では「田中上奏文」が打ち出されており、事態は悪化していたという。[29]ところが、この記事には、元外交官のバランタインから抗議文が寄せられた。アメリカ国務省に長らく勤務したバランタインは、一九二〇年代末から「田中上奏文」を偽書と見抜いていた。そのバランタインが、『ニューヨーク・タイムズ』宛てにペンを走らせたのである。

バランタインは、投書にこう記した。

たしかに一九二七年《ママ》には、ある文書が太平洋問題調査会の京都会議において英語で公表され、首相の田中義一大将による上奏文の翻訳と称された。だが、日本語版は見つかっておらず、一九四六年に国際軍事裁判の検察局は日本政府の記録を調査したものの、そのような文書の存在を証明するものはなかった。さらに、その文書は語調や内容からして日本のものではないし、日本の政治的慣例としては実にまれな手続きを求めている。

バランタインは、上奏の管轄が宮内大臣ではなく内大臣であったことなどから、「田中上奏文」を偽書と指摘したのである。知日派の代表格であったバランタインならではの啓蒙的投書といえよう。もっとも、バランタインの抗議文は、投書欄に小さく掲載されたにすぎない。バランタインのような見解がアメリカに浸透していくには、さらに時間を要したはずである[30]。

一九六八年四月には、小笠原返還協定が日米間に成立した。この協定が六月に発効すると、小笠原諸島は、二三年間の占領を終えて日本に返還された。六月二六日には小笠原諸島の父島で返還式典が開かれ、美濃部《みのべ》亮吉《りょうきち》都知事のほか、佐藤栄作内閣からは総理府総務長官の田中龍夫も式典に出席した。田中龍夫は田中義一の長男である。

田中龍夫について『ワシントン・ポスト』紙は、「田中は故田中義一男爵の息子であり、田中義一は一九二七年に首相として天皇に宛てて田中メモリアルを記した。田中メモリアルには、アジアにおける日本の膨張計画が示されており、最終的には太平洋において第二次世界大戦を引き起こした」と報じた。この記事が書かれたのは、返還式典が開催された父島ではなく硫黄島であった。小笠原諸島の硫黄島は太平洋戦争の末期に日米の激戦地となっており、アメリカにおいて「田中上奏文」は硫黄島の記憶とともに、容易には忘れ去られなかったのである(31)。

したがってアメリカでは、一九六〇年代末ごろまで「田中上奏文」は信じられていたといえよう。序章二で述べたように、「田中上奏文」が偽書としてアメリカの学界で定着したのは、一九七三年のことである。

他方、一九七二年には日中国交正常化がなされたものの、歴史認識をめぐる問題は日中間に当初ほとんど存在しなかった。歴史問題が顕在化するのは、一九八二年の歴史教科書問題においてである。そこで次に、一九八〇年代以降の日中関係における歴史問題と「田中上奏文」を考察したい。

三　歴史問題の顕在化

第一次歴史教科書問題と宮澤談話——一九八二年

日本と中国は一九七二年に国交を回復し、一九七八年には日中平和友好条約が締結された。田中角栄首相が一九七二年九月に訪中し、周恩来国務院総理と日中共同声明に調印してからというもの、一九七〇年代の日本では中国への友好ムードが基調となっていた。

これに対して一九八〇年代は、歴史問題が表面化した時期といえよう。その象徴が、歴史教科書と靖国神社である。「田中上奏文」の現代的展開を知るためにも、情報公開請求によって得た外務省記録やインタビューを交えながら、まずは歴史問題の起源を探ってみたい。

歴史問題の契機は、教科書検定をめぐる新聞などの誤報だった。各紙は一九八二年六月二六日、文部省が高校の歴史教科書検定に際して「侵略」を「進出」に書き換えさせたと報じ、宮澤喜一官房長官が八月二六日に「政府の責任において是正する」と談話を発した。第一次歴史教科書問題と宮澤談話である。

このうち宮澤官房長官の談話とは、「日韓共同コミュニケ、日中共同声明の精神は我が国の学校教育、教科書の検定にあたっても、当然、尊重されるべきものであるが、今日、韓国、中国等より、こうした点に関する我が国教科書の記述について批判が寄せられている。我が国としては、アジアの近隣諸国との友好、親善を進める上でこれらの批判に十分に耳を傾け、政府の責任において是正する」というものだった。アジア近隣諸国との関係に配慮するという内容であり、宮澤談話の近隣諸国条項と呼ばれた。

当時の鈴木善幸内閣には、宮澤官房長官のほか、桜内義雄外務大臣、小川平二文部大臣らがいた。教科書問題には外務省と文部省の双方が関係するだけに、複雑な政策過程となっている。八月一日には、小川文相の訪中が中国教育部によって拒否された。日韓間では八月六日に文部省と外務省の二局長派遣案が韓国政府に退けられ、代わって八月二二日に三塚博自民党教科書問題小委員長らが訪韓している。

桜内外相は八月一二日、再改訂の必要性を認める外相所見を発表した。鈴木首相も八月二三日、「教科書検定に当たり、教科書がより一層適正になるよう改善を図っていきたい」、「我が国の戦前の行為が国際的には『侵略』であるとして批判があるのも事実であり、政府としてもこれを十分認識すべきと考える」と記者会見で語っている。

中国と韓国の対応が微妙に異なっているのも興味深い。韓国政府が八月二七日に宮澤談話を受け入れたのに対して、中国外交部は宮澤談話について八月二八日に不同意を鹿取泰衛《かとりやすえ》駐中大使に伝えた。このため日本は、外交ルートを通じて中国に再び説明し、呉学謙《ごがくけん》外交部副部長から「これまでの説明に比べ一歩前進」との評価を得た。

台湾も、交流協会を通じて「妥当な検討と処理」を求めていた。交流協会台北事務所は、「（イ）日本側は、過去の行為を反省し、繰り返さないよう決意しており、かかる基本姿勢は学校教育および教科書検定にも反映される。（ロ）我が国としては、教科書の記述に関する近隣アジア地域の批判に耳を傾け、政府の責任において是正する」と回答した。

総じていうなら、検定制度の自律性を重視する文部省に対して、外務省が中国や韓国との関係に配慮し、鈴木首相や宮澤官房長官は外務省寄りの姿勢を示したといえよう。歴史教科書問題が外務省と文部省にまたがるだけに、首相官邸による調整と決断が重要であった。鈴木首相は九月二六日から一〇月一日に訪中を控えており、教科書問題が日中関係全般に悪影響を与えないように腐心したのである。このため首相官邸は、結論を急いだ感が強い(32)。

宮澤談話について筆者は、当時、外務省情報文化局長だった橋本恕にインタビューした。情報文化局長として橋本は、第一次歴史教科書問題の解決や宮澤談話の形成で決定的な役割を果たしている。橋本が語った要点は、次のとおりである。

・歴史教科書問題は国内的に文部省の管轄だが、文部省は直接に中国や韓国と交渉できないため、外務省が間に入った。

・外務省では、本来的にはアジア局がこの問題の主管であるものの、木内昭胤《あきたね》アジア局長、須之部量《すのべりよう》三《ぞう》外務事務次官、宮澤官房長官らが橋本情報文化局長に外交交渉を依頼した。中国側も、橋本を交渉相手にしたいと伝えてきた。このため、外務省中央では橋本が中心的な役割を担い、橋本は訪中して中国を説得した。

- 韓国に入国拒否された二局長とは、橋本外務省情報文化局長と大崎仁文部省学術国際局長である。
- 宮澤談話を推進したのは宮澤自身や鈴木首相ではなく、橋本が最初から最後まで宮澤談話を書いた。宮澤や鈴木は、橋本が書いた宮澤談話の原案をそのまま認めた。
- 鈴木首相は、訪中前に教科書問題を解決しようと急いでいた。
- 橋本は桜内外相に宮澤談話を説明したものの、桜内は話を聞いているだけで、特段の指示はなかった。
- 韓国側はともかく、少なくとも中国側は、宮澤談話のうち特に「政府の責任において是正する」に納得して受け入れ、反日運動をやめた。この問題で中国側は、とことん日本と事を構えるつもりはなかった。
- 後に宮澤が首相になったとき、日中国交正常化からかなり経っているので靖国神社に参拝しても構わないだろうと橋本駐中大使に打診したが、橋本は天皇訪中が終わるまでは絶対に駄目だと進言した。このため宮澤は、靖国参拝をやめた(33)。

歴史教科書問題は本来、外務省では情報文化局のような機能局ではなく、地域局たるアジア局の担当である。だが須之部外務次官や木内アジア局長は、中国通の橋本情報文化局長にこの問題への対処を要請した。須之部や木内と強い信頼関係にあった橋本は、この問題を引き受けて訪中し、帰国後に宮澤談話を執筆した。さらに橋本は、宮澤談話の原稿段階で須之部や木内のみならず、宮澤官房長官、桜内外相、畠中篤中国課長、そして文部省から了解を取りつけた(34)。

中国が橋本を交渉相手にしたいと伝えてきたのは、かつて橋本が中国課長として一九七二年に日中国

交正常化を導いたこともあろう。(35)

教科書問題を出先、つまり北京の日本大使館で担当したのが渡邊幸治である。一九八二年当時、首席公使だった渡邊にもインタビューしたところ、次のように語ってくれた。

- 中国との関係を振り返ってみて顕著なことは、中国にとっては、報道されないことは問題としないという経験則であり、中国側の態度が硬化したのは日本の大大的な新聞報道によるところが大きく、日本の新聞があれほど騒がなければ、教科書問題は起きなかったとも考えられる。
- 文部省よりも外務省のほうが中国に配慮しており、宮澤官房長官は外務省に近い立場を示した。宮澤は、橋本情報文化局長を非常に信頼していた。
- 宮澤談話に関する中国への事前通報は、談話発表の一、二時間前になってしまった。呉学謙外交部副部長らは、幹部に報告する時間が足りないと立腹した。中国が宮澤談話の受け入れを一旦拒んだのは、おそらくそのためであろう。つまり、中国からすれば、「ショート・ノーティス」だった。
- 九月八日に呉学謙が鹿取大使に日本側説明を受け入れると表明したのは、鈴木訪中までにこの問題を片付けたいと考えたからだろう。
- 「侵略」を「進出」に書き換えさせたという報道が誤報だと知ったのは、宮澤談話が発表された後の九月だった。それも新聞の訂正記事を通じてであり、文部省からは誤報という説明を受けていない。(36)

このように教科書問題は、過剰で不正確な報道、「ショート・ノーティス」、外務省と文部省の微妙な関係などが複雑に連鎖した不幸な出来事だったといえよう。

ならば教科書問題と「田中上奏文」は、どのように関係するのか。宮澤談話が出される前の八月一五日、『人民日報』社説はこう論じている。

日本の一部には、一連の注目すべき行動をとる人々が現れた。その行動は日本人民、とりわけ若い世代に、中国などアジア太平洋地域の国々を侵略した歴史を忘れさせ、かつての軍国主義の道をもう一度歩ませようとするものである。一連の行動のなかでも特に黙視できないのは、日本文部省が教科書の改訂にあたって、中国、朝鮮、東南アジア各国を侵略した歴史を改竄し、日本軍国主義を美化した行動である。（中略）一九二七年、田中義一首相は中国東北部の武力占領方針を決め、「支那を征服せんと欲せば、先づ満蒙を征せざるべからず。世界を征服せんと欲せば、必ず先づ支那を征服せざるべからず」という悪名高い「田中上奏文」を提出した。

つまり『人民日報』は、文部省と「日本軍国主義」を批判する文脈で、「田中上奏文」を用いたといわねばならない[37]。同じことは四年後の第二次教科書問題でも繰り返されるのだが、その前に靖国問題をみておきたい。

第二次歴史教科書問題――一九八六年

中曾根康弘首相は一九八五年八月一五日、靖国神社に公式参拝して中国や韓国からの反発を招いた。A級戦犯の合祀が問題視されたのである。すでに八月一四日の段階で中国外交部スポークスマンは、次のように日本を牽制していた。

靖国神社には東条英機を含む戦争犯罪人が祀られており、日本政府公職員が同神社を参拝することについて、日本国内に従来から強い反発があつた。そのようなことをすれば、世界各国人民、特に軍国主義の被害を受けた日中両国人民を含むアジア人民の感情を深く傷つけることになるであろう。[38]

中曾根首相はその後、公式参拝を行わなくなった。

後藤田正晴官房長官は一九八六年八月一四日、「靖国神社がいわゆるA級戦犯を合祀していること」などに鑑みて、八月一五日には首相公式参拝を控えると談話を発表している。[39] 他方で同年には、第二次歴史教科書問題が発生していた。

高校教科書『新編日本史』が同年五月に検定で合格すると、韓国や中国は侵略を美化するものと非難した。この教科書を編纂したのは、加瀬俊一《としかず》元国連大使を議長とする「日本を守る国民会議」だった。

第二次歴史教科書問題に際して、『人民日報』評論員は七月七日にこう主張した。

日本の新聞はこのほど、新編高校日本史に対する日本文部省教科書図書検定調査審議会の検定について多くの記事と論評を連続して発表した。それを読んで、「日本を守る国民会議」の編集した歴史教科書が日本がかつて他国を侵略したことにまったく言及しないばかりでなく、多数の記述が史実を歪曲し、過去の侵略戦争を公然と美化し、是非をくつがえしていることがわかる。（中略）日本軍国主義が発動した例の侵略戦争は、早くからたくらんでいたものである。一九二七年、日本首相兼外相の田中義一は「対支政策綱領」つまりいわゆる「田中上奏文」をうち出した。（中略）この対外拡張計画は、日本軍国主義のアジア侵略ないし世界制覇の野望をあますところなく暴露した。それぱかりでなく、「田中上奏文」は上述の目的を達成するため、武力を使用しなければならないことを論述した。

「対支政策綱領」と「田中上奏文」を混同させつつ、『人民日報』評論員は日本の歴史教科書を批判したのである。その論考は、雑誌『北京週報』にも転載された。(40) とはいえ、中曾根首相と胡耀邦《こようほう》総書記が日中関係を重視して善処したため、第二次歴史教科書問題は早期に収まった。

それにしても、中国共産党の誰が「田中上奏文」を『人民日報』に用いたのだろうか。詳細は不明だが、ここでは共産党中央政治局委員の胡喬木《こきょうぼく》に注目したい。保守派イデオローグとして鄧小平体制を支えた胡は、一九八二年九月から中央政治局委員になっていた。主著『中国共産党の三〇年』は和訳されている。(41)

盧溝橋事件五〇周年に際して胡喬木は、一九八七年七月八日の『人民日報』に論考を掲載した。胡は、日清戦争以来の「日本帝国主義」、中国国内の「親日派」、五・四運動、「国民党反動派」による一九二七年の反共クーデター、満州事変、抗日戦争などを広範に跡づけた。

そのうえで胡喬木は、次のように記している。

日本帝国主義の中国侵略計画は、早くも蔣介石による裏切りと同じ年に確定していた。日本の田中義一首相は、一九二七年七月に天皇への上奏文で、「支那を征服せんと欲せば、先づ満蒙を征せざるべからず。世界を征服せんと欲せば、必ず先づ支那を征服せざるべからず」と述べた。事実、このように一歩一歩、日本の予定していた計画によって実行されたのである。[42]

つまり胡喬木は、「田中上奏文」を用いて「日本帝国主義の中国侵略計画」を強調した。胡の論考は、蔣介石の「不抵抗」が日本の侵略を助長したと位置づけ、抗日戦争における共産党の役割に多くの記述を割いていた。

日本外務省は、中国における「田中上奏文」の利用をどうみていたのか。一九八〇年代から一九九〇年代初頭にかけて駐中大使を務めた中江要介、中島敏次郎、橋本恕、および一九八〇年代前半に駐中首席公使だった渡邊幸治にインタビューしてみた。総じて歴代駐中大使らは、「田中上奏文」が援用されていたことをほとんど認識しておらず、中国に申し入れてもいなかったという。[43]「田中上奏文」について駐中日本大使館が中国に提議するのは、二一世紀に入ってからのことである。そのことは、次章に譲りたい。

本章では、冷戦下の「田中上奏文」を追ってきた。冒頭で提示した四つの視角から、この時代を振り返っておきたい。

第一に、台湾である。国民党の歴史を編纂した羅家倫は、『中央日報』で「田中上奏文」を日本の侵略政策そのものだと主張したばかりか、「田中上奏文」を入手したという蔡智堪を表彰している。他方で蔡は、皇居に侵入して「田中上奏文」を筆写したと各紙で語り、一躍有名になった。さらに蔡は、国府に褒賞を要求したものの、史料を精査した外交部は蔡に冷淡だった。

外交部の冷ややかな対応は、蔡が「田中上奏文」の作成者ではないという第一章の結論を裏書きしている。それでも、蔡が「田中上奏文」を皇居で入手したという神話は根強く残ったであろう。

第二に、ソ連およびロシアである。朝鮮戦争に際してソ連は、「田中メモリアル」を用いながら、アメリカを中心とする国連軍を日本になぞらえたようである。フルシチョフも、インドネシア議会で演説した際に「田中メモリアル」を援用して、日米安全保障条約を改定した日本を非難した。現在でもロシアでは、本物と信じられがちである。

第三に、アメリカである。アメリカでも「田中上奏文」は一九六〇年代ごろまで本物と見なされていた。

アメリカで「田中上奏文」が偽書とされ始めた契機は、元国務省知日派で、東京裁判にも出廷したバランタインだった。一九六五年五月にグルー元駐日アメリカ大使が他界し、グルーの死亡記事で「田中上奏文」が言及されると、バランタインがペンを走らせて投書したのである。「田中上奏文」の根本的な誤りを紙上で説いたバランタインは、知日派らしい働きをみせた。

第四に、中国である。『人民日報』は、しばしば「田中上奏文」を史実であるかのように引用していた。

一九八〇年代に歴史問題が浮上するなかで、『人民日報』は「田中上奏文」を援用して「日本軍国主義」や日本の歴史教科書を批判した。保守派イデオローグの胡喬木も、「田中上奏文」を用いて日本による侵略の計画性を論じた。国民党における羅家倫と同様に、共産党の歴史を記した胡の影響力は大きかったと思われる。だが日本外務省は、そのことに注目していなかった。

とするなら日中関係において、「田中上奏文」問題の解決は望めないのだろうか。それとも、「田中上奏文」に出口はあるのか。第六章では、再燃した歴史問題が日中歴史共同研究に帰結する経緯をたどり、

「田中上奏文」の最終局面を探ってみたい。

注

(1) 歴史問題と戦後日中関係については、田中明彦「『教科書問題』をめぐる中国の政策決定」(岡部達味編『中国外交――政策決定の構造』財団法人日本国際問題研究所、一九八三年)一九三―二一九頁、同『日中関係 一九四五―一九九〇』(東京大学出版会、一九九一年)、増田弘・波多野澄雄編『アジアのなかの日本と中国――友好と摩擦の現代史』(山川出版社、一九九五年)、別枝行夫「日本の歴史認識と東アジア外交――教科書問題の政治過程」(『北東アジア研究』第三号、二〇〇二年)一三一―一四九頁、波多野澄雄「『歴史和解』への道標――戦後日本外交における『歴史問題』」(添谷芳秀・田所昌幸編『日本の東アジア構想』慶應義塾大学出版会、二〇〇四年)三三九―三五五頁、劉傑・三谷博・楊大慶編『国境を越える歴史認識――日中対話の試み』(東京大学出版会、二〇〇六年)、毛里和子『日中関係 戦後から新時代へ』(岩波新書、二〇〇六年)、家近亮子・松田康博・段瑞聡編『岐路に立つ日中関係――過去との対話・未来への模索』(晃洋書房、二〇〇七年)、江藤名保子「中国の対日政策における歴史認識問題の源泉――一九八二年歴史教科書問題の分析を中心に」(『法学政治学論究』第八〇号、二〇〇九年)六七―九九頁などがある。

戦後の「田中上奏文」については、山口一郎『近代中国対日観の研究』(アジア経済研究所、一九七〇年)一九三―一九四、二一三―二一四、二二〇―二二六頁が若干論及している。

(2) 蔣永敬「羅家倫」(秦孝儀主編『中国現代史辞典――人物部分』台北:近代中国出版社、一九八五年)六〇八―六〇九頁、劉維開編著『羅家倫先生年譜』(台北:中国国民党中央委員会党史委員会、一九九六年)、羅家倫主編『国父年譜初稿』上下冊(台北:中央文物供応社、一九五八年)、野澤豊「羅家倫主編 国父年譜初稿」(『東洋学報』第四四巻第二号、一九六一年)一二六―一三一頁。

(3) 羅家倫「田中奏摺問題」一九四六年六月二九日(『中央日報』一九四六年六月三〇日)。同稿は、羅家倫先生文存編輯委員会編『羅家倫先生文存』第二冊(台北:国史館・中国国民党中央委員会党史委員会、一九七六年)三六〇―三六三頁に転載されている。

(4) 趙孽子「真涅槃室扎記」(『中央日報』一九四九年九月二二日)。

(5) 羅家倫先生文存編輯委員会編『羅家倫先生文存』第二冊、四六一―四六五頁、趙尺子「田中奏摺与蔡智堪」(『伝記文学』第七巻第四号、一九六五年）三九―四三頁。

（6）『聯合報』一九五三年一一月一八日。

（7）中国国民党中央委員会党史史料編纂委員会編『革命文献』第一輯（台北：中央文物供応社、一九五三年）、羅久芳註記／邵銘煌校読「羅家倫先生日記――民国四十二年（上）」（『近代中国』第一三八号、二〇〇〇年）一七一頁、同「羅家倫先生日記――民国四十二年（下）」（『近代中国』第一三九号、二〇〇〇年）二〇五頁。

（8）羅家倫『六十年来之中国国民党与中国』（台北：中国国民党中央委員会第四組党史史料編纂委員会、一九五四年）四二頁、羅家倫『七十年来之中国国民党与中国』（台北：中国国民党中央委員会第四組党史史料編纂委員会、一九六四年）四二頁、中国国民党中央委員会党史史料編纂委員会編『革命文献』第三二輯（台北：中央文物供応社、一九六四年）四〇八―四五二頁。

（9）李雲漢「党史会七十年」（『近代中国』第一四〇号、二〇〇〇年）一一九―一二一頁。

（10）『聯合版』一九五三年九月二日、九月七日、九月一二日、『自由人』一九五四年八月七日、八月二八日、一〇月九日。このうち、香港の新聞『自由人』一九五四年八月二八日の記事は、蔡智堪／今村与志雄訳「田中上奏文入手の顚末」（『中国』第二九号、一九六六年）六―一二頁として和訳されており、参考になる。ただ、一二頁に「四十二年〔一九五三〕八月二十九日 香港『自由人』」とあるのは、「四十三年〔一九五四〕八月二十八日」とすべきところと思われる。

（11）山下勇という人物については、宮内大臣官房秘書課『宮内省職員録』一九二九年一月一日現在（宮内大臣官房秘書課、一九二九年）のほか、内閣印刷局『職員録』一九二七年三月一五日発行、六―一〇頁、一九二七年九月二六日発行、六―一七頁、一九二八年三月一二日発行、八―一二頁、一九二八年九月二六日発行、一〇―一一頁、一九二九年三月一二日発行、八―一二頁で宮内省の項目を参照し、当時の日本の新聞でも探したが、不明だった。

（12）張群『我与日本七十年』（台北：中日関係研究会、一九八〇年）二四―二五頁、張群／古屋奎二訳『日華・風雲の七十年』（サンケイ出版、一九八〇年）三五頁。

（13）行政院から外交部、一九五四年五月八日（「日相田中対満蒙政策之奏章」外交部档案、亜東太平洋司、档号 011/2, 原編档号 351/131, 中華民国外交部档案庫所蔵）。引用は抄訳。

（14）外交部から行政院、一九五四年五月一五日（同前）。

（15）蔡智堪から葉公超、一九五四年六月五日（同前）。引用は抄訳。

(16) 田炯綿蒙蔵委員会委員長から蔡智堪宛て賞状、一九五四年五月一四日（同前）。蒙蔵委員会は、モンゴルとチベットを管轄した。

(17) *New York Times*, December 11, 1950.

(18) *New York Times*, December 21, 1950.

(19) Nikita S. Khrushchev, with an introduction, commentary, and notes by Edward Crankshaw, translated and edited by Strobe Talbott, *Khrushchev Remembers* (Boston: Little, Brown and Company, 1970), pp. 466, 474. ストローブ・タルボット編／タイム・ライフ・ブックス編集部訳『フルシチョフ回想録』（タイム・ライフ・インターナショナル、一九七二年）四七三、四八〇頁、中嶋嶺雄『中ソ対立と現代――戦後アジアの再考察』（中央公論社、一九七八年）二〇八頁も参照。

(20) *New York Times*, January 3, 1971.

(21) *New York Times*, August 14, 1954.

(22) *New York Times*, February 23, 1955.

(23) *New York Times*, November 3, 1959.

(24) ソビエト社会主義共和国連邦大使館広報課編『フルシチョフ首相アジア訪問演説集』（ソビエト社会主義共和国連邦大使館、一九六〇年）一二六―一八〇頁。日刊労働通信社編『フルシチョフ言説集』（日刊労働通信社、一九六四年）七四七頁も参照。

(25) 『朝日新聞』一九六〇年二月二七日、二八日。

(26) Leonid Nikolaevich Kutakov, *Istoriya sovetsko-yaponskikh diplomaticheskikh otnosheniy* (Moscow: Izdatel'stvo Instituta mezhdunarodnykh otnosheniy, 1962), p. 79. 邦訳は、L・N・クタコフ／ソビエト外交研究会訳『日ソ外交関係史』第一巻（刀江書院、一九六五年）二二四―二二五頁。

(27) 万峰「九一八事変的前前後後」（『人民日報』一九六一年九月一七日）、愛新覚羅溥儀「従我的経歴掲露日本軍国主義的罪行――紀念九一八事変三十周年」（同前）、柳初「反対美帝国主義扶植日本軍国主義――為紀念九一八事変三〇周年而作」（『人民日報』一九六一年九月一八日）。

(28) Chengting T. Wang, *Looking Back and Looking Forward*, pp. 384-385, Chengting T. Wang Papers, Box 1, Sterling Memorial Library, Yale University. 拙編『王正廷回顧録 Looking Back and Looking Forward』（中央大学出版部、二〇〇八

年）V、一三二頁も参照。Wang's autobiography entitiled "Looking Back and Looking Forward," 1956, Chinese Oral History Collections, Academia Sinica Miscellaneous Related Manuscripts, Box 7, Rare Book and Manuscript Library, Columbia University も同様。

（29） *New York Times*, May 27, 1965; *Los Angeles Times*, May 27, 1965.

（30） *New York Times*, June 20, 1965. なお、アメリカの東アジア政策に関するバランタインの史的考察として、Joseph W. Ballantine, *American Far Eastern Policy* (New York: Center of Asian Studies at St. John's University, 1968).

（31） *Washington Post*, June 27, 1968.

（32） 外務省「教科書検定問題（経緯）」一九八二年九月一〇日（情報公開法による外務省開示文書、二〇〇六―一二〇六）、外務省「いわゆる第一次教科書問題（当時の報道等に基づく事実関係）」二〇〇二年七月二日（同前）。拙稿「宮澤談話に関する一史料」（『中央大学論集』第三〇号、二〇〇九年）一三―一九頁も参照。

（33） 橋本恕へのインタビュー、二〇〇八年一一月八日。

（34） 橋本恕から筆者への書簡、二〇〇八年一二月一五日。

（35） 橋本恕へのインタビュー、二〇〇八年一一月一日、一一月八日。

（36） 渡邊幸治へのインタビュー、二〇〇九年五月一六日。

（37） 『人民日報』一九八二年八月一五日。財団法人霞山会編『日中関係基本資料集 一九四九年―一九九七年』（財団法人霞山会、一九九八年）五九一―五九六頁も参照。

（38） 外務省アジア局地域政策課「靖国神社公式参拝に関するアジア諸国の反応」一九八五年一〇月（情報公開法による外務省開示文書、二〇〇六―一二〇七）。

（39） 財団法人霞山会編『日中関係基本資料集 一九四九年―一九九七年』七〇一―七〇二頁。

（40） 本報評論員「正確対待歴史 実現世代友好」（『人民日報』一九八六年七月七日）、『人民日報』評論員「歴史に正しく対処し、代々の友好を実現しよう」一九八六年七月七日（『北京週報』第二四巻第二八号、一九八六年）二六―二九頁。和訳は、『北京週報』によった。Allen S. Whiting, *China Eyes Japan* (Berkeley: University of California Press, 1989), pp. 26, 58-59, 175-178; アレン・S・ホワイティング／岡部達味訳『中国人の日本観』（岩波現代文庫、二〇〇〇年）四〇―四一、九一―九三、二七三―二七八頁、霞山会編『日中関係基本資料集 一九四九年―一九九七年』六九六―七〇一頁も参照。

(41) 胡喬木『中国共産党的三十年』(北京：人民出版社、一九五一年)、胡喬木「中国共産党の三十年」(胡華/岩村三千夫監修・東京大学中国研究会訳『中国新民主主義革命史』五月書房、一九五一年)二四一―三一六頁、胡喬木/尾崎庄太郎訳『中国共産党の三十年』(大月書店、一九五三年)。坂野良吉・大澤武司「中共党史の展開と胡喬木――『中国共産党的三十年』から『中国共産党的七十年』へ」(『上智史学』第四九号、二〇〇四年)六九―一三〇頁も参照。
(42) 胡喬木「略談八年抗戦的偉大歴史意義」(『人民日報』一九八七年七月八日)。同稿は、《胡喬木伝》編写組編『胡喬木談中共党史』(北京：人民出版社、一九九九年)二六四―二七六頁に所収となった。
(43) 中江要介へのインタビュー、二〇〇九年三月二一日、中島敏次郎へのインタビュー、二〇〇九年九月一八日、橋本恕へのインタビュー、二〇〇八年一一月八日、渡邊幸治へのインタビュー、二〇〇九年五月一六日。中江の駐中大使在任は一九八四―一九八七年、中島の駐中大使在任は一九八七―一九八九年、橋本の駐中大使在任は一九八九―一九九二年、渡邊の駐中首席公使在任は一九八一―一九八四年である。

第六章　歴史問題の再燃と日中歴史共同研究——一九八九—二〇一〇

一　天皇訪中前後——歴史問題の沈静化

「田中上奏文」の行方——三つの視角

一九九一（平成三）年一二月にソ連が崩壊すると、冷戦は名実ともに終結した。それ以降、ロシアが表立って「田中上奏文」を用いることはなくなった。もっとも、ロシアで「田中上奏文」が信じられがちなことは、序章二で述べたとおりである。

日中、日韓間に浮上していた歴史問題は、一九八〇年代末から一九九〇年代半ばにかけて相対的に沈静化する。その象徴が、天皇訪中と村山談話だろう。しかし、一九九〇年代後半から歴史問題が再燃したことは記憶に新しい。冷戦下の米ソ二極構造が崩壊し、日中間の歴史問題は新たな局面を迎えた。江沢民の訪日、『新しい歴史教科書』の検定合格、さらには小泉純一郎首相の靖国神社参拝などである。[1]二〇〇〇年代後半からは、日中歴史共同研究が行われた。[2]

第六章では、冷戦後に再浮上した歴史問題が日中歴史共同研究に帰結していく経緯とともに、「田中上奏文」の行方を論じたい。論点は三つある。

第一に、歴史問題が沈静化し、やがて再燃していく過程と、日本の対中広報である。

主に日韓間で従軍慰安婦問題はあったものの、天安門事件から天皇訪中、さらに一九九五年の村山談話に至るまで、日中関係における歴史問題は概して表面化しなかった。ところがその後、一九九八年の江沢民訪日、今世紀に入ってからの『新しい歴史教科書』や小泉首相の登場によって、歴史問題はかつてないほどに加熱した。中国で「田中上奏文」が援用されたのに対して、日本は広報外交を行っている。本章一と二で、まずそのことを跡づけたい。

第二は、日中歴史共同研究の発足である。

中国が反日デモで騒然としていた二〇〇五年四月、町村信孝外相は李肇星《りちようせい》外交部長との北京会談で日中歴史共同研究を提起した。さらに、二〇〇六年一〇月には安倍晋三首相が訪中し、日中歴史共同研究の立ち上げが正式に合意された。本章三では、共同研究の政策合意が日中間でいかに形成されたかを論じる。

第三に、日中歴史共同研究そのものの内容、とりわけ「田中上奏文」をめぐる日中の見解である。「田中上奏文」を含む時代の日本側報告書を執筆したのは筆者であり、中国側報告書と比較しながら、日中間の距離を測ってみたい。これについては、本章四で掘り下げる。

以下では、情報公開請求で得た史料や外交官のインタビューを交えながら、天皇訪中前後、歴史問題の再燃、日中歴史共同研究の発足、そして日中歴史共同研究報告書の内容を論じる。「田中上奏文」という本書の主題からはやや迂回になるが、歴史問題の背景や「田中上奏文」問題解決の糸口を探るためにも、天安門事件や村山談話、江沢民訪日、小泉首相の登場、中国の反日デモといった一連の流れをたどりたい。「田中上奏文」問題に出口はあるのだろうか。

天安門事件から天皇訪中へ——一九八〇年代末から一九九〇年代初頭

一九八九年六月四日の天安門事件以後、中国が西側諸国から経済制裁を受けたのに対して、日本は中国を孤立させないように配慮していた。

フランスのアルシュ・サミットで七月一五日に採択された中国に関する宣言は、中国の人権無視を批判しつつも、改革開放の再開と「協調への復帰」を期待すると表明した。サミットの地ならしとなったシェルパの会議で國廣道彦外務審議官は、中国を排他的ナショナリズムに追い込みかねないと対中制裁に反対していた。シェルパとは、首相の個人代表をいう。さらに海部俊樹首相がブッシュ（George H. W. Bush）大統領を説得し、中国に関する宣言で共同戦線を張ったのである。

一九九〇年七月九日から一一日のヒューストン・サミットでも、海部は中国に対する制裁の緩和に努めた。一六日には、訪中していた小和田恆《ひさし》外務審議官が、第三次円借款を段階的に凍結解除すると正式に表明している。(3)

日中国交正常化二〇周年の一九九二年一〇月二三日から二八日には、今上天皇皇后が史上初めて中国を訪問した。楊尚昆《ようしょうこん》国家主席からの招請に応じ、宮澤内閣が八月二五日に閣議決定したものである。(4)このころ韓国で従軍慰安婦問題が浮上していたこともあり、天皇訪中をめぐっては自民党内に慎重論が少なくなかった。(5)

自民党内の意見が分かれるなかで、宮澤首相に訪中の決断を迫ったのは、金丸信自民党副総裁だった。宮澤は、自民党の大勢と世論の多数が賛成するのを待って、政府決定を下したいと考えた。天皇訪中推進派の渡辺美智雄外相は病気がちであったため、宮澤は与党工作を橋本恕駐中大使に任せた。そこで橋本は、自民党三役、元首相、派閥の領袖など二〇人近くの政治家を一人ずつ説得したという。推進派には、金丸のほか竹下登、後藤田正晴らがいた(6)。

北京で楊尚昆や李鵬《りほう》国務院総理らと会見した天皇は、西安と上海を経て帰国する(7)。注目された天皇のお言葉は、一〇月二三日に楊主催の晩餐会でこう述べられた。

両国の永きにわたる歴史において、我が国が中国国民に対し多大の苦難を与えた不幸な一時期がありました。これは私の深く悲しみとするところであります。戦争が終わった時、我が国民は、このような戦争を再び繰り返してはならないとの深い反省にたち、平和国家としての道を歩むことを固く決意して、国の再建に取り組みました(8)。

お言葉の原案を起筆したのは外務省事務方であり、省内の決議を経て、官邸で宮澤首相や加藤紘一官房長官の了承を取りつけて天皇に提出された。天皇は、原案のほかに歴代首相の声明や政府見解を参考にしながら、自身の考えでお言葉を作成したという(9)。

首席随員となった渡辺外相は一〇月二八日、帰国直前の上海で次のように所感を語った。

日中両国民間の相互理解と友好を強く願われる両陛下の率直なお気持ちが、中国国民によって広くかつ深く受け入れられ、両国国民間の心の交流が更に深められました(10)。両陛下の御訪中は、まさに、日中両国民が良き隣人として将来に向かって歩む重要な契機となりました。

渡辺外相が「心の交流」を強調したのに対して、銭其琛《せんきしん》外交部長は天皇訪中をこう振り返る。

明仁天皇は今回、歴史的問題に関する態度表明では、これまでの日本の指導者と比べて、「謝罪」の言葉はなかったものの、比較的強い反省の気持ちがあり、明らかに進歩がみられた。（中略）天皇がこの時期に訪中したことは、西側の対中制裁を打破するうえで、積極的な作用を発揮したのであり、その意義は明らかに中日の二国間関係の範囲を超えたものだった。(11)

つまり銭は、「西側の対中制裁を打破する」ことを意図していた。「心の交流」を強調する日本に対して、中国側は「二国間関係の範囲を超えた」戦略に天皇訪中を位置づけたのである。

村山談話――一九九五年

終戦五〇周年の一九九五年八月一五日、村山富市首相がほおを紅潮させながら記者会見に現れた。その手には、閣議決定を経た談話が握られている。ここで発表されたのが、村山談話にほかならない。

わが国は、遠くない過去の一時期、国策を誤り、戦争への道を歩んで国民を存亡の危機に陥れ、植民地支配と侵略によって、多くの国々、とりわけアジア諸国の人々に対して多大の損害と苦痛を与えました。私は、未来に過ち無からしめんとするが故に、疑うべくもないこの歴史の事実を謙虚に受け止め、ここにあらためて痛切な反省の意を表し、心からのお詫びの気持ちを表明いたします。

この村山談話は、柳井俊二外務省総合外交政策局長と田中均《ひとし》総政局総務課長のラインで形成され、谷野作太郎《たにのさくたろう》内閣外政審議室長を含む首相官邸で調整されたものだった。一九九三年に総合外交政策局が設立されたことにより、戦後処理の問題を包括的に扱えるようになっていたのである。

外務省からするなら、村山談話は一時しのぎではなく、長期的な視野に立っていた。それ以降にさらなる謝罪を求められた場合には、その時々の首相が自らの言葉で語るのではなく、村山談話を踏襲すれば済むというのである。外務省なりの長期戦略であり、歴代内閣が村山談話を踏襲するに至ったのは偶然ではない。

それでは村山談話は、どの国を念頭に置いていたのか。村山談話そのものは、「とりわけアジア諸国」という表現にとどまっている。だが実際には、談話発表とほぼ同時に村山首相の書簡が、中国、韓国、アメリカ、イギリスの四カ国だけに発出された。

村山談話について中国外交部は、「日本政府が過去の植民地支配と侵略の歴史に対して深い反省を表明し、アジア各国人民にお詫びした態度は積極的であると考える」と一定の評価を与えた。同時に中国外交部は、日本国内の動きにくぎを刺すことも忘れなかった。

政界を含む日本の社会において現在依然として過去のあの歴史問題において正しい態度を持てない人がいることを指摘しない訳にはいかない。歴史を正しく認識してこれに対応し、歴史の教訓を総括してこれを汲み取ることは、日本が引き続き平和発展の道を歩むのにプラスであるのみならず、日本がアジア諸国と善隣協力関係を発展させる上でもプラスである。(12)

他方、アメリカのクリントン（William J. Clinton）政権に対しては、栗山尚一駐米大使が村山談話の英訳をホワイトハウスでレーク（Wanthony Lake）安全保障担当大統領特別補佐官に手渡した。レークと三〇年来の友人だった栗山は、自らの添書をつけて、クリントン大統領に直接見せて欲しいとレークに依頼している。村山談話を読んだクリントンは、「きわめて勇気あるもの」と村山談話を高く評価したという(13)。

日本の多様な歴史認識が村山談話に収束したわけではないにせよ、いくつもの内閣を超えて村山談話は一〇年以上も継承されてきた。この傾向は、今後も続くに違いない。日本政治の共通言語になってきたといってよい。その成り立ちからして村山談話は、対外関係における言葉の重みに着眼したまれな事例であった。

二　歴史問題の再燃――江沢民訪日後

江沢民訪日と歴史問題の再燃――一九九八年

この間の一九九三年三月には、江沢民が楊尚昆に代わって国家主席に就任していた。愛国主義教育に熱心な江は、沈静化していた歴史問題を取り上げ始めた。

自民党訪中団が一九九六年四月二三日に江沢民と会見したときのことである。団長の塩川正十郎自民党総務会長は、「中国の核実験や最近の台湾海峡でのミサイル演習を見ると、中国は経済大国になると同時に軍事大国になると、強く懸念している」と述べた。これに江は、「私は日本軍国主義が中国を占領していた時代に占領地域にいたが、その歳月は忘れられない。歴史を正しく認識すべきた」と反論し

ている。(14)

歴史問題の再燃を象徴するのが、一九九八年一一月の江沢民訪日である。訪日前から江は、在外の中国大使らを集めた演説で、日本をこう非難していた。

日本軍国主義者はきわめて残忍であり、日本侵略軍のもとで中国の死傷者は三五〇〇万人に達した。戦後も日本軍国主義は、いまだ徹底的には精算されていない。日本国内には、軍国主義思想に洗脳された者がまだいる。この問題に対して、我々は警鐘を鳴らすべきである。かつて日本は、台湾を五〇年も占拠した。まず日本人が台湾を自国の「浮沈空母」と見なし、その後は一部のアメリカ人が日本の極意を継承した。日本に対しては台湾問題を論じ、歴史問題を終始強調して永遠に言い続けねばならない。(15)

訪日前に江沢民は、「歴史問題を終始強調して永遠に言い続けねばならない」とまで語気を荒らげたのである。厳しい対日姿勢の背景には、「日米防衛協力のための指針」が台湾海峡を対象に含むと解されたことや、閣僚による靖国神社参拝、さらには東条英機を主役とした映画『プライド 運命の瞬間』が公開されていたことも影響しただろう。(16)

苛立ちを抱えつつ、江沢民は一一月二五日から三〇日まで日本を訪問した。二六日に江は、小渕恵三首相と会談して歴史問題と台湾問題に多くの時間を割いたが、小渕は「お詫び」を口頭で表明するにとどめた。高村正彦外相が二四日に唐家璇《とうかせん》外交部長と会談した際に、口頭で小渕が「お詫び」を伝えることで合意していたのである。日中両国は、「平和と発展のための友好協力パートナーシップの構築に関する日中共同宣言」を発表したものの、江は「お詫び」が共同宣言に盛り込まれないことに不満であった。このため小渕と江は、共同宣言に署名しなかった[17]。

それでも日中共同宣言には、「相互依存関係は深化し、また安全保障に関する対話と協力も絶えず進展しているとの認識で一致し」、「日中両国がアジア地域及び世界に影響力を有する国家として、平和を守り、発展を促していく上で重要な責任を負っている」と記された。二国間関係を超え、グローバルな問題に協力して貢献するという意義深いものであった。

歴史問題についても日中共同宣言は、従来よりも一歩踏み込んだ表現になっている。

双方は、過去を直視し歴史を正しく認識することが、日中関係を発展させる重要な基礎であると考える。日本側は、一九七二年の日中共同声明及び一九九五年八月十五日の内閣総理大臣談話を遵守し、過去の一時期の中国への侵略によって中国国民に多大な災難と損害を与えた責任を痛感し、これに対し深い反省を表明した。中国側は、日本側が歴史の教訓に学び、平和発展の道を堅持することを希望する。双方は、この基礎の上に長きにわたる友好関係を発展させる[18]。

このうち、「中国国民に多大な災難と損害を与えた責任を痛感し、これに対し深い反省を表明した」については、一九七二（昭和四七）年の日中共同声明にも類似した表現があった。しかし、中国だけを対象に「侵略」と明記したのは、一九九八（平成一〇）年の共同宣言が初めてである。

「平和と発展のための友好協力パートナーシップの構築に関する日中共同宣言」の形成過程に関しては、外務省に情報公開請求してみたものの、残念ながら不開示との回答だった。それでも外務省からの回答には、日中両国がそれぞれ四回ずつ案を交わしたと記されており、「平和と発展のための友好協力パートナーシップの構築に関する日中共同宣言」という名称が日本側の発案であることを示唆している。交渉のなかで日本は、「侵略」を文書に盛り込もうとした中国側の意向に配慮し、「侵略」という表現を受け入れたのであろう。(19)

もともと一九九八年九月に予定されていた江沢民の訪日だが、中国の水害によって延期され、金大中韓国大統領による訪日後の一一月にずれ込んだ。江沢民訪日前の同年一〇月八日の日韓共同宣言では、「植民地支配」に対する「痛切な反省と心からのお詫び」が明記されたこともあり、中国側は同様な表現を日本に求めたと思われる。

しかしながら、日韓共同宣言に「お詫び」が盛り込まれたのには理由があった。外務省アジア局の文書によると、金大中は、日韓共同宣言に際してこう述べていたのである。

大統領より、①過去に結末をつけ、未来を開いていこうという（小渕――引用者注）総理の気持を真摯に受け止めている、②今世紀におきたことは、今世紀中に決着をつけ、二一世紀に向けて精算したい、③両国が新たなパートナーとして出発することを確認し、今後、韓国政府より、過去史についての問題は出さないこととしたい、④双方の国民に対してこの考え方につき理解を得ていくこととしたい旨述べた。

韓国は今後、歴史問題を提起しないと表明しただけでなく、共同宣言でも戦後日本の歩みを積極的に評価していた。(20) 江沢民の姿勢とは対照的といわねばならない。

日本側からすれば、中国に対しては一九七二（昭和四七）年の日中共同声明で「責任を痛感し、深く反省する」と謝罪を表しており、天皇訪中でのお言葉もあることから、歴史問題は決着したはずであった。中国に謝罪を続けることは国内的にも難しく、日本は「お詫び」を文書に盛り込むことを拒んだ。このため、小渕首相が口頭で「お詫び」を表明することで妥結したのである。[21] 他方の日中外相会談では、青少年交流や環境協力について合意された。[22]

一九九八（平成一〇）年一一月二六日の宮中晩餐会では、天皇が歴史問題に言及しなかったのに対して、江沢民は答辞で「日本軍国主義は対外侵略拡張の誤った道を歩」んだのであり、「われわれはこの痛ましい歴史の教訓を永遠に酌《く》み取らなければなりません」と述べた。[23]

さらに江沢民は一一月二八日、早稲田大学で一〇〇〇人の聴衆を前に「歴史を鏡として未来を切り開こう」と題して講演した。ここでも江は、「日本軍国主義は全面的な対中国侵略戦争を起こし、その結果、中国は軍民三千五百万人が死傷し、六千億ドル以上の経済的損失を被った」、「日本はあくまで平和と発展の道を歩み、正しい歴史観で国民と若い世代を導くべきである」と学生たちに説いた。[24] 中国国家元首として初の訪日は、日中双方にとって苦い記憶となったのである。

小泉首相の登場——二〇〇〇年代前半

二〇〇〇年一〇月一三日には、朱鎔基《しゆようき》国務院総理が訪日して森喜朗《よしろう》首相と会談し、海洋調査や国連改革、防衛交流、投資環境の整備、対中ＯＤＡ、北京—上海高速鉄道などを幅広く議論した。[25]

朱鎔基は、森首相、河野洋平外相、宮澤喜一蔵相、平沼赳夫通産大臣、森田一運輸大臣、中川秀直官房長官、堺屋太一経済企画庁長官、谷野作太郎駐中大使らを前にこうくぎを刺した。

歴史、台湾、安全保障の分野についての日本国内における一部の人の意見や発言や活動によって、中国人民の日本に対する信頼感や感情が害されてきたのも事実である。

とはいえ、森・朱鎔基会談の記録を読む限り、歴史問題の割合は小渕・江沢民会談のときから激減している(26)。前年七月には小渕首相が訪中しており、日本外務省は首脳の往来を「日中友好協力パートナーシップの新世紀への飛躍」と位置づけていた(27)。

それでも日中関係は、二〇〇一年から再び悪化した。二〇〇一年と二〇〇五年に「新しい歴史教科書をつくる会」編集『新しい歴史教科書』が検定に合格し、小泉純一郎首相が二〇〇一年から二〇〇六年まで靖国神社を参拝したからである。その経緯はよく知られているため、次頁の年表にまとめておきたい。同じころに関心を集めていた日本の国連常任理事国入りについて、中国の報道は、日本が歴史問題でアジア諸国の懸念を招いているとして消極的な論調だった(28)。

なかでも二〇〇五年二月から四月に中国では、東シナ海のガス田開発や日本の国連常任理事国入り問題とも相まって、北京の日本大使館、上海日本総領事館、香港日本総領事館の前などで抗議行動がなされた。「愛国無罪」を叫ぶ反日デモは、成都や広州、深圳《しんせん》、杭州にも広まった。反日デモの多くは、日本が歴史を反省していないとして、日本の国連常任理事国入りに反対していた。

四月九日には北京で、一万人規模の群衆が日本大使館や大使公邸で投石するなどしたため、阿南惟茂《あなみこれしげ》駐中大使が喬宗淮《きょうそうわい》外交部副部長に遺憾を申し入れた。四月一六日にも、上海で数万人規模の抗議活動が起こり、上海日本総領事館が投石などの被害を受けている(29)。

小泉内閣期の日中歴史問題

年　月　日	出　来　事
2001 年 4 月 3 日	「新しい歴史教科書をつくる会」編纂の中学歴史教科書が検定に合格したことに対して，中国外交部報道官が批判
5 月 16 日	中国外交部亜州司が中国駐在日本公使に対して一部の歴史教科書で 8 カ所の修正を要求
8 月 13 日	小泉首相が靖国神社参拝
10 月 8 日	小泉首相が盧溝橋を訪れ，中国人民抗日戦争記念館を参観
2002 年 4 月 21 日	小泉首相，春季例大祭に合わせて靖国神社参拝
9 月 5 日	旧日本軍による遺棄化学兵器の日中合同発掘回収作業が黒竜江省孫呉県で開始
9 月 22 日	朱鎔基総理が小泉首相とコペンハーゲンで会談し，歴史問題の重要性に理解を求める
10 月 27 日	江沢民国家主席が小泉首相とメキシコで会談し，靖国神社に参拝しないように要請
2003 年 1 月 4 日	小泉首相が靖国神社参拝
5 月 31 日	胡錦濤《こきんとう》国家主席がサンクトペテルブルグで小泉首相と会談し，歴史問題と台湾問題を慎重に処理すべきだと発言
10 月 7 日	小泉首相と温家宝首相がバリ島で会談し，遺棄化学兵器の処理などを協議
2004 年 1 月 1 日	小泉首相が靖国神社参拝
8 月 7 日	北京でサッカーのアジアカップ決勝が行われた後，中国人観客の一部が日本公使の車を襲い窓ガラスが割れる
11 月 21 日	胡錦濤国家主席が小泉首相とチリで会談し，靖国神社参拝の中止を要請
2005 年 4 月 5 日	「新しい歴史教科書をつくる会」編纂の中学歴史教科書が検定に合格
4 月 9 日	北京で 1 万人規模の群衆が日本大使館，大使公邸前で投石などの行動を行う
4 月 16 日	上海で数万人規模の抗議活動が発生し，上海日本総領事館が投石などによる被害を受ける
4 月 17 日	町村信孝外相が北京を訪問し，李肇星外相，唐家璇国務委員と反日デモや歴史問題を協議
4 月 23 日	胡錦濤国家主席がジャカルタで小泉首相と会談し，歴史問題を含む「5 つの主張」を提起
5 月 7 日	町村外相と李肇星外相が京都で会談し反日デモや歴史問題を協議
5 月 10 日	逢沢一郎副外相が訪中し，李肇星外交部長と会談．中国側は反日デモの被害を受けた北京，上海の日本公館の修復を責任もって対応すると表明
10 月 17 日	小泉首相が靖国神社参拝．中国側は 23 日から北京で予定されていた日中外相会議をキャンセル
2006 年 8 月 4 日	安倍晋三官房長官，4 月 15 日に靖国神社を参拝したことを公表
8 月 15 日	小泉首相が靖国神社参拝

出典：財団法人霞山会編『日中関係基本資料集 年表 1972 年-2008 年』（財団法人霞山会，2008 年）222-280 頁から筆者作成

北京市の李昭商務局長や邱《きゅう》水平投資促進局長らは四月二七日、三井物産中国総代表が会長を務める中国日本商会を訪れ、「最近起きたトラブルは小さな問題であり、我々としても見たくないことであった」、「政治と経済は別の話であり、経済は経済で発展させていくべき」などと語ったものの、デモ被害への補償については論及しなかった[30]。

それでは、このころ「田中上奏文」は中国でどう扱われていたのか。中国の首脳が小泉首相との会談を拒否するという異例の事態になった同年秋ごろ、『人民日報』などには「田中上奏文」が利用されていた。

一例として九月一三日の『人民日報』には、軍事科学院「日本侵華戦略方針的歴史演変——従第一次進犯台湾到〝九一八〟演変」が掲載された。北京郊外に位置する軍事科学院は、軍事理論や国防政策の最高研究機関として知られている。同稿で軍事科学院は、豊臣秀吉にさかのぼって日本の侵略性を論じ、日清、日露戦争から満州事変に至る大陸政策に「田中上奏文」を位置づけた。

すぐ後で述べるように、『人民日報』だけでなく、中国の新聞や記念館も「田中上奏文」を用いていた。昭和初期に生み出された「田中上奏文」は、平成に入って十数年が過ぎてからも、援用され続けたといわねばなるまい[31]。

対中広報

「田中上奏文」を利用する中国に対して、駐中日本大使館がようやく重い腰を上げた。対中広報で重要な役割を担ったのが、駐中公使兼日本大使館広報センター長の井出敬二である。

「田中上奏文」について、井出はこう記している。

おかしな記事が掲載されれば、日本大使館から書簡を出すなどして誤りを指摘する。例えば、日本、アメリカなどの学界では偽書とされる『田中上奏文』が、中国ではまだあたかも本物であるかの如く扱われることがあり、日米の学界動向の情報を提供して理解の増進に努める。誤りが直らない場合、日本政府の立場を日本大使館のウェブサイトに掲載することもある(32)。

遅ればせながら日本大使館は、広報の一環として、「田中上奏文」に対する中国の誤認を正していたのである。「田中上奏文」について日本外務省が中国に申し入れたのは、戦後としては初めてであろう。さらに井出は、「中国の歴史関係記念館、書籍で『田中上奏文』があたかも本物であるかのごとく扱われていた。筆者はそれを見つけると口頭で指摘したり、ある時は手紙を書いて新聞社に送ったこともある」という(33)。

とするなら日本大使館は、「田中上奏文」に関する記念館の展示や書籍、新聞記事などについて、具体的にどのような申し入れを行ったのか。中国に是正を求めたのであれば、外交文書や中国側回答が残っているに違いない。この点を確かめるべく、外務省に情報公開請求してみた。

だが意外にも、外務省情報公開室の返答は「不開示（不存在）」だった。「関連ファイルを検索しましたが、既に行政文書としての保存期間を満了し、廃棄してあるため、不開示（不存在）としました」という。

情報公開室の「補足説明」は、次のように述べる。

今回の開示請求を処理するにあたり、井出国会担当審議官（前在中国大使館公使）に当時の状況を確認し、2005年5月に『北京青年報』に「田中上奏文」について記事が掲載された際に同紙の編集者に宛てて井出公使発の反論の書簡を発出したほか、中国のメディア関係者との会談に際しては、累次《るいじ》反論を行っていたことが判明しました。

しかしながら、こうした反論の書簡や、意見交換に関する報告の公電は、いずれも外務省文書管理規則上の保存期間が1年ないし3年であったため、保存期間を満了した段階で廃棄処分されたものと思われ、現時点で対象文書を見つけることができなかったために、「不存在」の決定を行うこととなりました。(34)

つまり、井出敬二が『北京青年報』紙の「田中上奏文」記事に対して反論の書簡を出し、中国メディア関係者との会談でもこの点を批判したものの、この種の書簡や公電は三年以内に廃棄されることになっているため、関連文書が見つからなかったという。

文書は廃棄されたとの回答に落胆したが、気を取り直して、対中広報を主導した井出にインタビューを申し入れてみた。幸いにも井出は、快く応じてくれた。いささか長文になるが、インタビューの内容を紹介したい。

井出によると、二〇〇五年前後の状況は次のとおりである。

・二〇〇五年五月ごろ、『北京青年報』紙に戦後六〇周年記念特集の一環で「田中上奏文」が大きく報道されたため、井出は同紙に手紙を送り、「田中上奏文」が日米の学界で偽書として扱われている旨の指摘をした。しかし、返事はなかった。同紙は売れている媒体だが、国際記事は比較的少なかった。
・手紙と並行して井出は、同紙の幹部と面談して「田中上奏文」に言及したところ、手紙の趣旨は理解したという反応だった。
・井出は同紙以外に手紙は出していないが、中国マスコミとの各種懇談の席などで、「田中上奏文」が日米の学界で偽書として扱われている旨の指摘をし、中国人ジャーナリストたちの理解を深める努力をした。
・中国のテレビ局CCTVから出された本（テレビシリーズ「大国崛起」の日本編）にも「田中上奏文」が言及されていたため、井出は、非公式な意見交換の際に、同局の同番組作成幹部に話をした。同幹部は、「田中上奏文」については諸説あることは知っていると述べつつ、いずれにしても、日本の対中侵略の発想として、「田中上奏文」の考え方が当時の日本政府側にあったことは事実ではないか、と述べた。
・南京大虐殺記念館が南京の展示物を北京の国家博物館（人民大会堂に面している権威ある博物館）で展示したとき、冒頭のパネルで「田中上奏文」が用いられていたため、井出は副館長に「田中上奏文」が日米の学界で偽書として扱われている旨の指摘をした。
・このときに限らず井出は、新聞報道などで「田中上奏文」を見れば、マスコミに日米の学界動向を説明したことがある。ただし、各種記念館への申し入れは、大使館の部局としては政治部が担当した。二〇〇五年に盧溝橋の抗日戦争記念館が改装された際には、「田中上奏文」の展示はなくなっており（それ以前に「田中上奏文」がどう扱われていたかは要確認）、最後のところで日中友好のパネルが設けられていた。

・東京大学出版会の『国境を越える歴史認識』が二〇〇六年に中国語訳され、「田中上奏文」について理解が広まった面はあるだろう（井出は二〇〇七年七月に離任したので、それ以降の動向は不明）。それ以前から、中国の歴史教科書などから「田中上奏文」はトーンダウン、ないしフェードアウトしていく傾向にあった。本省からの要請により、駐中国日本大使館の広報文化部は中国の歴史教科書を調査していた。

・概して中国側は、「田中上奏文」が偽書だという日本側の主張を正式には受け入れないものの、この点で日本と論争するつもりはなく、実質的には偽書だと認めつつある印象である。ただし同時に、いずれにしても日本の対中侵略の発想として、「田中上奏文」の考え方が当時の日本政府側にあったことは事実ではないかと付言し、したがって、「田中上奏文」が不存在だったと主張する意味はないではないかと示唆する傾向が看取された。

・井出が「田中上奏文」についてよく問題提起した理由は、中国が、「田中上奏文」を日本が対中戦争を発動した根本文書としていまだに理解しているとすれば、当時の日本政府部内の状況などについて本当に学問的な研究はなされていないのではないか、という問題意識を抱いたことにある。また、本件は、学問的な研究の問題であり、感情的な論争にならないで、学問的に処理できるはずだという考えもあった。

・二〇〇四年二月に井出が北京に着任した当時、大使館では阿南惟茂大使、原田親仁《ちかひと》次席公使のもとに総務部、政治部、経済部、領事部、広報文化部（広報文化センター）という五つの部があり、井出は公使と広報文化部長を兼任した。当時公使は全部で五人おり、原田公使を除く四人の公使は総務部長、政治部長、経済部長、広報文化部長を兼任した。

・西安寸劇事件、珠海《しゅかい》買春事件、瀋陽総領事館への北朝鮮人亡命事件など諸問題もあって、両国国民の相互感情がギクシャクするなか、中国国内のマスメディアや世論への働きかけが重要視されるようになり、対中広報の人員が徐々に増えていた。二〇〇四年四月ごろに大使館のなかで「ミニ改革」を行い、すべてのマスメディア（中国、日本、第三国）対応は広報文化部を窓口として行うことにし、また井出を大使館のスポークスパーソンとして押し出して対応する体制とした。それまでは、政治部や経済部などが適宜対応していた。「ミニ改革」に伴い、政治部から中国語のできる二等書記官一人を広報文化部に移した。この「ミニ改革」には、対中広報をしっかり行おうという大使館幹部の問題意識が反映されていた。

・週刊誌の『中国新聞週刊』『遼望東方週刊』、タブロイド判の『新京報』『環球時報』『青年参考』が対日関係をたくさん書き、そのなかでときどき大使館員の意見も掲載されるようになるなど、中国のメディアが変化したため、大使館が中国のメディアに露出するようになった。これらのメディアは、『人民日報』や新華社よりも自由に日本大使館にアプローチするようになっており、歴史問題、尖閣諸島に関する日本側見解を載せるなど、比較的に柔軟な姿勢を示すこともあった（尖閣列島の記事は一回限りできわめて例外的な事例）。反日デモ以前は、日本に対して厳しい記事と、日本の主張を掲載する記事の双方が出た。しかし、反日デモ以降は、日本に関する記事は抑制された。

・井出の対中広報に際しては、在ロシア日本大使館広報文化センター所長（一九九七年七月から二〇〇一年一月）としての経験が活かされた。体制変革後のロシアで実施した各種広報活動（大使館ニュースレターの配布、定期的なマスコミ幹部・記者たちとの接触）を中国で実施してみて、どのような反響を得られるか試してみた。

2004年7月の在中国日本大使館

阿南惟茂大使―原田親仁次席公使 ―┬― 総務部
├― 政治部
├― 経済部
├― 領事部
└― 広報文化部（広報文化センター）

出典：平成17年版『職員録』382頁から筆者作成

・瀋陽などの記念館の一部には、「田中上奏文」の展示は残されていたところがあったと思うが、要確認である。

・中国人ジャーナリスト（比較的自由な発想をする人）から井出は、戦争記念館の展示などでおかしな展示があれば指摘したほうがよいと非公式な場で言われた。この中国人ジャーナリストによると、日本人から指摘されたことに中国人は反発するかもしれないが、同時に、意外に耳を傾けてくれることもあるという[35]。

以上のように、井出は述べてくれた。「田中上奏文」が偽書であるという在中国日本大使館の申し入れは、戦前はともかく、戦後にはなかったことである。しかも、新聞や週刊誌、テレビ、記念館などに広く働きかけている。

井出が語るように、反日デモの前から大使館では広報文化部にマスメディア対応を一本化し、人員も増強するなど「ミニ改革」が進められており、対中広報は強化されたといえよう。そのためか中国では二〇〇六年以降、「田中上奏文」の援用が減っているように思われる[36]。大使館は、対中ＯＤＡの広報にも力を入れるようになった[37]。

ただし、中国の記念館や博物館から、「田中上奏文」が完全になくなったわけではない。

一例として、瀋陽九・一八歴史博物館は「田中上奏文」を展示している。

「田中上奏文」について瀋陽九・一八歴史博物館は、「田中上奏文」を撤去した盧溝橋の抗日戦争記念館と協議していない。九・一八歴史博物館に向けて瀋陽日本総領事館は、各展示品に対する日本語解説文の文法的な誤りを正した程度であり、「田中上奏文」に関しては申し入れていない。

つまり瀋陽日本総領事館は、北京の日本大使館と対応を異にしている。したがって、日本側の申し入れに統一的な方針があるとはいえまい[38]。

他方で日本は、将来を見据え、反日デモで騒然とする中国に提案を行った。日中歴史共同研究である。この日中歴史共同研究では、「田中上奏文」も対象とされた。「田中上奏文」に関する章については、筆者が日本側報告書を担当している。日中歴史共同研究に至る経緯と、「田中上奏文」をめぐる共同研究の議論をみていきたい。

三　反日デモから日中歴史共同研究へ

第一次町村・李肇星会談――二〇〇五年四月

反日デモが中国各地に広まるなかで、小泉内閣の町村信孝外相は二〇〇五年四月一七日、李肇星外交部長と北京で会談した。主な議題は、中国のデモ活動、歴史問題、東シナ海の資源開発、対中ＯＤＡ、遺棄化学兵器処理事業、北朝鮮情勢、国連改革である。

町村と李は、反日デモと歴史問題に多くの時間を割き、次のように応酬した。

町　村「三週間連続して、大使館、邦人企業、邦人に対して破壊活動・暴力的行為が行われたことについて極めて遺憾であり、深く憂慮している」
李肇星「中国政府はこれまで日本国民に対して申し訳ないことをしたことは一度もない。現下の問題は日本政府が台湾問題、歴史問題、国際人権問題等で一連の中国国民の感情を傷つけたということである」
町　村「本件についてはこれまで累次申し入れており、自分も王（毅——引用者注）大使に陳謝、損害の賠償、再発防止を申し入れている」
李肇星「中国の公安当局は、中国の日本人・日本企業・日本の公館の安全を確保し、拡大防止に努力している」

李肇星が主張するように、反日デモは日本の行為に起因していたとしても、日本大使館や日系企業に対する暴力的行為が正当化されるはずもない。だが李は、賠償はもとより謝罪の言葉も口にせず、かえって責任を日本に転嫁したといわねばならない。

さらに李が歴史問題に踏み込んで発言すると、町村は歴史の共同研究を持ちかけた。

李肇星「日本側は、歴史認識の問題及び教科書検定結果により、中国人民の心を深く傷つけた」
町　村「様々な立場で書かれた教科書があり、国と国との間で歴史の共通認識を形成することは益々難しい。しかし、それを近づける努力をすることは重要。（日韓歴史共同研究に言及しつつ）日中間でも歴史共同研究の可能性も検討すべき」
李肇星「大変重視する。今後前向きに双方で検討したい」

教科書問題で詰め寄る李肇星に対して町村は、日韓歴史共同研究の前例に言及しながら、日中間の歴史共同研究を提起して「前向き」の回答を引き出したのである。日中歴史共同研究の起源にほかならない[39]。

翌四月一八日に町村は、前外交部長の唐家璇国務委員と会談した。ここでも反日デモに伴う暴力的行為をめぐる議論が平行線をたどり、歴史問題で意見が交わされた。

唐家璇「日本側においては歴史、台湾、東シナ海等の敏感な問題での言行を慎んで欲しい」

町　村「日本の教科書の内容は全ての教科書は戦争の反省の上に立って、平和な日本を創っていくというもの。教科書の内容は、基本的には各国国内の問題であるとの前提で、貴国における愛国教育が結果として『反日』教育となっていないかとの声は日本国内に多い。例えば、『抗日記念館』には多くの子供が訪れるが、同記念館の展示物の内容が、日中友好に資するものかどうかという議論が日本の国会においても屢々なされる[40]」

日本外務省の文書によると、この会談で唐は注目すべき発言を口にしている。

唐国務委員より、我が国の教科書検定について改めて中国政府の立場を述べた後、日本側に、中国の教科書等について意見があり、そしてそれが真理であれば、中国に対して意見を出していただいてもかまわない旨述べた[41]。

（貼りだし）

町村外務大臣と唐家セン国務委員の会談
（追加）

１８日に行われた標記会談において、町村大臣より、我が国の歴史教科書検定について説明した後、中国における教科書について、以下のとおり述べた。

１．教科書の内容については、基本的には各国国内の問題である。その前提で、貴国における愛国教育は、結果として「反日」教育となっていないか、との声が日本国内に多いことをお伝えしたい。

２．たとえば、抗日記念館には、多くの子供が訪れることと思うが、同記念館の展示物の内容が、日中友好に資するものかどうか、という議論が我が国国会においてもしばしばなされることを申し上げておきたい。

（これに続き、唐国務委員より、我が国の教科書検定について改めて中国政府の立場を述べた後、日本側に、中国の教科書等について意見があり、そしてそれが真理であれば、中国に対して意見を出していただいてもかまわない旨述べた。）

阿南駐中大使から町村外相宛て電文，2005 年 4 月 19 日（情報公開法による外務省開示文書，2008-518）

つまり知日家の唐家璇は、中国の歴史教科書について、日本が修正意見を提示してもよいと町村に語ったのである。

十分な史料的根拠はないが、あらかじめ日本外務省が中国に申し入れていたのかもしれない。いわば唐の発言は、歴史教科書で近隣諸国に配慮するという宮澤談話の精神を、中国が多少なりとも受け入れたものといえようか。国交正常化以降、日本から中国に歴史教科書の改善を求めることは、非常にまれであった。

会談を終えた町村外相は同日夜、テレビ朝日の番組「報道ステーション」に北京から生出演して息を弾ませた。

私も二回文部大臣をやり、ほぼ全ての日本の教科書に目を通しているが、どこ一つをとっても、戦争中の日本の侵略を美化している教科書など一つも無い。それを『美化している、美化している』と先入観で、盛んにトップリーダー達が言うので、中国国民もそう思ってしまう。そのへんは日本の教科書の該当部分を、例えば大使館のホームページに中国語で載せて、『どこに美化がありますか』と積極的に広報することまでは、率直に言ってそこまでやっていなかった。努力の余地がある。(42)

中国首脳が教科書を読まずに批判していることに不満だった町村は、広報外交に改善の余地を見出したのである。

第二次町村・李肇星会談――二〇〇五年五月

それにしても町村外相は、なぜ歴史教科書問題や日中歴史共同研究にここまで熱心なのか。町村には、「四年前（二〇〇一年――引用者注）の教科書検定の折の私は（森内閣の――引用者注）文部科学大臣として責任を負っていた」という自負があった。

二〇〇五年四月二四日にテレビ朝日の番組「サンデープロジェクト」に出演した町村は、「李肇星外務大臣は日本の教科書を読んでいない」と述べ、四月二八日の参議院外交防衛委員会でも、「（李肇星からは日本の教科書に――引用者注）目を通したわけではないという趣旨の御発言がございました」と認めている。(43)

町村のもとで外務省は、ホームページで日本の歴史教科書を中国語でも閲覧できるように翻訳を手配した。外務省内でこれを管轄したのは、対外広報を担当する広報文化交流部総合計画課である。(44) このように町村訪中は、歴史共同研究を提起し、中国歴史教科書の是正を求め、さらに広報をグローバル化する契機となった。

町村外相と李肇星外交部長は、五月七日に京都で再会した。李は、ＡＳＥＡＮ＋３外相会議などに出席するため訪日していたのである。

ここで町村が、「先般の外相会談において提案した歴史共同研究につき、年内にも具体的な内容を決定していきたい」と述べると、李は、「日中二国間の歴史共同研究でも、日中韓三カ国間のものでもいずれも賛成である」と応じた。

すると町村は、「先般の訪中において、唐家セン《ママ》国務委員より日本の教科書について提起された際に、中国の教科書について日本側に意見があれば出してもらってよい旨の発言があったことを受け、詳しい内容は今後提起する」と言葉を継いだ。町村は、中国の歴史教科書に意見を述べようとしたのである。

中国の教科書について町村は、「国会においても議論があり、事実関係に疑問のあるものも見られる、残虐な表現がある、戦後の日本の平和国家としての発展、国際貢献に関する記述が少ないという指摘がある、抗日記念館についても、事実関係に疑問があるもの、過度に刺激的なものが見られるとの指摘がある」と畳み掛けた。

これに李は、「中国の教科書と日本の右翼の教科書を混同することは、是を非と混同するものである」と猛烈に反論した(45)。李の強い反発は、二九五頁で引用した唐家璇国務委員の発言と温度差がある。

九月三日には胡錦濤国家主席が、中国人民抗日戦争勝利六〇周年記念大会で演説した。このとき胡は、日本では一部の勢力が軍国主義戦争を美化し、「歴史によって恥辱の柱に打ちつけられたA級戦犯の霊魂を呼び起こそうとしている」と論じて、日本政府と指導者が「歴史問題を適切に処理する」ように求めた。明らかに小泉首相の靖国参拝を牽制したものだろう。同時に胡の演説は、日中戦争における国民

党の役割を評価しており、従来の指導者よりは歴史解釈に柔軟な姿勢も示した。(46)

それでも一〇月一七日に小泉首相が靖国神社に参拝すると、中国は予定されていた日中外相会議を取り消した。日中歴史共同研究が緒に就くには、小泉よりも保守的と目されていたはずの安倍晋三内閣の誕生を待たねばならなかった。

日中歴史共同研究――二〇〇六―二〇一〇年

首脳間では厳しい状況が続いた日中関係だが、民間交流が脈々と行われたことは記憶されてよい。象徴的なのは、劉傑・三谷博・楊大慶編『国境を越える歴史認識――日中対話の試み』が二〇〇六年に東京大学出版会から刊行され、直ちに中国語訳されたことであろう。同書には、本書序章の原型となった拙稿も含まれており、「田中上奏文」の研究状況が中国にも知られるようになった。(47)

日中間で歴史共同研究の立ち上げが正式に合意されたのは、安倍首相が二〇〇六年一〇月に訪中したときである。安倍首相は一〇月八日、北京で胡錦濤国家主席や温家宝総理と会談し、「日中関係を高度の次元に高めつつ、全世界の課題の解決にともに取り組む『戦略的互恵関係』を築きあげていくことで一致」した。

このとき中国側は、「歴史を鑑とし、未来に向かうとの精神」を強調し、靖国神社参拝が「日中関係の政治的基礎を損なうものである」と述べた。安倍は、「過去の歴史を直視し、平和国家としてのこれまでの歩みを、またこれからもこれを続けていく」と説明し、「中国の愛国主義教育に関連し、日本関連の教育や歴史展示物についての適切な対処を要請」した。そして「双方は、日中歴史共同研究の年内開始で一致した」。

江沢民訪日以来八年ぶりの共同文書となった日中共同プレス発表には、「日本側は、戦後六〇年余、一貫して平和国家として歩んできたこと、そして引き続き平和国家として歩み続けていくことを強調した。中国側は、これを積極的に評価した」と記された。中国が戦後日本の平和国家としての歩みを文書で評価したのは、このときが初めてである。(48)

直後の記者会見で安倍は、「私が靖国神社に参拝したかしなかったか、するかしないかについて申し上げない、それは外交的、政治問題化している以上、それは申し上げることはない、ということについて(中国との会談で――引用者注)言及した」と明かしている。(49)安倍は靖国神社参拝を曖昧にし、中国もこれを追及しなかった。

一一月一六日には麻生太郎外相が、APEC閣僚会議でベトナムのハノイに出張した際に李肇星中国外交部長と会談した。共同研究の枠組みについて両者は、次のように意見を一致させている。

日中歴史共同研究について

一．日中両国外相は、APEC会議期間中に会談し、両国首脳の共通認識を踏まえ、日中歴史共同研究の実施枠組みについて協議した。

二．双方は、日中共同声明等の三つの政治文書の原則、及び、歴史を直視し、未来に向かうとの精神に基づき、日中歴史共同研究を実施するとの認識で一致した。

三．双方は、日中歴史共同研究の目的は、両国の有識者が、日中二千年余りの交流に関する歴史、近代の不幸な歴史及び戦後六〇年の日中関係の発展に関する歴史についての共同研究を通じて、歴史に対する客観的認識を深めることによって相互理解の増進を図ることにあるとの認識で一

日中歴史共同研究

年　月　日	出　来　事
2005年 4 月17日	町村外相が李肇星外交部長と北京で会談し日中歴史共同研究を提案
5 月 7 日	町村外相が李肇星外交部長と京都で会談し，年内にも共同研究を事務的に詰めることで合意
2006年10月 8 日	安倍首相が北京で胡錦濤国家主席らと会談し，有識者による日中歴史共同研究を年内に立ちあげることで合意
11月16日	APEC 閣僚会議で麻生外相と李肇星外交部長が会談し，日中歴史共同研究の実施枠組みについて合意
12月26日	北京で第 1 回日中歴史共同研究全体会合（27日まで）
2007年 3 月19日	東京で第 2 回日中歴史共同研究全体会合（20日まで）
12月 1 日	北京訪問中の高村正彦外相と楊潔篪《ようけつち》外交部長が日中歴史共同研究に期待を表明
12月28日	福田康夫首相が北京で温家宝総理と会談し，翌週開催の日中歴史共同研究全体会合に期待を表明
2008年 1 月 1 日	『東京新聞』第 1 面で「『田中上奏文』 中国でも偽造説強まる」と報道
1 月 5 日	北京で第 3 回日中歴史共同研究全体会合（6 日まで）
5 月 7 日	訪日した胡錦濤国家主席が福田首相と会談し，日中歴史共同研究の役割が高く評価され今後も継続で合意
2009年12月24日	東京で第 4 回日中歴史共同研究全体会合
2010年 1 月31日	報告書公表（近現代史第 3 部を除く）

出典：筆者作成

致した。

四．双方は、それぞれ一〇名の有識者から構成される委員会を立ち上げ、「古代・中近世史」及び「近現代史」の二区分で分科会を設置し、それぞれ日中相互に主催することで意見の一致を見た。双方は、日本側は日本国際問題研究所に、中国側は中国社会科学院近代史研究所に、具体的実施について委託することを確認した。

五．双方は、年内に第一回会合を開催し、日中平和友好条約締結三〇周年にあたる二〇〇八年中に、研究成果を発表することで意見の一致を見た(50)。

ここでの特徴は、歴史認識が対立しがちな近代史だけでなく、二〇〇〇年以上もの日中交流史と戦後六〇年の現代日中関係を共同研究の対象としたことにある。有識者から成る委員会は、「古代・中近世史」と「近現代史」の分科会で設置されることになった。

ハノイの記者会見で秋葉剛男《あきばたけお》外務省アジア大洋州局中国課長は、「『古代・中近世史』と『近現代史』に分け、後者には、戦後六〇年の日中関係の発展に関する歴史についても研究を行う。日中国交正常化までの期間や、日中国交正常化後、日本の経済協力が果たした役割等研究すべき事項は多いと考える」、「場合によっては、未調整ではあるが、第三国の方を呼んで話を聞くことも可能と思われる」と期待をのぞかせている(51)。

日中歴史共同研究の委員会は、北岡伸一東京大学教授と歩平中国社会科学院近代史研究所所長を座長として立ち上げられた。第一回全体会合は二〇〇六年一二月に北京で開催され、二〇〇七年三月の第二回全体会合が東京、二〇〇八年一月の第三回全体会合が北京、二〇〇九年一二月の第四回全体会合が東京でそれぞれ行われた。

その間に外部執筆委員も加わり、分科会は福岡や鹿児島、済南などでも開かれた。二〇〇八年五月七日には、来日中の胡錦濤国家主席と福田康夫首相が「『戦略的互恵関係』の包括的推進に関する日中共同宣言」に署名し、「双方は、日中歴史共同研究の果たす役割を高く評価し、今後も継続していく」と共同プレス発表に盛り込んでいる(52)。

四　「田中上奏文」問題の行方

報告書に見る「田中上奏文」

日中歴史共同研究の第四回全体会合は、麻生太郎内閣期の二〇〇九年九月四日に東京で開催されることになっていた。第四回全体会合は最終である。しかし、麻生首相の自民党が八月三〇日の衆議院選挙に大敗すると、中国は開催前日の九月三日に会合の延期を日本に通達した。突然の通達について外務省は、控えめに「遺憾」を表明している。

（九月――引用者注）四日に東京で開催する予定であった日中歴史共同研究第四回全体会合については、本三日、中国側から「技術的な理由により延期したい」旨の連絡があり、遺憾ながら延期されることとなりました。(53)

このため、もともと遅れていた第四回全体会合は、一二月二四日に東京でようやく開催された。中国の意向で度々延期されていた最終会合は、アジア重視と目された民主党の鳩山由紀夫内閣が誕生するのを待って実施されたことになる。二〇一〇年一月三一日には、報告書が公表された。近現代史の論題と執筆者については、次頁の表を参照されたい。

日中双方の報告書は、それぞれ中国語と日本語に訳されることになっており、相互理解に一定の役割を果たすだろう。ただし、近現代史第三部については、新しい時代ゆえに史料公開が不十分であり、現

日中歴史共同研究報告書の章立てと執筆者（近現代史）

構成	論題		日本側執筆者	中国側執筆者
第1部 近代日中関係の発端と変遷	第1章	近代日中関係の発端	北岡伸一（東京大学教授）	徐勇（北京大学教授），周頌倫（東北師範大学教授），米慶余（南開大学日本研究院教授）
	第2章	対立と協調——異なる道を行く日中両国	川島真（東京大学准教授）	徐勇，周頌倫，戴東陽（社会科学院近代史研究所副教授），賀新城（中国人民解放軍軍事科学院教授）
	第3章	日本の大陸拡張政策と中国国民革命運動	服部龍二（中央大学准教授）	王建朗（社会科学院近代史研究所副所長）
第2部 戦争の時代	第1章	満洲事変から日中戦争まで	戸部良一（国際日本文化研究センター教授）	臧運祜（北京大学副教授）
	第2章	日中戦争——日本軍の侵略と中国の抗戦	波多野澄雄（筑波大学教授），庄司潤一郎（防衛省防衛研究所戦史部第一戦史研究室長）	栄維木（社会科学院近代史研究所『抗日戦争研究』編集部執行編集長），張連紅（南京師範大学教授），王希亮（黒竜江社会科学院歴史研究所教授）
	第3章	日中戦争と太平洋戦争	波多野澄雄	陶文釗（社会科学院米国研究所教授）
第3部 戦後日中関係の再建と発展	第1章	関係正常化への道	坂元一哉（大阪大学教授）	金熙徳（社会科学院日本研究所副所長），宋志勇（南開大学日本研究院副院長）
	第2章	新しい時期の日中関係	高原明生（東京大学教授）	金熙徳
	第3章	歴史認識と歴史教育問題	庄司潤一郎	歩平（社会科学院近代史研究所長）

出典：筆者作成（□は座長，下線は委員，それ以外は外部執筆委員）

在に直結する政治問題を含むことを理由に報告書は非公開となり、第二期の日中歴史共同研究に持ち越された。中国側の要請によるものである。

それでは、日中歴史共同研究において「田中上奏文」はどう論じられたのか。

「田中上奏文」を扱ったのは近現代史の第一部第三章であり、日中双方から筆者と王建朗社会科学院近代史研究所副所長がそれぞれ報告書を執筆した。筆者が二〇〇七年四月に途中参加した時点で、第一部第三章の論題は「日本の大陸拡張政策と中国国民革命運動」と決められていた。第一部第三章について、日中の報告書を読み比べてみたい。

中国側執筆者の王建朗は、民国期中国外交史研究の第一人者であり、報告書でも広範な文献を渉猟《しょうりょう》されている。中国語の文献はもとより日本語の研究や史料を丹念に調べ、両国の文献を突き合わせていることも、非常に優れた特徴といえよう。第一節が第一次世界大戦を扱い、第二節はパリ講和会議、ワシントン会議、北京関税特別会議、第三節が北伐、第四節は「革命外交」という時期区分も妥当であり、筆者が執筆した日本側報告書の区分ともほぼ合致する。

もっとも、それぞれの内容については、日本側報告書と軽重を異にするところがある。総じていうなら中国側報告書では、中国の内戦や国共合作など、中国の国内事情にあまり言及されなかったようである。少なくとも中国の読者には、それらの知識があることを前提に執筆されたためであろう。常識となっているものについては略述にとどめ、中国側からみてその後の日中関係に大きな影響を与えたことを重点的に論じたものと思われる。このため全体として、日本の政策を中国の抵抗や国権回収と対置し、日中関係を摩擦と対立の局面としてとらえる傾向が強くなっている。

一方、筆者執筆の日本側報告書は、ワシントン体制下での秩序形成とその変容、そして日本における政党政治下の協調外交を分析の中心としながらも、東方文化事業にみられる文化交流、「日中提携」構想、さらには中国における地方外交の残存など、この時代には多様な可能性が錯綜していたとみている。したがって、対立面を軸とした中国側報告書の解釈について、全面的に賛同するまでには至らなかったが、日中関係の重要な局面を跡づけたものとして理解することは可能である。中国側の有力な見解として尊重されるべきだろう。

田中内閣期の東方会議と「田中上奏文」に関しては、日中の見解が分かれた。中国側報告書では、東方会議で強硬な外交方針が定まったと位置づけられており、田中が「世界戦争」の「決心」を関東軍に示したかのように論じられている。

しかしながら、東方会議には連絡会議としての性格が強く、「対支政策綱領」にも矛盾するところが少なくなかったのではなかろうか。日本の対中国政策には諸勢力があり、日本国内では政策的な乖離が広がりつつあったのである。昭和天皇に叱責された田中が退陣直後に死去したことに象徴されるように、田中を支える国内基盤はことのほか脆弱であり、後の昭和軍閥とも連続していない。第一部第三章に限らず、中国側報告書が日本外交を一枚岩と見なしがちなところには、基本的な解釈の違いを感じた。

ならば、「田中上奏文」に関する日中間の溝は、どこまで埋まったのか。「田中上奏文」の真偽について中国側報告書では、次頁のように、断定を避けた微妙な書き方になっている。これに対して日本側報告書では、「田中上奏文」が偽造であることはもとより、国民政府外交部は満州事変前から「田中上奏文」を偽書だと知っていた可能性が高いと論じた。その意味では、日中間の溝を埋め切るには至っていない。

中国側報告書の注で引用されている重光葵『昭和の動乱』上巻（中央公論社、一九五二年）三三頁には、

近現代史第1部第3章の節立てと「田中上奏文」に関する記述

日本側報告書（服部龍二執筆）	中国側報告書（王建朗執筆）
第1節　第一次世界大戦	第1節　第1世界大戦と日本の拡張
第2節　ワシントン体制の成立	第2節　戦後新秩序の構築と中国の主権回収の努力
第3節　北京政府「修約外交」と第1次幣原外交	第3節　北伐戦争と日本の対中政策の強硬化 （注）東方会議の後，『田中上奏文』が伝わった。この文書の真偽に関して，学界ではすでに多くの議論があった。この文書がどのようにして生まれたのかはまだ不明なところがある。しかし，後の日本の拡張路線は正にこの文書の記述どおりに展開された。これに対して，日本の中国駐在代理公使を任じた重光葵も「その後に発生した東亜の事態と，これに伴ふ日本の行動とは，恰かも田中覚書を教科書として進められたやうな状態となつたので，この文書に対する外国の疑惑は拭ひ去ることが困難となつた」と述べた。重光葵『昭和の動乱』上巻（中央公論社，1952年）33頁。
第4節　国民政府「革命外交」と田中外交・第2次幣原外交 東方会議に関連して，「田中上奏文」と呼ばれる怪文書がある。この「田中上奏文」とは，田中首相が昭和天皇に上奏したとされるものである。その内容は，東方会議に依拠した中国への侵略計画であった。だが「田中上奏文」の趣旨は，実際の東方会議と大きく離反していた。 （注）重光葵駐華臨時代理公使らが国民政府外交部に「田中上奏文」の根本的な誤りを説いており，満州事変前の中国は日本の取り締まり要請にある程度応じていた。このため国民政府外交部は，「田中上奏文」を偽書と知っていた可能性が少なくないと思われる。	第4節　「革命外交」の中の中国と日本

出典：報告書からの抜粋（中国側報告書は仮訳）

本書六頁で示したように、「日本においては、かかる公文書（「田中上奏文」のこと――引用者注）の実在せぬことを疑ふものはなく、単に悪意の宣伝として顧るものはなかつた」と記されていることも付言しておく。

他方、中国側報告書が日本側と比較的に近い解釈を示すところもみられた。

例えば、田中は張作霖との関係を軸に対満蒙政策を進めようと考えていたが、それに批判的な関東軍の勢力が張作霖を爆殺し、ひいては田中内閣の崩壊につながったことである。言い換えれば、田中内閣の対中国政策には山東出兵のような武断外交の側面もあったが、田中外交そのものが張作霖爆殺事件を引き起こしたわけではなく、いわば田中外交の外側から張作霖爆殺事件、さらには満州事変に至ったといえよう。その点では、日中双方の解釈は一致した。

詰め切れないところも残されたにせよ、中国側の報告書は中国学界の水準と到達点を示すものであり、第一部第三章が単独で執筆されたこともあって、叙述の整合性も非常に高い。中国における歴史研究との距離感を計り、受け入れられるところとそうでないところを浮き彫りにするうえでは、意義深い共同研究であった。

「田中上奏文」問題の出口

ほかの中国側委員による議論もみておきたい。中国側座長の歩平中国社会科学院近代史研究所所長は、ある対談で歴史教科書や靖国問題で日本に批判しつつも、「田中上奏文」に関してはこう述べた。

田中上奏文については、中国の研究者の間でも、真偽の議論が分かれています。私個人はその存在を疑うものなのですが、上奏文に記された政策と一致する歴史的事実もあると考えています。(中略)秦(郁彦――引用者注)氏が調査結果を発表した八〇年代には中国の研究者も、この田中上奏文の真贋を問う疑問を呈しています。私は秦氏の調査を高く評価しているものですが、一方でこの上奏文に記された内容と、日本が実際に歩んだ道が同じだったということは否定できません。(54)

つまり歩平は、「田中上奏文」の内容が史実に合致するところもあるとしながらも、その存在自体には疑問を呈している。

また、『北海道新聞』によると歩平は、「本物だとする十分な根拠はないと考えている」と述べ、「田中上奏文については中国国内にもさまざまな意見があり、偽物だとする研究者もいる」と指摘したという。なお同紙は、「田中上奏文は、日本では『偽物説』が大勢だが、中国では歴史教科書に記述され、北京の盧溝橋にある中国人民抗日戦争記念館でも展示されている。公式見解が見直されれば、日中間の歴史認識の隔たりを埋める一歩となりそうだ」と論じた。(55)

「田中上奏文」の存在を疑問視した中国側委員は、歩平に限られない。古代・中近世史分科会で委員を務めた蔣立峰社会科学院日本研究所所長は、ある懇談会で『新しい歴史教科書』をめぐる日本側の動向を非難しつつも、「田中上奏文」について偽造説の立場からこう語った。

もう一つ感じたのは、日本側の先生方はやはりもう一歩、中国の歴史について研究しなければならないということです。たとえば田中上奏文について先ほど話が出ました。実は今、中国では田中上奏文は存在しなかったという見方がだんだん主流になりつつあるのです。そうした中国の研究成果

を日本側はほんとうに知っているのでしょうか。(56)

すなわち、侵略の計画性をめぐる解釈などで日中間の乖離は依然大きいが、「田中上奏文」について中国側は、柔軟な姿勢を示すようになってきている。(57)中国側報告書に偽書と明記こそされなかったにせよ、研究者の間では少なくとも「田中上奏文」に関する限り、歴史認識の溝は埋まりつつあるといえよう。もっともそれは、日本に通じた中国人研究者についてであり、偽書との認識が中国社会に広まるには、さらに時間と労力を要するに違いない。だとしても、日中歴史共同研究などによる交流は、この問題を出口に近づけたのである。

その間の二〇〇八年一月一日には、「田中上奏文」に関する記事が『東京新聞』の一面に躍った。「日本批判の根拠『田中上奏文』　中国側『偽物』認める見解　歴史共同研究報告書に反映も」という見出しのもと、記事はこう伝えた。

共同研究の複数の中国側関係者は、本紙に対し「田中上奏文は信頼性が低く、中国の専門家の間でも本物ではないという考えが主流になりつつある」と指摘。〇七年十一月に福岡で開かれた分科会でも中国側委員から同様の意見が出された。(中略)共同研究の報告書で「偽物と結論づけるのは時期尚早」(関係者)との意見があるものの、主流となりつつある考え方が報告書に新たに反映される可能性がある。(58)

中国側関係者が「田中上奏文」を偽物と見なしつつあり、そのことは報告書にも反映されうるという

東京新聞　2008年（平成20年）1月1日（火曜日）　©中日新聞東京本社2008　（日刊）

東京新聞

中日新聞東京本社
東京都千代田区内幸町二丁目1番4号
〒100-8505　電話 03(6910)2211

日本批判の根拠「田中上奏文」

中国側「偽物」認める見解

歴史共同研究　報告書に反映も

【北京＝鈴木孝昌】日中両国政府の合意を受けて二〇〇六年末から進められている「歴史共同研究」で、中国側が「対中侵略の計画書」と位置付け日本側と真偽論争を続けてきた「田中上奏文」について、中国側が「偽物」と認める見解を示していることが分かった。中国は同文書を対日批判の根拠としてきたが、公式な研究で見解が見直される可能性があり、歴史認識の違いを埋める一歩となりそうだ。＝関連③面

田中上奏文は、一九二七（昭和二）年、当時の田中義一首相が対中侵略や世界征服の計画を昭和天皇に密奏したとされる文書。日本では「偽物」との見方が大勢だが、中国では歴史教科書にも記述され、北京の盧溝橋にある「抗日戦争記念館」でも展示されている。

共同研究の複数の中国側関係者は、本紙に対し「田中上奏文は信頼性が低く、中国の専門家の間でも本物ではないという考えが主流になりつつある」と指摘。〇七年十一月に福岡で開かれた分科会でも中国側委員から同様の意見が出された。

委員の一人で、中国政府直属の研究機関、中国社会科学院の蔣立峰・日本研究所所長も、〇五年以来、非公式に同様の考えを示している。

〇八年六月にまとめる共同研究の報告書で「偽物と結論づけるのは時期尚早」（関係者）との意見があるものの、主流となりつつある考え方が報告書に新たに反映される可能性がある。

同時に、中国側は「日本に対中侵略の意図があったことは確実。満州事変後の事態は、ほぼ上奏文の通りに進展した」との立場を堅持。日中戦争を「侵略戦争」と認めるよう求めている。

日中歴史共同研究は、〇六年十月に安倍晋三前首相と胡錦濤国家主席の首脳会談で合意。古代・中近世史と近現代史の二分科会に分かれ、両国の専門家計二十人が議論を進めている。

田中上奏文　1927年、日本政府が対中政策を検討した「東方会議」を受け、田中義一首相が天皇に上奏したとされる文書。中国語で2万6000字に及ぶ長文で「支那を征服せんと欲せば、まず満蒙（中国東北部と内モンゴル）を征服せざるべからず。世界を征服せんと欲すれば、まず支那を征服せざるべからず」とし、大陸における移民政策などの具体的政策が記されている。

台湾出身の商人、蔡智堪が宮内省の書庫に忍び込み書き写したとされ29年以後、中国内外に流布。しかし日本語の原文は発見されない上、上奏文を宮内大臣あてとするなど〝誤り〟が目立ち日本側では早くから偽物とみられていた。

車は西口　お買い物はバス

新宿でパーク＆ライド

秋にも都　CO_2削減へ計画

地球温暖化の原因となる二酸化炭素（CO_2）排出削減と休日の都心の渋滞緩和を目指し、東京都は今秋にも、東京・新宿で、周辺部に車を止めて徒歩やバスなどで買い物に行く「パークアンドライド」（P&R）を本格導入する。具体的には新宿駅西口オフィス街の駐車場に車を止め、新宿区が導入する循環バスで東口の繁華街へ買い物客を運ぶ計画。P&Rは神奈川県鎌倉市など地方都市や観光地などでは例があるが、大都会のターミナル駅での導入は珍しいという。＝関連30面

都によると新宿駅周辺の駐車場は、百貨店など繁華街を抱える東口には約四千台分あるが、都庁などがあるオフィス街で休日は閑散とする西口は約八千台分ある。新宿区は鉄道で分断された東西を結ぶ循環バスを今秋に導入するがP&Rではこれを活用。買い物客は西口のオフィス街駐車場

あすの朝刊、休みます

きょう元日（火）は新聞休刊日とし、新聞製作を休みます。このため二日付の朝刊は休ませていただきます。夕刊は四日からお届けします。ご了承ください。　東京新聞

読者応答室
FAX
03-3595-6935
ホームページ
http://www.tokyo-np.co.jp/
購読お申し込み
0120-026-999
1カ月定価税込み
（朝・夕刊）3250円

『東京新聞』2008年1月1日

のである。中国側委員が福岡の分科会でそのような見解を示したともいう。

同じく元日の『中日新聞』も、「対日批判の根拠『田中上奏文』中国側も『偽物』見解 日中共同研究 歴史認識、新たな局面」との見出しで、「『田中上奏文』について、中国側が『偽物』と認める見解を示していることが分かった」と報じた(59)。

『東京新聞』『中日新聞』とも、「田中上奏文」をめぐって日中間の溝が埋まることを期待させたものといえよう。いずれも元日の記事であり、とりわけ『東京新聞』は一面トップでスクープのように扱われている。これらの記事には不正確なところがあるものの、日中歴史共同研究の過程でどのような議論がなされたかについては非公開とされており、ここでは述べられない。ただ、中国側の報告書に「田中上奏文」が偽物と明記されるに至らなかったことは、すでに論じたとおりである。

このような新聞記事に筆者が気づいたのは、二〇〇八年一月四日、成田から北京に向かう航空機内だった。翌日から北京で開催される日中歴史共同研究に向けて日本側委員らと移動していたときに、記事の写しが機内で関係者に配られた。なぜ元旦の一面に「田中上奏文」なのかと意外に思ったが、それほどにメディアも共同研究に注目していたのだろう。世論を動かすのは密室で行われる共同研究そのものではなく、メディアの伝え方なのであろうと感じたことをはっきりと記憶している。

本章冒頭の論点に即して、一九九〇年代以降を振り返っておきたい。

第一に、歴史問題が再燃した過程と日本の広報外交である。

天安門事件以降の中国は国際的に孤立しており、天皇訪中では、「中国国民に対し多大の苦難を与えた」、「このような戦争を再び繰り返してはならないとの深い反省」が述べられた。村山談話にも象徴されるように沈静化していた歴史問題だが、その後に訪日した江沢民は、宮中晩餐会においてすら「日本軍国主義」への批判を口にしている。

森・朱鎔基会談で歴史問題の比重は低下したものの、『新しい歴史教科書』や小泉首相の靖国神社参拝によって日中間の摩擦は頂点に達した。中国メディアによる「田中上奏文」の援用に対して、在中国日本大使館は申し入れを行うようになっており、大使館による広報の改革も進められた。

第二に、日中歴史共同研究に至る政策合意の形成過程である。中国で反日デモが各地に広まるなか、町村外相は李肇星外交部長に共同研究を提起した。安倍首相の訪中を経て、麻生外相と李の会談で共同研究の枠組みが築かれた。共同研究の対象は、歴史観の対立しがちな近代史だけでなく、二〇〇〇年以上もの日中交流史、さらには戦後六〇年の日中関係を含むことになった。

第三に、日中歴史共同研究における「田中上奏文」の位置づけである。

報告書の全体的な傾向としては、中国側が日本による侵略の計画性と一貫性を強調するのに対して、日本側は多様な可能性を近代史に見出し、日本の政策過程も一枚岩からはほど遠かったと解する。それでも「田中上奏文」についていうなら、中国の報告書に偽書とは明記されなかったにせよ、中国側は柔軟な姿勢をとりつつある。日本の拡張路線が「田中上奏文」と類似していると主張しつつも、「田中上奏文」を本物と断定する論調は中国側に少なくなっている。

二〇〇五年の反日デモに際して、「田中上奏文」の援用が中国で一時的に増えたものの、長期的にみればむしろ「田中上奏文」は影を潜めていったのである。

「田中上奏文」が中国であまり用いられなくなった要因は、三つに要約できよう。第一に、在中国日本大使館を中心とする広報外交、第二に、『国境を越える歴史認識』の中国語訳に象徴される民間交流、第三に、日中歴史共同研究である。
日中歴史共同研究を通じて、双方にとって受け入れられるところとそうでないところを整理しただけでも一歩前進であり、歴史認識をめぐる共同研究は、結果を焦らずに長い期間でみるべきものだろう。侵略の計画性などをめぐって溝がまだ深いにせよ、日中歴史共同研究は「田中上奏文」問題を出口に近づけたのである。

注

(1) 一九九〇年代以降の日中関係に関しては、小島朋之『現代中国の政治 その理論と実践』(慶應義塾大学出版会、一九九九年)、岡部達味『日中関係の過去と将来――誤解を超えて』(岩波現代文庫、二〇〇六年)、鹿錫俊「日中関係における心の問題――歴史と思想の検証から見た壁、傷とズレ」(三谷博・金泰昌編『東アジア歴史対話――国境と世代を越えて』東京大学出版会、二〇〇七年)二一五―二四五頁などがある。
(2) 日中歴史共同研究については、当事者によるものとして、Bu Ping, "Reexamining History," *Beijing Review*, February 15, 2007, pp. 10–11; idem, "Bridging a Divide: Mission Impossible?," *Beijing Review*, April 12, 2007, pp. 16–17; 歩平/吉原雅子訳「歴史認識の共有のために何が求められているか――日中歴史共同研究の意義と課題」(『世界』二〇〇七年八月号)二〇六―二一〇頁、北岡伸一「日中歴史共同研究の出発――事実の探求に基づいて」(『外交フォーラム』二〇〇七年五月号)一四―二〇頁、同「歴史共同研究がひらく〝日中新時代〟。」(『潮』二〇〇八年三月号)五八―六五頁、庄司潤一郎「ブリーフィング・メモ『日中歴史共同研究』の展望」(『防衛研究所ニュース』第一二七号、二〇〇八年)一―五頁、波多野澄雄「日中間の『歴史和解』を求めて」(『栃木史学』第二三号、二〇〇九年)一―一〇頁、川島真「日中間の歴史共同研究からみた教科書問題」(剣持久木・小菅信子・リオネル＝バビッチ編『歴史認識共有の地平――独仏共通教科書と日中韓の試み』明石書店、二〇〇九年)一五八―一七七頁。
(3) 栗山尚一へのインタビュー、二〇〇八年九月一七日、財団法人鹿島平和研究所編『日本外交主要文書・年表』第四巻

（原書房、一九九五年）四五八、八五三頁。

（4）橋本恕駐中大使から渡辺美智雄外相、一九九二年八月二〇日（情報公開法による外務省開示文書、二〇〇六―一一二一三）、日本政府発表、一九九二年八月二五日（同前）。

（5）一九九三年八月四日の河野洋平官房長官談話に対する韓国などの反応については、後藤利雄駐韓大使から武藤嘉文外相、一九九三年八月四日（情報公開法による外務省開示文書、二〇〇六―一一二〇八）、武藤から後藤、八月四日（同前）、武藤から後藤、八月六日（同前）、外務省アジア局北東アジア課「従軍慰安婦問題に関する調査結果の発表（韓国・北朝鮮の反応）」八月六日（同前）、外務省アジア局南東アジア第二課「いわゆる従軍慰安婦問題に関する調査結果の発表――フィリピン、インドネシア、マレイシア、シンガポールの反応」（同前）。田中明彦『アジアのなかの日本』（NTT出版、二〇〇七年）一三七―一四四頁も参照。

（6）橋本恕へのインタビュー、二〇〇八年一一月八日、橋本から筆者への書簡、二〇〇九年二月二六日、橋本への電話インタビュー、二〇〇九年五月二五日。

（7）「天皇皇后両陛下中国ご訪問日程」（情報公開法による外務省開示文書、二〇〇六―一一二一三）。

（8）財団法人霞山会『日中関係基本資料集　一九四九年―一九九七年』（財団法人霞山会、一九九八年）七九四―七九五頁。

（9）橋本恕から筆者への書簡、二〇〇九年二月二六日。

（10）「渡辺首席随員所感」一九九二年一〇月二八日（情報公開法による外務省開示文書、二〇〇六―一一二一三）。財団法人霞山会『日中関係基本資料集　一九四九年―一九九七年』七九八―七九九頁もほぼ同様。

（11）銭其琛『外交十記』（北京：世界知識出版社、二〇〇三年）一九五頁。訳は、銭其琛／濱本良一訳『銭其琛回顧録――中国外交二〇年の証言』（東洋書院、二〇〇六年）一八七頁に従った。

（12）田中均外務省総合外交政策局総政局総務課長「八月一五日の内閣総理大臣談話（省内会議のお知らせ）」年月日不明（情報公開法による外務省開示文書、二〇〇五―三一三）、外務省アジア局中国課「八月一五日の内閣総理大臣談話（村山総理発李鵬総理宛事前通報書簡案）」一九九五年八月一一日（同前）、河野洋平外相から駐韓大使あて電信案、八月一四日起案（同前）、電信案「戦後五〇年に際しての内閣総理大臣談話の発表」八月一四日起案（同前）、作成者不明「総理記者会見用想定問答」八月一五日（同前）、河野外相から駐中韓米英各大使、八月一五日起案（同前）、外務省総合外交政策局総務課「戦後五〇周年に際しての内閣総理大臣談話に対する関係国政府の反応」八月一六日（同前）、作成者不明「総理談話に対する中国の反応」年月日不明（同前）、柳井俊二へのインタビュー、二〇〇四年八月二五日、二〇〇六年五月一〇日。拙稿「村山談話と外務省――終戦五〇周年の外交」（田中努編『日本論――グローバル化する日本』中央大学出版部、二〇〇七年）七三―一〇二頁、田中均『外交の力』（日本経済新聞出版社、二〇〇九年）一一〇、一四六―一四九頁、村山富市・佐高信『「村山談話」とは何か』（角川書店、二〇〇九年）四三、四七―五二、一六一頁も参照。

(13) 栗山尚一へのインタビュー、二〇〇八年九月一七日。

(14) 『読売新聞』二〇〇八年一二月四日、塩川正十郎『ある凡人の告白――軌跡と証言』（藤原書店、二〇〇九年）一四二―一四三頁。佐藤嘉恭駐中大使から池田行彦外相、一九九六年四月二四日（情報公開法による外務省開示文書、二〇〇八―一一〇七）では不開示部分が多く、歴史問題をめぐる会談内容を十分に確認できなかった。

(15) 江沢民「当前的国際形勢和我們的外交工作」一九九八年八月二八日（江沢民『江沢民文選』第二巻、北京：人民出版社、二〇〇六年）二〇四頁。

(16) 江沢民「発展中日関係必須正確処理歴史問題和台湾問題」一九九八年一一月二六日（江沢民『江沢民文選』第二巻）二四一―二四九頁。

(17) 江沢民「発展中日関係必須正確処理歴史問題和台湾問題」、財団法人霞山会編『日中関係基本資料集 一九七二年―二〇〇八年』（財団法人霞山会、二〇〇八年）四五五―四六六頁、同編『日中関係基本資料集 年表 一九七二年―二〇〇八年』（財団法人霞山会、二〇〇八年）一九一頁。

(18) 財団法人霞山会編『日中関係基本資料集 一九七二年―二〇〇八年』四五六―四五七頁。

(19) 「日中共同宣言（非公式案）――平和と繁栄のためのパートナーシップの構築（日本側第一次案）」（情報公開法による外務省開示文書、二〇〇六―一二一二）、「江沢民主席訪日（中国側共同文書案：仮訳）（中国側第一次案）」（同前）、「事務連絡（平和と発展に向けての全体的パートナーシップ確立に関する日中共同宣言）（日本側第二次案）」（同前）、「平和と発展に力を尽くす善隣友好パートナーシップの樹立に関する中日共同声明（中国側第二次案）」（同前）、「『平和と繁栄のためのパートナーシップ』の構築に関する日中共同宣言（日本側第三次案）」（同前）、「平和と発展に力を尽くす善隣友好パートナーシップの樹立に関する中日共同声明（中国側第三次案）」（同前）、「平和と繁栄のためのパートナーシップの構築に関する日中共同宣言（日本側第四次案）」（同前）、「平和と発展に力を尽くす善隣友好パートナーシップの樹立に関する中日共同声明（中国側第四次案）」（同前）。ただし、文書そのものはすべて不開示とされた。

(20) 高村外相から小倉和夫駐韓大使、一九九八年一〇月八日（情報公開法による外務省開示文書、二〇〇六―一二一〇）、外務省アジア局北東アジア課「日韓首脳会談（概要）」一〇月八日（同前）。
(21)『朝日新聞』一九九八年一一月二七日。
(22) 財団法人霞山会編『日中関係基本資料集 一九七二年―二〇〇八年』四五九―四六六頁。
(23)『朝日新聞』一九九八年一一月二七日。
(24)『朝日新聞』一九九八年一一月二八日夕刊。
(25) 外務省アジア局中国課「朱鎔基総理の訪日 日中首脳会談（概要）」二〇〇〇年一〇月一三日（情報公開法による外務省開示文書、二〇〇六―一二一四）。
(26) 河野外相から谷野駐中大使、二〇〇〇年一〇月一五日（同前）。
(27) 外務省アジア局中国課「朱鎔基総理訪日の位置づけとねらい（案）」二〇〇〇年一〇月二日（同前）。
(28) 井出敬二「日中の協力関係が不可欠」（『外交フォーラム』二〇〇五年四月号）六二―六三頁。
(29) 財団法人霞山会編『日中関係基本資料集 年表 一九七二年―二〇〇八年』二五八―二六三頁。その後の日中総合政策対話については、谷内正太郎・高橋昌之『外交の戦略と志 前外務事務次官 谷内正太郎は語る』（産経新聞出版、二〇〇九年）三三一―三三六頁参照。
(30) 阿南惟茂駐中大使から町村信孝外相、二〇〇五年四月二八日（情報公開法による外務省開示文書、二〇〇六―一二一五）。
(31) 軍事科学院「日本侵華戦略方針的歴史演変――従第一次進犯台湾到〝九一八〟演変」（『人民日報』二〇〇五年九月一三日）。茅原郁生「軍事科学院」（天児慧・石原享一・朱建栄・辻康吾・菱田雅晴・村田雄二郎編『岩波現代中国事典』岩波書店、一九九九年）二二六頁、『人民日報』二〇〇五年八月一八日も参照。
(32) 井出敬二「日本の対中パブリック・ディプロマシー」（金子将史・北野充編著『パブリック・ディプロマシー――「世論の時代」の外交戦略』（ＰＨＰ研究所、二〇〇七年）二四七頁。
(33) 井出敬二「中国で『日本』を広報する」（『グローバル経営』第三二〇号、二〇〇八年）二八―三一頁。井出敬二『中国のマスコミとの付き合い方――現役外交官第一線からの報告』（日本僑報社、二〇〇五年）も参照。
(34) 情報公開法による外務省開示文書、二〇〇九―一二〇。

(35) 井出敬二へのインタビュー、二〇〇九年三月二七日。

(36) どのように記念館などに申し入れたかについて、二〇〇九年四月七日、外務省の担当者たちにインタビューした。その回答は、次のとおりであった。

・外務省は、外交ルートを通じて中国外交部や中国の各種記念館に働きかけている。展示内容について疑義があるもの、出典が不明のもの、青少年への悪影響があるものなどについては、是正を申し入れている。ただし、相手国があることなので、具体的内容に関しては答えられない。「田中上奏文」についても答えられない。

・中国側の反応については答えられないが、一般論として言えば、適切に処置してほしいという日本側の主張に対して、中国側は、展示物の出典は明らかであり、正当な展示物であるなどと正当性を主張している。

(37) 日本国駐華大使館『日本政府対華開発援助分省実績資料集』二〇〇六年三月。

(38) 関係者へのインタビュー。

(39) 外務省アジア大洋州局中国課「町村外務大臣訪中(日中外相会談)」二〇〇五年四月一七日(情報公開法による外務省開示文書、二〇〇八—五一八)。

筆者は二〇〇九年四月七日、日中歴史共同研究の政策形成などについて外務省の担当者たちにインタビューした。その回答は、次のとおりであった。

・日中歴史共同研究の担当課はアジア大洋州局の中国課だが、外務省内で必要な部局と相談しており、外務省全体の組織としての決定である。

・意思決定の過程でどのようなやりとりがあったのかについては、外務省の保存する文書からは必ずしも明らかではない。

・政策的な意図としては、町村外相が述べていたように、教科書にはさまざまな立場があるが、相違を超えて認識を近づけるのは重要だというものである。日中の歴史認識を近づけるのは難しいであろうが、議論する努力が重要である。合意は難しいとしても、両国の歴史に対する認識を深めることはできる。

・日中歴史共同研究に対しては、町村外相や北岡伸一座長が論及しているように、日韓歴史共同研究の影響も一定程度はあっただろう。例えば、事務局のあり方や共同研究の枠組みなどについて議論するうえで、先行していた日韓歴史共同研究を当然参考にしたであろうが、どこまでがその影響なのかということは必ずしも明らかではない。

なお、当時要職にあった薮中三十二《やぶなかみとじ》アジア大洋州局長や泉裕泰中国課長という名前を挙げてみたが、誰が熱心だったかのは分からないとのことだった。

（40） 外務省アジア大洋州局中国課「町村外務大臣と唐家璇国務委員との会談（概要）」二〇〇五年四月一八日（情報公開法による外務省開示文書、二〇〇八―五一八）。

（41） 阿南駐中大使から町村外相、二〇〇五年四月一九日（同前）。

（42） 阿南から町村、二〇〇五年四月二〇日（同前）。

（43） 『第百六十二回国会参議院外交防衛委員会会議録』第一一号、二〇〇五年四月二八日、三頁。

（44） ある外務省員へのインタビュー、二〇〇七年一二月二六日。

（45） 外務省アジア大洋州局中国課「ＡＳＥＭ外相会合における日中外相会談（概要）」二〇〇五年五月八日（情報公開法による外務省開示文書、二〇〇九―一一九）。『読売新聞』二〇〇五年五月八日も同趣旨。

（46） 『人民日報』二〇〇五年九月四日。

（47） 拙稿「『田中上奏文』をめぐる論争――実存説と偽造説の間」（劉傑・三谷博・楊大慶編『国境を越える歴史認識――日中対話の試み』東京大学出版会、二〇〇六年）八四―一一〇頁、拙稿「囲繞《田中奏摺》的論争――実際存在説与偽造説之間」（劉傑・三谷博・楊大慶編『超越国境的歴史認識――来自日本学者及海外中国学者的視角』北京：社会科学文献出版社、二〇〇六年）八二―一一〇頁。拙稿「『田中上奏文』をめぐる論争」は、本書の序章に所収されている。

（48） 外務省「安倍内閣総理大臣の中国訪問（概要）」二〇〇六年一〇月八日（情報公開法による外務省開示文書、二〇〇八―五一九）。

（49） 宮本雄二駐中大使から麻生太郎外相、二〇〇六年一〇月九日（同前）。

（50） 外務省アジア大洋州局「ＡＰＥＣ閣僚会議における日中外相会談（概要）」二〇〇六年一一月一六日（情報公開法による外務省開示文書、二〇〇八―五二〇）。

（51） 服部則夫駐ベトナム大使から麻生外相、二〇〇六年一一月一六日（同前）。

（52） 財団法人霞山会編『日中関係基本資料集 一九七二年―二〇〇八年』六一七頁。

（53） 外務省プレスリリース「日中歴史共同研究委員第四回全体会合の延期」、二〇〇九年九月三日（http://www.mofa.go.jp/mofaj/press/release/21/9/1195460_1105.html）。

（54） 櫻井よしこ・田久保忠衛・劉江永・歩平「激突！ 日中大闘論――小泉から安倍へ政権交代。日中は友好か断絶か？」

(『文藝春秋』二〇〇七年一月号)一二三―一二四頁。
(55) 『北海道新聞』二〇〇八年一月九日。
(56) 八木秀次「中国知識人との対話で分かった歴史問題の『急所』――続・つくる会会長、中国『反日の本丸』に乗り込む」(『正論』二〇〇六年四月号)七九―八〇頁。
(57) 千葉明『日中体験的相互誤解――未来史を共に創造するために』(日本僑報社、二〇〇五年)七〇―七一頁も参照。
(58) 『東京新聞』二〇〇八年一月一日。同紙によると、北京の中国人民抗日戦争記念館には「田中上奏文」がまだ展示されているという。
(59) 『中日新聞』二〇〇八年一月一日。

終章　日中関係と歴史認識

「田中上奏文」の戦前と戦後

本書では「田中上奏文」を補助線としながら、日中関係と歴史認識を六つの時期区分で論じてきた。「田中上奏文」の戦前と戦後を振り返ってみたい。

第一期は、東方会議開催から満州事変の直前までである。

この時期に「田中上奏文」が流通する過程では、太平洋問題調査会京都会議の中国側代表だけでなく、遼寧省国民外交協会や新東北学会が関与した。これに対して日本外務省は、太平洋問題調査会で中国側代表による「田中上奏文」の朗読を封じ込めている。

他方、中国東北では遼寧省政府が「田中上奏文」の取り締まりを訓令したにもかかわらず、遼寧省国民外交協会や地方紙は「田中上奏文」を存分に利用した。中国外交の多層構造が日本を翻弄し続けた末に、満州事変を迎えたのである。アメリカには太平洋問題調査会の京都会議から「田中メモリアル」が伝わったものの、国務省知日派のバランタインやドゥーマンは偽書と見抜いていた。

第二期は、満州事変後である。

満州事変こそは東アジア国際政治の大きな転機であり、「田中上奏文」は国際政治の表舞台に一躍登場した。日中両国は互いを批判する宣伝外交を繰り広げ、リットン調査団やメディアを巻き込んだ。日中紛争が混迷を深めるなかで、日中の宣伝外交は国際政治に新たな次元を切り開いたのである。国際連盟で松岡洋右と論争した顧維鈞は、「田中上奏文」の真偽論争をかわして諸外国の世論に訴えた。

「田中上奏文」が中国の内外で定着していった背景には、中国国民党中央宣伝部および中央宣伝委員会による宣伝工作もあった。コミンテルンの雑誌も「田中メモランダム」の全文を紹介しており、中国共産党の八一宣言は「田中上奏文」を中国滅亡計画として引用した。

第三期は、日中戦争から太平洋戦争である。

日中戦争が長期化すると蔣介石は、自ら「田中上奏文」を援用しつつ、国民党第五期中央執行委員会第五次全体会議などで講話を施した。重慶のアメリカ向けラジオ放送でも、「田中上奏文」は用いられた。これを指揮したのが国民党中央宣伝部国際宣伝処であり、日本でそれに相当する機関はなかった。

他方、アメリカ国務省は「田中メモリアル」を宣伝に利用しなかったが、「田中メモリアル」は『ニューヨーク・タイムズ』紙などを通じて知れ渡った。トロツキーも「田中メモリアル」の信憑性を強く主張しており、その論考は『第四インターナショナル』誌に掲載されている。太平洋戦争下のアメリカでは、「田中メモリアル」がラジオ放送やプロパガンダ映画に利用された。

第四期は、日本占領と東京裁判である。

日本が占領下に置かれると、「田中上奏文」をめぐる論争の舞台は東京裁判に移された。終戦直後のアメリカで「田中上奏文」はかなり信じられており、GHQも少なくとも占領初期には本物と見なしていた。そのことは、田中内閣書記官長だった鳩山一郎の公職追放にも影響したようである。

東京裁判では国際検察局が、当初「田中上奏文」を本物と解しており、木戸幸一や広田弘毅、小磯国昭、吉田茂らを執拗に尋問した。法廷は「田中上奏文」をめぐる秦徳純らの証言で揺らぎ、田中自身から実在すると聞いたというセミョーノフの宣誓口供書が受理される。とはいえ、国際検察局が東京裁判の半ばで偽書と悟ったためか、「田中上奏文」についての審理は途中からうやむやにされた。判決自体を左右することはなかったものの、「田中上奏文」は東京裁判が迷走する一因となった。

第五期は、冷戦期である。

一九五〇年代の台湾では蔡智堪が、かつて皇居で「田中上奏文」を入手したと各紙に語り、中国国民党によって表彰されたものの、外交部は冷ややかだった。このことからしても、蔡が「田中上奏文」の作成者とは考え難い。

冷戦下ではソ連が「田中上奏文」を反日宣伝などに用いており、アメリカでも一九六〇年代ごろまで本物と信じられていた。中国で「田中上奏文」は、『人民日報』の満州事変三〇周年特集などに登場した。中国は、「日本軍国主義」や日本の歴史教科書を批判する材料にも「田中上奏文」を用いた。

第六期は、冷戦後である。

一九九〇年代末以降に再燃した歴史問題は、やがて日中歴史共同研究に帰結した。今世紀に入っても「田中上奏文」は、歴史問題に関連して『人民日報』などに引用された。在中国日本大使館では二〇〇四年四月ごろに広報の「ミニ改革」がなされており、広報文化センターは『北京青年報』紙やテレビ局、記念館に「田中上奏文」の誤りを申し入れるなど広報活動を行った。

中国では反日デモが高まるなかで、「田中上奏文」の援用が一時的に増えかけたものの、長期的にはむしろ利用されなくなったのである。その要因としては、在中国日本大使館を中心とする広報外交、『国境を越える歴史認識』の中国語訳に象徴される民間交流、日中歴史共同研究という三つを挙げるべきであろう。

「田中上奏文」をめぐる日中の溝がようやく埋まりつつあるとしても、学界の見方が一般に理解されるには相当な時間を要するものである。日本の研究成果が中国の学界に受け止められ、さらに中国の大衆に浸透していくには、かなりの労力を費やさねばなるまい。だとしても、かつてアメリカや台湾がそうなったように、中国でも偽造説が主流になっていく可能性はあるだろう。

二つの謎

このように「田中上奏文」は、国際連盟や東京裁判などの舞台で論争となってきた。「田中上奏文」最大の謎は二つある。

第一に、「田中上奏文」の真の作成者とその意図である。

蔡智堪は牧野伸顕らの助力を得て自ら皇居で「田中上奏文」を筆写したと語っているが、そのことは疑わしい。蔡のような日本在住の者が情報を提供したのであれば、「田中上奏文」にあそこまで誤りは含まれなかったであろう。当時の日本の新聞は、東方会議の内容をかなり正確に報じていた。

したがって、「田中上奏文」の作成は中国東北の主導と思われる。真の作成者は王家楨の周辺か、新東北学会ないし東北学会のいずれかであろう。国民政府外交部が流通を抑制したところなどから判断して、新東北学会ないし東北学会によって作成された可能性が高いと思われる。これについては、関東庁警務局の調書に「田中上奏文」が頒布される様子が記されていた。重光駐華臨時代理公使による国民政府外交部への申し入れを加味するなら、新東北学会によって作成された可能性が最も高いといえよう。

新東北学会による「田中上奏文」の流布には、遼寧省国民外交協会が関与していた。新東北学会や遼寧省国民外交協会は、国権回収を進める一環として「田中上奏文」で危機感を煽り、国産品の使用によって「経済侵略」に抵抗するとともに、外交的勝利を当局に促そうとした。

第二に、中国政府は、いつどのように「田中上奏文」を偽書と知ったのかである。

満州事変前から駐華日本公使館や各総領事館は、「田中上奏文」の取り締まりを中国に要請していた。その際には「田中上奏文」の根本的な誤りについても、十分に主張されている。重光から抗議を受けた国民政府外交部は、「田中上奏文」の誤りを『中央日報』に公表した。つまり、満州事変まで国民政府外交部はこの問題を沈静化しようと努めており、当初から「田中上奏文」が偽書だと知っていたとほぼ断定してよいだろう。

情報戦としての国際政治

それにしても、八〇余年に及ぶ「田中上奏文」をめぐる論争は、何かの教訓を残したであろうか。

歴史研究の観点からするなら、なぜ明らかに偽書の「田中上奏文」が諸外国で本物と信じられやすく、日本と乖離が生じるのかと自問すべきだろう。荒唐無稽なものとして「田中上奏文」を顧みないのでは、なにも解明したことにならない。

「田中上奏文」に教訓があるとするなら、それは国際政治における情報戦の重みだろう。日本では一笑に付されがちな「田中上奏文」だが、その影響力はエピソードの域を大きく超えており、正面から研究すべき重要性を帯びている。日本は太平洋戦争に敗北しただけでなく、対日イメージをめぐる宣伝でも敗退したといわねばなるまい。戦後も中国や台湾、さらには米ソの新聞や雑誌に「田中上奏文」は、繰り返し史実であるかのように用いられており、宣伝外交の影響は戦後半世紀以上も尾を引いた。

「田中上奏文」が示唆するのは、現代政治における宣伝とメディアの巨大な役割にほかならない。たわいない反日文書として始まり、一時は国民政府ですら抑制しようとしたほどに欠陥の多い「田中上奏文」は、満州事変後の中国にとって格好の宣伝材料となった。さらに「田中上奏文」は、第三国のメディアを巻き込んで情報戦の一翼を担い、東京裁判では審理の対象となって共同謀議論を左右しかけた。

戦時下での情報戦、そして戦後への長期的な影響力を想起するなら、世界中に流布された「田中上奏文」を数奇な運命としてのみ片付けるわけにはいかない。数奇にみえたとしても、その背後には宣伝政策とメディアの存在がある。

象徴的なのは、国際連盟における松岡洋右と顧維鈞の論戦だろう。国際連盟で顧と論争した松岡は、「田中上奏文」が偽書であると論破したつもりになって、会心の笑みを浮かべたかもしれない。だが、アメリカのメディアは、松岡と顧の論争を両論併記で伝えていた。国際宣伝という次元では、むしろ顧に軍配が上がったといえよう。情報戦の場で真偽論争に訴えることは、その主張が正しくても国益を利するとは限らないのである。

中国や台湾で「田中上奏文」が根強いのは、かつて宣伝に用いられたことに加えて、党史の編纂とも関連している。中国国民党と中国共産党の歴史編纂で主導的な役割を果たした羅家倫と胡喬木は、いずれも日本の侵略を体現するものとして「田中上奏文」を援用していた。

明らかな偽造文書や俗説でも、一度外国に流布されてしまえば否定するのは難しく、戦後日本の同盟国となったアメリカですら、偽書という評価が定着するには数十年を要した。日本が宣伝やメディアの扱いに十分自覚的だったとは到底いえまい。それだけに、アメリカの知日派が誤解を解くうえで果たした役割は看過しえない。

日中歴史共同研究などで「田中上奏文」をめぐる誤解が多少なりとも是正されたとしても、宣伝の影響は、昭和を超えて現在まで深く影を落としている。国際政治における宣伝外交やイメージ戦略、そして情報戦は、政策と研究の両面において今後ますます不可欠な課題となっていくに違いない。「田中上奏文」を論じる現代的な意義も、そこにあるのではなかろうか。

そのような経緯を踏まえることで、現代の歴史問題をみるうえでも複眼的な思考が可能となろう。つまり、明らかな偽書でも対日観の形成に利用されうるし、そもそも「田中上奏文」を偽書だと見抜けるような日本通は、アメリカ国務省にすらほとんどいなかった。不用意に歴史問題の真贋論争に挑めば、その主張が妥当であっても宣伝に逆用されかねない。

対日観が形成されていく過程では、宣伝に加えて外国メディアの影響も大きい。事実関係とは別に、情報戦という次元が国際政治にはあり、そのことが諸外国の対日観を左右するのである。少なくとも「田中上奏文」に関する限り、歴史認識の裏側には情報戦があったといえる。

八〇年以上も前から流布され続けた「田中上奏文」は、国際政治における宣伝と情報の重みをいまに伝えているのかもしれない。

読書案内――歴史認識問題

総論

アジア諸国、とりわけ中国や韓国との間で、しばしば歴史認識をめぐる軋轢《あつれき》が表面化している。

二〇〇五年春に中国で反日デモが起きたことは記憶に新しい。靖国神社への参拝を重ねた小泉純一郎首相は、中国や韓国との首脳会談を拒否されるに至っていた。

次の安倍晋三首相は、政権発足の直後に中国と韓国を電撃的に訪問して首脳会談を再開させた。

しかし、安倍首相が従軍慰安婦の強制性を否定すると、これに対する批判はアメリカにも飛び火した。アメリカの下院本会議は二〇〇七年七月、従軍慰安婦問題で日本の首相に公式謝罪を求める決議を採択したのである。この間に来日した中国の温家宝首相も、歴史問題にくぎを刺している。

福田康夫、麻生太郎、鳩山由紀夫内閣では小康状態となっている歴史問題だが、今後も対外関係の阻害要因として潜在的には残っていくであろう。

ややもすると歴史問題は感情論に流されがちであり、インターネットの普及はその傾向に拍車をかけている。それだけに冷静な議論のためには、信頼できる書籍をひもといて、基本的な事実を踏まえたい。この問題と真摯に取り組んだ成果が、学界にも現れている。

まずは、家近亮子・松田康博・段瑞聡編『岐路に立つ日中関係――過去との対話・未来への模索』(晃洋書房、二〇〇七年)を挙げたい。同書は、慶應義塾大学を中心とする共同研究の成果である。

総論ともいうべき家近亮子「歴史認識問題」を筆頭に、靖国神社参拝問題、教科書問題、日本の戦後賠償・補償問題、中国の愛国主義教育、安全保障問題、東アジアをめぐる日中関係、海洋をめぐる日中関係、台湾問題、対中経済協力、日中経済関係、アメリカの対中・対日政策といった日中間の主要な論点をほぼ網羅している。同書の力点は、歴史問題の表面化した一九八〇年代から現在までに置かれた。

歴史問題は近年に始まったことではなく、戦前来の長い経緯がある。

近現代の流れを通史的に把握するには、劉傑・三谷博・楊大慶編『国境を越える歴史認識――日中対話の試み』（東京大学出版会、二〇〇六年）を薦めたい。同書は、一九世紀後半から日中関係史がいかに語られてきたのかを丹念に跡づけ、日中関係が緊密化しながらも対立をはらむに至った原型を日清戦争後に見出している。

のみならず、満州国をめぐる見解の相違、南京アトロシティズ、汪兆銘政権、台湾、戦後日本における慰霊、賠償・補償問題、歴史対話と史料などの論点も掘り下げられている。歴史教科書についても、日本の歴史教科書制度や、歴史教科書における日中の相互認識などを扱う。安易な断定を避けて両論併記とし、史料を多く取り入れてあることも同書の特徴であろう。

中国語でも、劉傑・三谷博・楊大慶編『超越国境的歴史認識――来自日本学者及海外中国学者的視角』（北京：社会科学文献出版社、二〇〇六年）として同時刊行された。

歴史と記憶

歴史認識においてしばしば議論となるのが、歴史の記憶をどう扱うかという問題である。

これについては、山本有造編『「満洲」記憶と歴史』（京都大学学術出版会、二〇〇七年）が参照されるべきであろう。そこでは、満州における日本人社会の構成、日本人の引き揚げ、開拓団など「満州体験者」の記憶や残留日本人の語り、さらには「知に刻まれた記憶」としての農業拓殖学や建築設計をも分析している。

現代の日中関係を考えるうえで、一九七〇年代の国交正常化と平和友好条約に立ち返ることは欠かせない。その意味では、石井明・朱建栄・添谷芳秀・林暁光編『記録と考証 日中国交正常化・日中平和友好条約締結交渉』（岩波書店、二〇〇三年）が基礎となる。同書は、情報公開請求によって得られた日本外務省の記録を軸として構成されている。加えて、関係者の証言や研究者による考証も多く含む。

一九七八年に締結された日中平和友好条約も日中関係を支える軸の一つであり、李恩民『「日中平和友好条約」交渉の政治過程』（御茶の水書房、二〇〇五年）、若月秀和『「全方位外交」の時代——冷戦変容期の日本とアジア・一九七一～八〇年』（日本経済評論社、二〇〇六年）のような研究書が公刊されている。

いずれも、情報公開請求やインタビューを駆使した力作である。日中平和友好条約の反覇権条項などについて両書の解釈は異なっており、読み比べられるべきものだろう。

現代の日中関係において、一九七二年の日中国交正常化や一九七八年の日中平和友好条約と並びうる画期となったのが、一九九八年の江沢民主席来日である。江沢民は、天皇の前ですら歴史問題を執拗に語り、日中関係を決定的に悪化させたと一般には理解されている。

これについては、岡部達味『日中関係の過去と将来——誤解を超えて』（岩波現代文庫、二〇〇六年）が参考になる。江沢民主席が訪日の際に謝罪という言葉を文書に残すよう食い下がったのは、毛沢東と比べて矮小であり、将来の日中関係を方向づけたはずの「友好協力パートナーシップ」の影を薄くしてしまったことは、「悔やんでも悔やみきれない」という。

靖国参拝に対する唐家璇外相の見解や、反日愛国主義キャンペーンが日中間に与えた緊張関係、さらには中国の対日新思考などについての記述も興味深い。

日中関係については、第三国の視点から学ぶこともあろう。アメリカ人の国際政治史研究者によるものとして、アレン・S・ホワイティング／岡部達味訳『中国人の日本観』（岩波現代文庫、二〇〇〇年）が一読に値する。同書では、歴史問題が顕在化した一九八〇年代を軸に、中国における対日イメージの振幅に迫っている。

韓国とアメリカ

ここまでは日中関係を焦点として、読書案内を進めてきた。次に韓国やアメリカとの摩擦をみておこう。

日韓関係についていうなら、吉澤文寿『戦後日韓関係——国交正常化交渉をめぐって』（クレイン、二〇〇五年）が最近の包括的な研究である。同書は、日韓国交正常化の長期交渉を丹念に読み解き、両国における日韓会談反対運動についても分析した。韓国では近年、日韓国交正常化の史料が公開されてもいる。

歴史問題をめぐる近年の特徴は、アメリカを巻き込んだところにある。従軍慰安婦に関する決議がアメリカの下院でなされたことはその象徴であるが、日米間における歴史問題といえば、なんといっても太平洋戦争と東京裁判であろう。

太平洋戦争については、ジョン・W・ダワー／斎藤元一訳『容赦なき戦争 太平洋戦争における人種差別』（平凡社、二〇〇一年）が、人種偏見や宣伝、プロパガンダ映画、イデオロギー、スローガン、無差別爆撃、残虐行為、強制収容などを日米双方の視点から扱っている。

東京裁判の判決と絞首刑執行から六〇余年が流れた昨今では、東京裁判が太平洋戦争にもまして論争となりがちである。

東京裁判については、粟屋憲太郎『東京裁判への道』上下巻（講談社、二〇〇六年）が第一人者の労作であるほか、日暮吉延『東京裁判の国際関係――国際政治における権力と規範』（木鐸社、二〇〇二年）が国際政治の文脈で論じた大著となっている。

東京裁判は「勝者の裁き」ともいわれ、アメリカが決定的な役割を果たしたと思われがちである。だが、日暮書によると、起訴状の作成を導いたのはイギリス連邦の検察陣だという。イギリスのコミンズ＝カー検事が、アメリカのキーナン首席検事による起訴状案に失望し、自ら起訴状の起草を買って出たのである。

判事団でも多数派を形成したのは、イギリスのウィリアム・パトリック判事であった。ニュールンベルク裁判と同様に「平和に対する罪」を適用すべきだと考えたパトリックは、多数派の七判事をまとめあげて判決の起草を主導した。イギリスは、ニュールンベルク裁判での法理、つまりニュールンベルク・ドクトリンを覆されたくなかったという。

東京裁判では七人が絞首刑となるが、「平和に対する罪」だけで死刑になった者はいない。

マスメディア

歴史問題を考えるうえで、マスメディアの役割は度外視できない。

一例として、清水美和『中国はなぜ「反日」になったか』（文春新書、二〇〇三年）をみておこう。それによると、二〇〇〇年一〇月に朱鎔基首相が来日して

TBSで筑紫哲也の司会するテレビ番組に出演したときに、「歴史問題で日本人民を刺激すべきではない」、「私は余りに軟弱でしょうか」などと発言したものの、放送では削除されたという。

近年では、読売新聞社や朝日新聞社が自ら特集を組み、読売新聞戦争責任検証委員会編『検証 戦争責任』全二巻（中央公論新社、二〇〇六年）、朝日新聞取材班『戦争責任と追悼 歴史と向き合う 一』（朝日新聞社、二〇〇六年）、同『「過去の克服」と愛国心 歴史と向き合う 二』（朝日新聞社、二〇〇七年）としてまとめた。

そこでは、かつて新聞が戦争の時代に果たした役割についても検証されている。もともと軍縮を提唱し、軍部に批判的であったはずの主要紙は、満州事変を契機に戦場に多くの特派員を送り込むようになっていた。戦況を誇大に伝えては、部数を伸ばしたのである。

一九三〇年に一六八万部だった朝日新聞は、一九四二年には三七二万部にまで達したという。朝日新聞取材班は続編の企画を紙上で連載し、『歴史は生きている 東アジアの近現代がわかる一〇のテーマ』（朝日新聞出版、二〇〇八年）として刊行している。

結びに代えて

それにしても、歴史認識をめぐる諸外国との相互不信は、今後どのようになっていくのか。近年、日中間や日韓間では歴史の共同研究が重ねられている。二〇〇六年一二月に始まった日中歴史共同研究は、二〇〇九年一二月に最終会合を開催した。

日中歴史共同研究については、雑誌『外交フォーラム』二〇〇七年五月号が特集を組んでおり、北岡伸一座長が「日中歴史共同研究の出発——事実の探求に基づいて」を執筆している。

それによると、「日中歴史共同研究では、個別テーマを掘り下げるのではなく、全体をカバーする一般的な日中関係史を両側の視点で書く試みとしている」という。「アグリー・トゥー・ディスアグリー」、つまり賛成はできなくても互いに理解はできるというところまでいければ成功だろうと北岡座長は論じる。

いずれにせよ、歴史認識について議論を不毛にさせないためには、なによりも歴史そのものの知識が不可欠となる。

にもかかわらず、日本史、東洋史、西洋史という壁を越えて巨視的な視点から歴史を通観するような試みは、それほどなされてこなかった。そのなかでは一般向けの通史として、川島真・服部龍二編『東アジア国際政治史』（名古屋大学出版会、二〇〇七年）が特定国に偏らない俯瞰《ふかん》的な視座を提供している。

付記　本稿は、拙稿「読書案内　歴史認識問題」（『歴史と地理』第六一四号、二〇〇八年）三九—四二頁に最低限の加筆を施したものである。

あとがき

謎に包まれた「田中上奏文」のことは、学生時代から気になっていた。

誰がいかなる目的で作成したのかよく分からなかったし、どのように流通し、いかに宣伝に利用されたかも不明だった。いくつもの致命的な誤りを含む「田中上奏文」が、なぜ中国で本物と信じられやすいのか。そもそも中国政府は、明らかな怪文書にもかかわらず本物と信じていたのか。複雑に絡《から》み合う糸のように、謎は深まるばかりだった。

「田中上奏文」についてどう思うか、現在の中国でどう扱われているのか、何度も中国人に聞いてみたことがある。典型的な答えは、「日本の侵略という大きな構図は、『田中上奏文』の筋書きと合致しており、『田中上奏文』の細かい誤りにとらわれるべきではない」というものであった。国際連盟における顧維鈞の演説と通底する論理である。

中国側の発想から学ぶべきこともあろうが、大きな歴史を描くためにも、細部の事実関係を詰めていくことが不可欠の作業と思えた。

他方、日本の学界では、「田中上奏文」が偽造であることは戦前から定説となっており、いまでは一笑にすら付されがちである。もちろん、優れた先行研究があり、本書もそれらに多くを負っているのだが、全貌を解明した専門書はないのが現状だろう。「田中上奏文」がもたらした長期的な影響に鑑みるなら、研究書が一冊ぐらいあってもよいのではなかろうか。

このように、日中双方の学界動向にいささか違和感を覚えてきたのだが、肝心な史料が拡散しているため、なかなか全体像をつかめずにいた。なにしろ元来が怪文書であり、どのような目的で誰が作成したのかを特定することさえ容易ではない。

多くの間違いを含む「田中上奏文」がいかに世界中に流布され、国際連盟や東京裁判でも論争となり、なぜ現代中国にまで影を落としているのかという問いを自らに課しながら、各地に散在する史料を追い続けた。

絡み合う糸は、意外なところからほどけていった。台湾である。

忘れもしない一九九九年七月、台北郊外の中華民国外交部档案庫で調査したとき、「日相田中対満蒙政策之奏章」と題された外交部档案の全文を入手した。この原文書は、「田中上奏文」に関する国民政府のファイルそのものだった。

胸の高まりを抑えながら史料をひもとくと、駐華日本公使館が満州事変前に「田中上奏文」の取り締まりを要請していたこと、国民政府外交部はこれに応じて『中央日報』で誤りを伝えており、したがって「田中上奏文」を偽書だと知っていたであろうこと、「田中上奏文」を皇居で入手し中国に送ったと自称する蔡智堪が国府に信用されていないこと、などが次第に判明した。日本外務省記録の欠落を補うものでもある。

もっとも、中国外交部档案「日相田中対満蒙政策之奏章」は、「田中上奏文」の一端を示す史料にすぎない。どのような出口にたどり着くのか見通せないまま、中国やアメリカ、イギリス、オーストラリア、ロシアにも足を運び、各国の史料や研究動向を分析した。対象が怪文書だけに、徒労に終わったことも多々ある。

それでも内外で調査を重ねるうちに、絡み合う糸が少しずつ解き放たれ始めた。振りほどかれた糸が一本の線につながるころには、台湾で「日相田中対満蒙政策之奏章」を閲覧してから、さらに一〇年余りを費やしていた。

執筆が遅れたことは、予期せぬ副産物をもたらした。二〇〇六年末に日中歴史共同研究が立ち上げられ、外部執筆委員として報告書の一章を担当したことである。しかも、その章では「田中上奏文」にも触れることとなり、中国人研究者との議論を通じて、中国側の解釈や発想を知ることもできた。「田中上奏文」を含めて、歴史問題をめぐる日中討論の現場に参加することになり、思いがけずも本書第六章四で自分自身が登場する結果となったのである。

本書のアプローチは純粋な政府間交渉だけではなく、宣伝外交や情報戦、マスメディアの役割、そして歴史認識の問題に踏み込んでいる。日中間の歴史論争を意識しつつ、現在の日中関係も分析対象とした。伝統的な外交史研究の手法を逸脱しているとの批判があるとすれば、そのことは受け止めねばならない。

現代社会の要請を多少なりとも意識した本書は、自分の限られた研究歴からしても異色である。だが、現代的要請との接点を度外視していては、外交史研究は社会的役割を見失い、やがては視野の閉ざされた歴史研究に陥ってしまわないだろうか。そのような思いで、史料と原稿に向かい続けた。

それゆえに、「田中上奏文」を追いながら、外交史研究の現代的意義は何かと自問せざるをえなかった。もともと歴史研究は、現代の諸問題に直接の回答をもたらすものではない。歴史に教訓を強引に求めようとすれば、歴史の誤用という危険を冒しかねない。

しかしながら、我々が生きる現代は常に過去の総和である。歴史的考察を欠いた対外政策や外交評論は、深みを伴わないばかりか、感情に訴えるものほど危険ですらある。

日本人であれ中国人であれ、自国を愛して将来を憂えることと、過去の歩みを謙虚に顧みることは、本来的に矛盾するものではない。歴史の視点が欠落していては、外交論議は豊かな実を結ばないはずである。外交史研究の現代的意義も、そこにあるのではなかろうか。歴史認識について考えることは、外交史研究の社会的役割を模索することである。

末筆ながら、村井良太先生と大澤武司先生には、本書の原稿に貴重な批評を寄せていただいた。東京大学出版会の山田秀樹氏は、ややもすると錯綜しがちな本書の内容を幅広い読者層に供すべく、企画から校閲、図版の選定に至るすべての段階で惜しみなく力を尽くして下さった。関係各位に心より御礼申し上げたい。

二〇一〇年二月

服部龍二

人名索引

あ　行

か　行

さ　行

た　行

な　行

は　行

ま　行

や　行

ら　行

わ　行

事項索引

さ　行

た　行

な　行

は　行

ま　行

や　行

ら　行

わ　行

著者略歴

1968年東京都生まれ．京都大学法学部卒，神戸大学大学院法学研究科単位取得退学．博士（政治学）．現在，中央大学総合政策学部准教授．

主要編著書

『東アジア国際環境の変動と日本外交 1918-1931』（有斐閣，2001年）

『幣原喜重郎と二十世紀の日本――外交と民主主義』（有斐閣，2006年）

『広田弘毅』（中央公論新社，2008年）

『満州事変と重光駐華公使報告書――外務省記録「支那ノ対外政策関係雑纂『革命外交』」に寄せて』（編著，日本図書センター，2002年）

『王正廷回顧録 Looking Back and Looking Forward』（編著，中央大学出版部，2008年）

日中歴史認識――「田中上奏文」をめぐる相剋 1927-2010

2010年2月22日　初　版

[検印廃止]

著　者　服部龍二《はつとりりゆうじ》

発行所　財団法人　東京大学出版会

代表者　長谷川寿一

113-8654 東京都文京区本郷7-3-1 東大構内

電話 03(3811)8814・振替 00160-6-59964

印刷所　株式会社精興社

製本所　牧製本印刷株式会社

ISBN 978-4-13-023059-9　Printed in Japan